वैज्ञानिक भौतिकवाद

वैज्ञानिक भौतिकवाद

राहुल सांकृत्यायन

GYAN

Published by

Gyan Publishing House
5, Ansari Road
Daryaganj, New Delhi-110002
Phone: 011-47034999, 9811692060
E-mail: books@gyanbooks.com

Distribution Network
gyanbooks.com
India, USA, Canada, UK, Australia

ISBN: 978-93-7097-565-1 (PB)

First Published, 1952

2nd Impression 2025

Printed at: Gyan Press, Delhi.

वैज्ञानिक भौतिकवाद

Author: राहुल सांकृत्यायन

वैज्ञानिक भौतिकवाद

राहुल सांकृत्यायन

मानवताकी एकमात्र आशा संसारके
लाखों कम्यूनिस्त शहीदोंकी
स्मृतिमें

प्राक्कथन

आज हम साइंसके युगमें हैं, किन्तु तब भी शिक्षित लोगोंमें भी बहुतसे साइंस-युगके पहिलेके मृत विचार ही चल रहे हैं। इसमें एक कारण यह भी है कि जिज्ञासुओंके पास उसके जाननेके लिये हिन्दीमें पुस्तकें मौजूद नहीं हैं। इस कमीको पूरा करनेका इरादा, दो वर्ष पहिले जब मैं हजारीबाग जेलमें नजरबन्द होकर आया, तभी हुआ; और काम भी शुरू कर दिया। सामग्री जमा करते वक्त पता लगा कि ऐसी पुस्तक लिखना हिन्दीमें बेकार है, जब तक कि साइंस, समाजशास्त्र और दर्शनकी सामग्री भी पाठकोंके लिये जुटा न दी जाय। जब मैंने हजारीबागमें लिखे सौ पृष्ठोंको बेकार समझ देवली (२१-७-४१) में वैज्ञानिक भौतिकवादपर साइंससे लिखाई शुरू की, उस समय तक यही खयाल था कि एक ही पुस्तकमें सब चीजें आ जायेंगी; किन्तु पता लगा कि अलग-अलग विषयोंपर डेढ़-पौने दो हजार पृष्ठका एक पोथा लिखनेकी जगह सबको अलग-अलग पुस्तक मान लेना ही अच्छा है; इस प्रकार एक पुस्तककी जगह चार पुस्तकें लिखनी पड़ीं—

(१) विश्वकी रूपरेखा (साइंस)
(२) मानव-समाज (समाज-शास्त्र)
(३) दर्शन-दिग्दर्शन (दर्शन)
(४) वैज्ञानिक-भौतिकवाद

इसमें वैज्ञानिक-भौतिकवाद सबसे छोटी पुस्तक है, जिसका कारण एक यह भी है कि इसमें आनेवाले कितने ही विषय दूसरे ग्रन्थोंमें आ चुके हैं; वस्तुतः बाकी तीनों "वैज्ञानिक-भौतिकवाद"के ही परिवार ग्रन्थ हैं।

पुस्तकके गहन विषयको सरल और स्पष्ट करनेकी मैंने भरसक कोशिश की है, किन्तु उसमें कितनी सफलता हुई है, इसके प्रमाण पाठक ही हो सकते हैं।

अपने विषयके प्रतिपादनमें मुझे दूसरे विरोधी मतोंकी आलोचना करनी पड़ी है, जिसके लिये मैं मजबूर था; सम्भव है किसीको इससे दुःख

हो, जिसके लिये मुझे खेद होगा; मैंने तो "वादे-वादे जायते तत्त्वबोधः" की उक्तिको सामने रखकर वैसा किया है।

जिन ग्रंथोंसे मैंने सहायता ली, उनकी सूची मैं अलग दे रहा हूँ; लेकिन इतना ही कर देनेसे मैं अपना कर्त्तव्य पूरा नहीं समझता। मैं समझता हूँ, इस पुस्तकके लिखनेका सारा श्रेय इन्हीं ग्रंथकारोंको मिलना चाहिये, मैंने तो मधुमक्खीकी भांति मधुसंग्रह मात्र किया है, असली धन तो उन्हींका है।

मुझे एक बार विश्वास होने लगा था कि तीसरा ग्रंथ (दर्शन-दिग्दर्शन) ही यदि समाप्त हो जाय तो गनीमत समझनी चाहिये; किन्तु उसके समाप्त करते ही (११-३-४२) मैंने तय कर लिया कि वर्त्तमान ग्रंथको लिखना शुरू कर देना होगा और अपनेको "गृहीत इव केशेषु मृत्युना" समझते इसे आज समाप्त कर सका हूँ।

सेंट्रल जेल, हजारीबाग
२४-३-४२

राहुल सांकृत्यायन

दूसरा संस्करण

इस संस्करणमें मैंने सिर्फ पहिले अध्यायको अन्तमें डाल दिया है, इतना समय नहीं निकाल सका कि कठिन अध्यायको और सरल कर सकता। और सरल करनेकी आवश्यकता है।

प्रयाग
१०-१३-४३

राहुल सांकृत्यायन

चतुर्थ संस्करण

"वैज्ञानिक भौतिकवाद" का तृतीय संस्करण बहुत दिनों से खतम हो गया था। इस संस्करण में यथेष्ट संशोधन परिवर्द्धन नहीं कर सका, इसका खेद है।

मसूरी
९-९-५१

राहुल सांकृत्यायन

विषयानुक्रमणिका

वैज्ञानिक भौतिकवाद

प्रथम अध्याय

कार्य-कारण (हेतुवाद)

द्वंद्वात्मक भौतिकवाद दर्शन नहीं, बल्कि साइंसका अधिनायकत्त्व है, इसीलिये वह जो भी शक्ति रखता है, वह उसे साइंससे मिली है—यह हम पहले कह चुके। किन्तु, प्रचलित दर्शनवालोंके मुकाबिलेमें हम इसे दर्शन—और उनसे कहीं बढ़-चढ़कर दर्शन—भी कह सकते हैं। द्वन्द्वात्मक भौतिकवाद अपनेको प्रचलित तर्कशास्त्रकी कोटिमें रखनेके लिये तैयार नहीं है, क्योंकि वह दिमागी कसरतको नहीं, बल्कि प्रयोग (भौतिक जगतमें प्राप्त वस्तुस्थिति)को परम प्रमाण मानता है, यही उसके लिये सत्यकी सर्वश्रेष्ठ कसौटी है। तो भी जिस तरह प्रचलित दर्शनसे लोहा लेनेके लिये उसे दर्शन बनकर दर्शनकी भाषामें जवाब देना पड़ता है, उसी तरह तर्कके शस्त्रको कुंठित करनेके लिये उसे तर्कके जनक प्रयोग जैसे महाशस्त्रवाले तर्कको भी इस्तेमाल करना पड़ता है। ऐसी अवस्थामें वैज्ञानिक भौतिकवादको कार्यकारण (हेतु)-वादके बारेमें अपनी स्थितिको साफ कर देना जरूरी है।

क—कार्य-कारण या हेतु

१—व्याख्या

कार्य-कारण नियम क्या है? इसे जाननेके लिये पहले कारणको जानना जरूरी है। कारणका जो लक्षण अभी हम दे रहे हैं, उसके बारेमें यह जान

लेना जरूरी है : प्रकृतिको यह बिलकुल मंजूर नहीं है कि उसकी वास्तविकताको परमार्थ तौरपर चित्रित या भाषित किया जाये।—वस्तुतः दार्शनिकों और तार्किकोंके अर्थमें परमार्थ नामका जो शब्द है, वह प्रकृतिके कोषमें मौजूद ही नहीं है। वास्तविकताके लिये प्रयोगकी 'कसौटी' हाथमें ले कैसे आइन्स्टाइन[1] सापेक्षतावादपर पहुँचे, इसे आपने पढ़ा होगा; उससे हमारी बात समझनेमें न दिक्कत होगी, न उसमें रहस्यवादी अर्थ खोजनेकी आप कोशिश करेंगे।

अच्छा तो कारण क्या है ? यहां फिर स्मरण रखना होगा कि जब हम कहते हैं—कुछ कारण है, तो अमुक परिवर्त्तनको ला रहे हैं; तो परिवर्त्तन लानेमें वहां हम देश और कालको नहीं गिनते, गोया देश-काल किसी चीजके कारण नहीं हैं। आप प्रश्न कर उठेंगे—क्या देश-कालका अस्तित्त्व ही नहीं है ? क्या आप भी वेदान्ती हो गये ? नहीं, इन दोनों बातोंकी शंका आपके मनमें नहीं होनी चाहिये। हम देश-कालसे इनकार नहीं करते, हम इनकार करते हैं, उनके दार्शनिक अर्थमें परमार्थ होनेसे। देश-काल वस्तुतः भूत (भौतिकतत्त्व)के अस्तित्त्वके हीं—उससे कभी अलग नहीं रहनेवाले—पहलू हैं। जैसे गिनती प्रकृतिके यहां उस तरह नहीं मिलती, जैसी कि हमारी गणितकी पुस्तकोंमें; उसी तरह देश-काल भी द्वन्द्वात्मक प्रकृति (भूत, गति) से अलग कोई हस्ती नहीं रखते। कारणका काम है क्रिया करना। क्रिया बिना अपने या दूसरेमें कोई परिवर्त्तन किये नहीं हो सकती। दार्शनिकोंका देश-काल-आकाश, आत्मा (ईश्वरको भी ले लीजिये)—कोई काम नहीं करते, वह निष्क्रियतत्त्व हैं। निष्क्रिय होनेपर भी यह निराकार पदार्थ हैं—यह संध्याभाषा है, जिसका समझना मर्त्योंकी शक्तिसे बाहर है; शायद इसे भांगका गोला चढ़ाये भोला बाबा या उनका नांदिया ही समझ पाये।

फिर यह भी स्मरण रखना है कि कारण भी कोई परमार्थके अर्थमें नहीं

---

१ देखिये "विश्वकी रूपरेखा"।

होता—एक बार कारण है तो वह सदा कारण रहेगा, ऐसा प्रकृतिमें नहीं मिलता। जिस तरह हर एक पिता किसीका पुत्र भी है, उसी तरह हर एक कारण किसी (नहीं किन्हीं कहना अच्छा है, क्योंकि प्रकृति बहु-पति-विवाह—यूथ-विवाह—को बहुत पसन्द करती है ! एक कारण नहीं कारण-सामग्री[1] —कारण-समुदाय—कार्यको अस्तित्वमें लानेमें समर्थ होते हैं) किन्हीं पहिले कारण-समुदायोंकी प्रसूति—कार्य होता है। यह खयालमें रखते हुए आप कारणकी परिभाषा कर सकते हैं—कारण वह वस्तु (घटना-प्रवाह) है, जो कि नियमपूर्वक किसी परिवर्त्तनके तुरन्त पूर्व मौजूद (कार्य-नियत-पूर्व-वृत्ति) था और यदि उन्हीं परिस्थितियोंमें वैसा कारण (-समुदाय) फिर मौजूद हुआ, तो उसी तरहके कार्य (घटना-प्रवाह) अस्तित्वमें आयेंगे।

तब कार्य-कारण नियम होगा—यदि एक खास घटना-प्रवाह (आसानी-के लिये वस्तु कह लीजिये) वस्तुतः मौजूद है, तो उससे पहिले एक दूसरा अनुकूल घटना-प्रवाह वहां अवश्य मौजूद रहा होगा। अवश्य मौजूदगी कारण होनेके लिये जरूरी है।

२—नियतिवाद

कार्य-कारण-नियममें नियम—नियति—अवश्यंभाविता—दुवकके बैठा हुआ है; जिससे नियतिवादका प्रसव बिलकुल आसानीसे हो सकता है। प्रकृतिमें कार्य-कारण-नियम हर जगह बराबर दिखाई पड़ता है। किन्तु इस तरहके कड़े नियमको जब हम एक मनुष्य या अनेक मनुष्योंपर लागू करना चाहते हैं, तो भारी दिक्कत हीका सामना नहीं करना पड़ता; बल्कि कितनी ही बार वह व्यक्ति या व्यक्ति-समूह उसे लागू होने नहीं देता; यही वजह है, जो कि हम प्रकृतिके बारेमें जितने इतमीनानके साथ भविष्य कथन

---

१ "संहतो हेतुता तेषाम्"—धर्मकीर्त्ति (प्रमाणवार्त्तिक २।२८)

कर सकते हैं, मनुष्यके बारेमें उतना नहीं कर सकते। आप इससे खुश न होइये—अच्छा हुआ जो मनुष्यकी (इच्छा या कर्ममें) स्वतंत्रता सुरक्षित रह गई और वह नियतिके पाशमें बँधा "मदारी"का भालू नहीं बन गया। नियतिवाद और स्वातंत्र्यवादकी समस्या काफी गहन है—खासकर जब कि प्रकृति (प्रयोग) का सहारा छोड़ लोग इससे आकाशके सितारे तोड़ने लगते हैं।

हां, तो प्रश्न है—जब प्रकृतिमें सर्वत्र कार्य-कारण-नियम व्यापा हुआ है (इसे माने बिना कोई साइंस-संबंधी गवेषणा संभव नहीं), तो मनुष्यको "स्वतन्त्र कर्त्ता" कैसे कह सकते हैं? कार्य-कारण-नियम एक जबर्दस्त नियति (भाग्य) है, जिसके द्वारा विश्वकी प्रत्येक वस्तु (घटना-प्रवाह) नियत है; तभी तो हम प्रयोगशाला या वेधशालामें कार्यसे कारण तक पहुँचनेका प्रयत्न करते हैं; अथवा कारणसे कार्यके सम्भव होनेका खयालकर उसके पानेके लिये परिश्रम करते हैं। फिर तो बेचारा मनुष्य हाथ-पैरसे बँधा है, उसकी तो सांस भी इसी कार्य-कारण-नियमके अधीन है। इसका अर्थ दूसरे शब्दोंमें यह हुआ कि हमारी इच्छा हमारे अन्तस्तम विचार सभी नियति—भाग्यके हाथमें हैं। फिर तो यह भी मानना पड़ेगा कि विश्वके भीतर एक खास प्रयोजन छिपा मालूम होता है और उसका संचालक 'ईश्वर' यह सब कुछ एक खास प्रयोजनसे करता है। किन्तु अभी इतनी दूर तक जानेकी जरूरत नहीं; क्योंकि नियतिवाद दुधारी तलवार है, यदि वह मानवको हाथ-पैर बांधकर छोड़ देगा तो ईश्वरकी दशा भी उससे बेहतर न होगी, वह भी नियतिके हाथकी कठपुतली मात्र रह जायेगा।

देखना है—क्या कार्य-कारण-नियम सचमुच ही इतना प्रबल है। यदि ऐसा होता तो कार्य-कारणको एक तलपर ठीक चक्कर काटते देखते और कारणके बाद कार्य, उस कार्यके कारण बन जानेपर भी वही कार्य....फिर वही कारण...इस तरह एक-सी आवृत्ति चलती रहती है। किन्तु इतिहासमें

हम कभी इस तरहकी पूर्ण आवृत्ति नहीं देखते; यद्यपि ऐसा साबित करनेके लिये पूरी कोशिश की जाती है। अंग्रेजी कहावत है—"सूर्य (आकाश)के नीचे कोई नई चीज नहीं"; जो कि सोलहो आने गलत है और उसकी जगह कहना चाहिये—"आकाशके नीचे कोई चीज पुरानी नहीं है।" हर एक चीज हर क्षण नई है, इसे हम पहले बतला आये हैं। अंग्रेजीकी कहावतकी भांति ही भारतकी भी पुरानी गलत कहावत है—"सूर्याचन्द्रमसौ धाता यथापूर्वमकल्पयत्"[1] और इसके ऊपर जो तूफाने-बदतमीजी बांधा गया, वह तो "पत्ता भी हिलता नहीं (बिना उसकी मर्जीके)" जैसी सस्ती हजारों कहावतोंमें देखा जाता है। इसका निदर्शन राम-रावणसे संबंध रखनेवाली हनूमानकी कहानी से है।

हिन्दुओंके परम देवता बानर हनूमान, जो-है-सो रामजीकी कृपासे, जगत-माता जनकनन्दिनी सीताजीके पास जब जा रहे थे, तो उनके मनमें संदेह होता भया—यदि कहीं घट-घटकी बात जाननहारी जनकदुलारी सीता महारानीके मनमें शंका उत्पन्न होती भई कि कौन जाने यह कलमुंहा बानर त्रैलोक्यके विधाता दाशरथी रामके पाससे आया है या और कहींसे, तो कैसे करके विश्वास दिला सकूंगा। निदान, यह सोच श्री हनूमानजी महाराज रामजीसे बोलते भये—"हे त्रिलोकके त्राता! हमारे मनमें यह सन्देह होती भई है, सो कृपा करके हमको कोई चीन्हा दीजिये।"

रामजीने रामनाम-अंकित मुद्रिकाको अपनी अंगुलीसे निकालकर श्री हनूमानजीको प्रदान कर दिया। बेचारे हनूमानजी रास्तेमें कालनेमिसे कम न परेशान करनेवाले एक बूढ़ेके फेरमें पड़ गये। उसने धीरेसे हनूमानकी अँगूठी उड़ाई और उसे अपने कमंडलूमें डाल दीनी। हनूमानजीकी अकल गुम हो गई। कौन मुख लेके रामके पास लौटें और कौन मुख लेके सीता-माताके पास जायें—मुंहपर भारी कालिख-सी पुतन लगी। बूढ़ेको दया

---

१ सूर्य और चन्द्रमाको विधाताने पूर्वकी तरह ही बनाया—यजुर्वेद

आई उसने कमंडलू सामने रखकर कहा—इसके भीतरसे अपनी अँगूठी निकाल ले। हनूमानने झांककर देखा, तो वहां अँगूठियोंका ठिकाना न था, और सभी एक ही तरहकी, मानो बूढ़ेने अँगूठीकी एक टकसार ही खोल रखी हुती। बूढ़ेने थोड़ी ही देर बाद नगर जला, स्त्री-बच्चोंके करुण-क्रंदन करानेमें कलियुगके हिटलरको भी मात करनेवाले बानर-पुंगवकी पीठपर हाथ फेरते हुए कहा—"किस रामकी अँगूठी चाहता है रे!"

"दशरथके पुत्र रामकी।"

"ये सभी दशरथके पुत्र थे, जिनकी अँगूठियां यहां पड़ी हैं।"

"पुराना नाम साकेत और हाल नाम अयोध्याके राजाकी— ।"

"ये सभी अयोध्याके राजा थे।"

"रघुपति राघव राजा राम। पतितपावन सीताराम की।" बेचारे हनूमानने समझा—इस बूढ़ेने भी गीताप्रेस-कल्याण बंक-लिमिटेडमें बाबा राघवदासकी सिफारिशपर कुछ रामनामकी रकम डिपाजिट की होगी और अब मेरा काम बन जायगा। लेकिन बूढ़ेने हनूमानकी पीठसे हाथ हटा सिरको नीचा रखे कहा—

"यह सभी 'रघुपति. . .सीताराम'की अँगूठियां हैं।"

"अरे जिसे कलियुगके नारद विष्णु दिगंबर तंबूरेपर गानेवाले हैं, उस 'रघुपति. . .सीताराम'की।"

"कह दिया यह सभी वही अँगूठियां हैं, जिन्हें विष्णु दिगंबरके 'रघुपति. . . . .सीताराम' और सेवाग्राममें गाये जानेवाले 'रघुपति. . .सीताराम' नामक व्यक्तियोंने एक बार पहिना था। तू इस चक्करमें मत पड़, तेरे जैसे हनूमानों तथा तेरे मालिक जैसे रामोंको एक नहीं छ:सौ-छप्पन गंडे मैंने देखे हैं। मैंने ये केश धूपमें नहीं सुखाये हैं। इनमेंसे एक अँगूठी ले और अपना रास्ता नाप।"

बूढ़ेकी बात सुनकर हनूमानके उत्साहपर हजार घड़ा पानी पड़ गया। वहां अशोक वनमें नजरबन्द सीताके अंकमें अँगूठी फेंकी गई और जगन्माताने

जो रोना-धोना शुरू किया उसे जानना चाहते हैं तो संकटमोचनवाले पुराने बाबाके पास चले जायँ।

ख़ैर! यह तो मालूम हुआ न कि बूढ़े—हिन्दू-धर्म—के कहनेके अनुसार "सूर्यके नीचे कोई चीज नई नहीं।"—मालवीयजीओंने करोड़ों बार ऐसे हिन्दू विश्वविद्यालय बनाये हैं, सर राधाकृष्णन्‌ने अनगिनत बार उसमें सोलहो आना गलत-सलत गीतोपदेश किये हैं और सबसे बढ़कर तो यह बात है कि राहुलोंने भी अरबों. .नीलों. . .संखों. . .महासंखों. . .बार "वैज्ञानिक भौतिकवाद" ठीक इन्हीं पंक्तियों, इन्हीं वर्णानुपूर्वी, इसी हिन्दीभाषामें ऐसे ही मीठे-कड़वे शब्दोंमें लिखे हैं। हां, तब तो यह "वैज्ञानिक भौतिकवाद" उतना ही नित्य अपौरुषेय है, जितना कि जैमिनि-शंबर-कुमारिल-रामानुज चौकड़ीका अपौरुषेय वेद। मैं तो पैगंबरोंकी भांति "लौहे-महफूज" पर उत्कीर्ण "वैज्ञानिक भौतिकवाद" का सिर्फ पैगाम भर आपके सामने पहुँचा रहा हूँ, जैसा कि हर कलियुगके ईसवी १९४२ ई०में हिटलर-मुसोलिनीके रण-तांडवके समय मुझसे पहिलेवाले राहुलोंने किया था। यदि आप हनूमानवाले बूढ़े, जैमिनी, कुमारिल. . .के सच्चे अनुयायी हैं, तो ईमान लायेंगे कि यह "वैज्ञानिक भौतिकवाद" प्राचीनता अतएव पवित्रतामें वेद, बाइबल, जिन्दावस्ता, इंजील, कुरान किसीसे कम नहीं है और यदि इसमें कुछ और भी बुद्धिकी बात पाते हैं, तो "आमके आम और गुठलीके दाम।"

यह बात न समझिये कि यह पाप सिर्फ हिन्दुओंने ही किया है। यूनानी और इस्लामिक दार्शनिकोंमें चोटीके विचारक नित्य-ईश्वरको सिद्ध करनेके लिये जगतकी नित्यता (कदामत-आलम) को मानना बहुत जरूरी समझते थे और अपनी बुद्धि-वादिता साबित करनेके लिये कार्य-कारणके नियमको विश्वमें सर्वदासे अटल मानते थे। "नदिया एक घाट बहुतेरे" की कहावतके अनुसार इस रास्तेसे भी हम सीधे नियतिवादके उसी दलदलमें पहुँच जायँगे। हां, इन लोगोंको दलदलमें पहुँचकर ही नहीं, कंठ तक गड़प हो जानेपर अरस्तूने एक तिनकेका सहारा थमाना चाहा—ईश्वर सामान्यका ज्ञान

रखता है, विशेषका नहीं; जातिका ज्ञान रखता है व्यक्तिका नहीं। और इसपर भजनाश्रमके भगवद्भक्तोंने अरस्तूकी जो गति बनाई—जो थुक्कम-फजीहत की, उसे कहनेके लिये, उम्मीद है, आप मुझसे आग्रह नहीं करेंगे। भगवद्भक्तोंने कानमें उँगली डाली और अरस्तूकी बात मानने की जगह चुल्लू भर पानीमें डूब मरना पसन्द किया।

खैरियत यही है कि यह सभी बातें गलत हैं। इतिहासके पन्नोंको देखनेसे मालूम होता है कि उसका कोई व्यक्ति कोई घटना वही नहीं होती। कारण-का अस्तित्व जिस वक्त हम स्वीकार करते हैं, उसी वक्त कारणकी परिभाषा (परिवर्त्तन उपस्थित करनेवाला) भी कबूल करते हैं और परिवर्त्तनके बाद फिर 'वही है' यदि कहते हैं, तो गोया परिवर्त्तनसे इनकार करना चाहते हैं। फिर सिरेसे कहिये, कारण ही नहीं है—"न रहे बांस न बजे बांसुरी।"

३—साइंसके नियम

आप फिर सवाल करेंगे—जब हम प्राकृतिक घटना-प्रवाहपर गौर करते हैं, अपने आस-पासके वातावरण, परिस्थिति तथा सामाजिक जीवनपर विचार करते हैं, तो इन घटनाओंमें एक खास तौरकी नियमबद्धता देखते हैं—दिन, रात, वर्षा, वसन्त. . . .। प्रकृतिके भीतर जो कुछ है—तारा-ग्रह-उपग्रहसे ले, क्षुद्रतम कण तक, सबमें एक नियमबद्धता पाई जाती है, जिसे कि प्राकृतिक नियम कहते हैं। इन्हीं नियमोंका पता लगाना साइंसका काम है। यही कार्य-कारण नियम हैं जो कि प्रकृति और समाज में हर जगह कल्पनाके तौरपर नहीं, वस्तु-स्थितिके तौरपर पाया जाता है। साइंस इस कार्य-कारण-नियमका पता लगाकर प्राकृतिक घटनाओंको आकस्मि-कतासे हटा नियम-नियंत्रित साबित करता है और उनपर विश्वासकर साइंसकी देन——रेल, तार, हवाईजहाज—को मनुष्यके उपयोग और उपभोगके लिये बनाता—चलाता है। प्रकृतिकी हर एक चीजमें नियम है। छछून्दर धरतीके भीतर रहती है, जहां उसे अच्छी आँखकी

उतनी आवश्यकता नहीं, जितनी कि अच्छी श्रवणशक्ति की, और इसीलिये छछून्दर दिव्य-श्रोत होनेका दावा कर सकती है। इसी तरह बहुत भारी गहराईमें रहनेवाली सामुद्रिक मछलियोंके शरीरपर अपार जल-राशिका जितना भार रहता है, उससे बचनेके लिये उनके शरीरके भीतरसे जितना दबाव बाहरकी ओर पड़ रहा है, वह इतना अधिक है कि मछली पानीसे निकलते ही भीतरी दबावके कारण फट जाती है। इस तरह हम फिर कहते हैं—प्रकृति और समाज दोनोंमें ऐसा प्राकृतिक नियम मौजूद है, जिसे हम चाहे जानें या न जानें, वह अपना काम किये जाता है, जिसका अर्थ है प्राकृतिक घटनाओंकी भांति सामाजिक घटानएँ भी नियमसे बद्ध हैं।

और ? उपरोक्त प्राकृतिक नियम अथवा उनमेंसे ज्ञात वैज्ञानिक नियम कार्य-कारण-नियम हैं। उनका काम है, अतीतका अनागत (भविष्य)से सम्बन्ध जोड़ना। इसी अतीत अनागतके अटल सम्बन्धके भरोसे ही किसान कातिकमें घरकी अन्नपूर्णाको खेतकी माटीमें गाड़ आता है और महान् समाजवादी सोवियत सरकार पंचवार्षिक योजना बनाती है। यह कहनेका हमारा यह मतलब नहीं कि वैज्ञानिक नियम "जो चाहो सो पूछ लो" वाले जोतिषी बाबाकी अर्दलीमें हाजिर रहनेके लिये बनाया गया है।

उसका काम आनेवाली घटनाओंका सिर्फ भविष्य कथन ही नहीं है, बल्कि घटमाको वैसा होनेके लिये भौतिक परिस्थितिको भी बनाना है। लेकिन, भौतिक परिस्थितिके बनानेमें कार्य-कारण नियमने जहां हाथ डाला, वहीं वह नियति (भाग्य) वादके चंगुलसे निकला। कारण कहते हैं परिवर्त्तन-कारकको; परिवर्त्तन नयेके पैदा होनेको कहते हैं। फिर कार्य-कारणसे नियतिवादका कोई सम्बन्ध नहीं। साथ ही कार्य-कारणके अटूट सम्बन्धोंकी सहायतासे हम किसी कामके करनेमें हाथ लगा सकते हैं, यह भी ठीक है। यह दोनों परस्पर विरोधी बातें कैसे मानी जा सकती हैं—

इसका उत्तर इस वक्तके लिये इतना ही है कि प्रकृति विरोध-समागमको प्राणोंसे प्यारा मानती है।

४—मनुष्यकी स्वतन्त्रता

कार्य-कारण-नियमका नियतिवाद, ईश्वरवादसे कितना सम्बन्ध है, इसका जिक्र हो चुका है। ईश्वरवादियोंमें कुछ भगवानदास तो आत्म-समर्पण करनेके लिये तैयार हैं—ईश्वरके हाथकी कठपुतली बननेको वह दूषण नहीं भूषण मानते हैं—और, दुनियाके दुःख, अन्यायको उसका 'भेद' कहकर भुलावा देनेकी कोशिश करते हैं। यद्यपि इसका उद्देश्य कितनोंके मनमें यही होता है कि वह खुद अपने शासन-क्षेत्रमें उसी तरहके अनुत्तरदायी भगवान बन सके; किन्तु, सभी ईश्वरवादी इस तरह अक्लके पीछे लाठी लेकर फिरनेवाले नहीं हैं। यह ईश्वरकी वस्तु ईश्वरको और जीवकी वस्तु जीवको देनेकी कोशिश करते हैं—अथवा दोनोंपर सोचनेके लिये अपने मस्तिष्कमें काफी फासिलेके साथ उन्होंने दो कोठरियां बना रखी हैं और एक समय दोनों बातोंको लेकर वह अपने तथा अपने मित्रोंके दिमागको परेशान नहीं करना चाहते। वह कहते हैं—ईश्वर सबका प्रथम कारण है, साथ ही जीवको कर्म और विचारकी स्वतंत्रता है।

लेकिन, यहां यह कहना पड़ेगा कि यह धर्म-घोषणा अधिकतर 'खानेके दांत और दिखानेके और' की-सी है। आपको विचारकी पूरी स्वतंत्रता है; किन्तु जहां आपने ईश्वरकी सत्तापर ननुनच करना शुरू किया कि 'बहूका मान कितना है' इसका पता लग गया और कर्म-स्वातंत्र्यके बारेमें कुछ कहना तो और मुश्किल है। क्योंकि, वह तो उसीके लिये संभव है, जो "जबरा मारे रोने न दे"का नमूना हो। ईश्वरको अन्यायी समझकर लोग उसको छोड़ न बैठें; इसीलिये इस कर्म-विचार-स्वातंत्र्यकी बात कही जाती है, अन्यथा यह तो साफ है कि घास-घोड़ेकी यारी नहीं हो सकती। छोटी चादरमें यदि सिर ढांकते हैं तो पैर नंगा, और पैर ढांकते हैं तो सिर नंगा।

यदि आप जीवको स्वातंत्र्य प्रदान करते हैं, तो उतने अंशमें ईश्वरकी सर्व-शक्तिमत्तामें कमी आती है, यदि ईश्वरको सर्वशक्तिमान मानते हैं, तो जीव अकिंचन हो जाता है और ईश्वरकी सर्वज्ञताकी बात तो अरस्तूके मुंहसे आप सुन चुके हैं। अरस्तू चाहता था कि ईश्वर और जीव दोनोंकी सेवा करें। उसे दो नावोंपर चढ़नेवालेकी बात नहीं मालूम थी। उसने कहा— ईश्वर सर्वज्ञ है, किन्तु सर्वमें **सामान्य** शामिल है, विशेष नहीं; जातियां शामिल हैं, व्यक्तियां नहीं; ईश्वर मानवताको जानता है, गांधी और गांधीसुतको नहीं; गाय-जाति (गोत्व)को जानता है, नये "मुसलमान" गोभक्त श्रीराम शर्माके "विशाल-भारतमें" छपनेवाली गायोंको नहीं।— शर्माजीके साथ हमारी सहानुभूति है, ईश्वरकी इस बेरुखीपर। किन्तु अरस्तूने यह माननेके लिये अपनेको तैयार किया था। वह बेचारा जानता था, भेड़ोंके भड़कन्त स्वभावको। त्रिकाल-सर्वज्ञ ईश्वरके ज्ञानमें अतीत वस्तुओंके बारेमें जो कुछ मौजूद है, वह होकर रहेगा; जैसी मिट्टी जैसी आग बननेवाली है, वैसी बनकर रहेगी; जैसी सींग-पैर-नाक-कानवाली गाय जाति बननेवाली है, वह ईश्वरके ज्ञानमें पहलेसे मौजूद है और वह वैसा बनकर रहेगी। इसका अर्थ हुआ ईश्वर परिस्थितिको जैसा होना चाहिये, वैसा ज्ञानमें बना चुका है और नियत समयपर वह उसी रूपमें आ मौजूद होगी। मनुष्यके स्वातंत्र्यका कोई मूल्य नहीं, यदि वह भी परिस्थितिमें परिवर्त्तन करनेका उसी तरह अधिकारी न हों, जिस तरह कि परिस्थिति उसे परिवर्त्तित करती है। इसके बारेमें जब हम प्रकृति (प्रयोग)से पूछने जाते हैं, तो वह साफ कहती है कि परिस्थिति जिस तरह मनुष्यको बदलती है, उसी तरह मनुष्यने भी परिस्थितिको बदला है और बदल देनेमें लगा हुआ है।

५—तर्क निर्भर नहीं, वस्तु निर्भर हेतुवाद

प्रकृतिने जैसे दूसरे क्षेत्रोंमें कोरे तर्कको पछाड़ा है, वैसे ही स्वातंत्र्य और नियमबद्धताके सम्बन्धमें भी वह उसके फंदेमें आनेवाली नहीं है। अपने

अन्तस्तलमें अवस्थित एलेक्ट्रनके बारेमें उसने दिखलाया है कि वह कण भी है और तरंग भी । तर्क बहुत चिल्लाता रहा, किन्तु प्रकृति इस चिल्लपोंको नहीं सुनती । वह तो हर एक सत्य-अन्वेषकको एक बात कहती है—मेरा अनुगमन करो "राजा करै सो न्याय" प्रकृतिमें जो देखो वही नियम है । यदि वहां नियम और अनियमका मिश्रण दिखाई पड़ता है, तो यही समझिये कि प्रकृतिके नियम वैसे ही हैं । विच्छेदयुक्त प्रवाह भी परस्पर विरोधी-सा मालूम होता है; किन्तु प्रकृतिने इसका अनुमोदन किया है । एक ही एलेक्ट्रन कण हो और तरंग भी, यह भी परस्पर विरोधी मालूम होता है; किन्तु प्रकृति न सदा केवल सर्पगतिको पसंद करती है, न मेंढक-कुदानको । प्रकाश तरंग है; किन्तु क्वन्तम् सिद्धान्त[१] बतलाता है कि उसके वितरणमें सिर्फ अविच्छिन्न प्रवाह ही नहीं पाया जाता, वल्कि बीच-बीचमें रुककर चलनेवाले फौव्वारेकी भांति प्रकाश बँधे हुए मुट्ठे (=क्वन्तम्)में निकलता है।

इस तरहके नियम-अनियम-मिश्रितवादको देखकर कुछ बूढ़े लोग बुद्धके बूढ़े शिष्य सुभद्रकी तरह बोल उठते हैं—अच्छा हुआ, बूढ़ा नियमवाद मर गया, अब हम जैसा चाहेंगे वैसा करेंगे । और, यह भी कि चूंकि प्रकृतिमें नियम नहीं हैं; इसलिये उसके वास्ते एक नियामककी जरूरत है ।—वह भगवान है । सोचिये—यदि प्रकृतिमें नियम है, इसलिये एक नियामक ईश्वरकी जरूरत है, प्रकृतिमें नियम नहीं है, इसलिये एक नियामककी जरूरत है । इसको कहते हैं—"गाय भी हूँ, बच्चा भी हूँ ।"

प्रकृतिके विरोधी-समागमवाले स्वरूपको जब तक आप समझनेकी कोशिश नहीं करेंगे, तब तक बराबर ऐसी गलती करते ही रहेंगे । मनुष्यमें स्वतंत्रता भी है; किन्तु दार्शनिक परमार्थकी नाप-तोलमें नहीं । मनुष्यमें परिस्थिति, आनुवंशिकताकी परतंत्रता भी है, किन्तु दार्शनिक परमार्थके अर्थमें नहीं । मनुष्य प्रकृतिको बदलता है, परिस्थितिको बदलता है ।

---

१ Quantum Theory.

आनुवंशिकतामें बराबर परिवर्त्तन होता रहता है और कभी तो ऐसी बड़ी कुदानका परिवर्त्तन होता है, जिसमें वह वनमानुषसे मानुषकी कोटिमें छलांग मार देता है—इसे ही **जाति-परिवर्त्तन** कहते हैं। हम साइंस-सम्मत भविष्य-कथन भी कर सकते हैं और भविष्यकी कर्म-योजना बनाकर ठीक फलपर भी पहुँच सकते हैं; किन्तु यहां भी प्रकृतिने अपने क्वन्तम्, अपने कण-तरंग, अपने विच्छेद-युक्त प्रवाहकी नीतिको छोड़ा नहीं है और गला कसकर दम घोटनेका प्रयत्न नहीं किया है। लंदनमें इस साल कितने आदमी मोटरसे दवकर मरेंगे, इसे वहांकी कौंटी-कौंसिल (कारपोरेशन) का दस-पंद्रह सालका हिसाव—मोटरोंकी संख्या, यातायात-संचालनमें सुधारका मृत्यु-संख्यापर प्रभाव आदि—देखकर बतलाया जा सकता है। हां, वह संख्या परमार्थ संख्या नहीं होगी; बल्कि व्यवहार या प्रायिक संख्या होगी। व्यवहार-संख्या व्यवहार-परिमाण प्रकृति और प्रकृति-पुत्रोंके लिये पर्याप्त है। हां, दार्शनिकोंके लिये वह पर्याप्त नहीं है; इसलिये उनका दिल छोटा रहा करता है। एक बात और, मृतकोंकी संख्या के बारेमें सच्चा भविष्य-कथन उसे माना जाता है, जो कि घटनाके बहुत नजदीक हो। और साथ ही प्रकृतिने एक और सुभीता दिया है, वह समुदायरूपेण इस संख्या के प्रकाशनको पसंद करती है। अबकी साल भगवानदास मोटरसे दबेंगे या नहीं, इसके लिये उसने ठीक अरस्तूके ईश्वरकी भांति अपनेको अनभिज्ञ रखा है, जो कि उसके लिये गर्वकी बात है; यद्यपि वही बात ईश्वरके लिये भारी काला धब्बा होती। जोतिषी भविष्यद्वक्ताओंकी बात छोड़िये, वह तो दैवज्ञ हैं, और भारतीय सिद्धोंको भी छोड़िये, जिनकी सेवाका महान् व्रत गोरख-टीलेके "कल्याण" बाबाने ले रखा है, और जब-तब हमारे "विशाल-भारत" जैसे नागरिक भी उसमें पुण्यके भागी बननेके लिये लालायित हो जाते हैं।

प्रकृति परमार्थ नहीं प्रायिक मूल्यको पसंद करती है। क्वन्तम्, सापेक्षता, कण-तरंग, विच्छेद-युक्त-प्रवाह और विरोधी-समागमको अहर्निशि देखनेवाला साइंस भी उतनेसे संतुष्ट है। वह दोनों चरम पन्थको पसन्द

नहीं करता—न उसे यन्त्रवाद, जकड़बन्द कार्य-कारणवाद पसंद है और नहीं कार्य-कारण-नियम-युक्त "परम स्वतंत्र न सिरपर कोई", अथवा आकस्मिक घटनेवाली घटनाओंसे बना संसार ही।

परमार्थकी जगह यह "प्रायिक" मूल्यका सिद्धान्त आधुनिक साइंसमें भारी महत्त्व रखता है।

६—प्रायिकता[1]

परमार्थ अटल, नित्य मान, किसी मृत गतिशून्य जगतमें मिल सकता है, जिसकी कल्पना दार्शनिक भले ही कर सकें; किन्तु उसका अस्तित्त्व कहीं नहीं है। परमार्थ मानके बिना परमार्थ मूल्य भी दार्शनिकोंकी कल्पनामें ही स्थान पा सकता है। सारी दुनियाका व्यवहार—चाहे साधारण किसानको ले लीजिये अथवा इंचके लाखवें हिस्से तकको नाप लेनेवाले साइंस-वेत्ताको ले लीजिये, सबके नाप, सबकी तोलका मूल्य प्रायिक ही है, परमार्थ नहीं।

आइये साकार उदाहरण लेकर देखें—

हम बहुत शुद्ध मापवाली जरीब लेते हैं। जिसमें तापमान आदिका असर अत्यन्त कम पहुँचे, इसके लिये हमारी जरीब कांचकी है। आज हम खेत नापते हैं, कल और परसों भी. . .। मैं अपने दोस्तोंको भी कहता हूँ, कि आप भी नाप लें। हम सभी पूरी सावधानी रखते हैं कि जरीब, त्रिकोन, नापी कहीं गलती न होने पाये। किन्तु, जब मैं एक दर्जन दिनोंकी अपनी नापियोंको मिलाता हूँ, तो वहां फर्क दिखाई पड़ता है। दोस्तोंकी नापियों-को मिलाता हूँ, तो वहां भी अन्तर पड़ता है। हमारे सामने मुश्किल आती है—किसको सच्चा मानें किसको नहीं। कुछ दोस्त दार्शनिकोंकी तरह राय देते हैं, जब आपकी नापियां आपसमें नहीं मिलतीं, न हम सभी की नापियां आपसमें मिलती हैं, तो सब गलत हैं, कोई परमार्थ सत्य नहीं, इसलिये

---

१ Probability.

इन्हें छोड़ दें। हम सभी दार्शनिक नहीं हैं और फिर मैं क्या इस दार्शनिकके कहनेसे अपने खेतको छोड़नेवाला हूं। हम अपनी नापीके अंकोंको फिर मिलाते हैं, देखते हैं उनमें फर्क जरूर है; किन्तु उनमें कुछ संख्याएं ऐसी हैं, जो कि अंकोंकी एक खास सीमाके भीतर हैं—जहां सबसे कम और सबसे ज्यादावाली संख्या ९७.२४६ और ९७.३८७ विस्वांसी (धूर) हैं, वह अधिकांश संख्याएं ९७.३१६२, ९७.३१६३, ९७.३१६४ की भांति कुछ सीमाओंके बीच होती हैं। हजारों नापियोंके करनेपर भी हम देखेंगे कि नापीका परिमाण सभी एक नहीं होता; किन्तु वह एक खास सीमाके भीतर ही ज्यादा मिलता है, जो नापी सबसे ज्यादा इस सीमाके भीतर आती है, हम उसे ही प्रमाण मानते हैं, अथवा ९७ विस्वांसीसे ऊपरके दशमलव अंकको नगण्य समझ छोड़ देते हैं। जो बात यहां जमीनकी नापीके लिये है, वही दूसरी बारीक नापियोंके बारेमें भी समझें। नङ्गी आंखोंसे न दिखलाई देनेवाले अणुओं, परमाणुओंको जब हम अणु-मापक यंत्रसे नापते हैं, तो वहां भी यही बात पाते हैं,; इसीलिये साइंसमें यह मानी हुई बात है कि परमार्थतया निश्चित मापपर पहुँचना असम्भव है। बाल-बियरिङ्ग मशीनमें इस्तेमाल होनेवाले बाल-गोलियोंकी नापी बहुत ठीक होनी चाहिये; क्योंकि उसके ऊपर मशीनकी उपयोगितामें कमी-बेशी हो सकती है; लेकिन वहां भी **परमार्थ** मापकी उम्मीद नहीं रखी जाती और १।१००,००० इंचकी कमी-बेशीको नहीं लिया जाता और जितनी नापियां आपसमें इतनेका अंतर रखती हैं, उन्हें शुद्ध माना जाता है। साइंस-संबंधी नापवाले औजारोंको और बारीकीमें जाना पड़ता है; किंतु वहां भी परमार्थ नाप नहीं मिला करता, इसलिये १।१,००,००० इंचकी कमी-बेशीको नहीं लिया जाता। किसी-किसी मशीनमें १।१,००० इंचकी कमी-बेशी होनेपर भी उसे शुद्ध माप मानते हैं। लकड़ीकी मशीनमें १।३२ इंचकी कमी-बेशीवाले माप भी शुद्ध हैं।

इतना कहनेसे स्पष्ट है, कि हमारा सारा काम **प्रायिक** परिमाणको शुद्ध,

सत्य मान लेनेपर चल जाता है; उसे छोड़ हम किसी परमार्थके पीछे नहीं दौड़ते फिरते और न दार्शनिकके दिमागके सिवाय उसका कहीं पता है। दुनियामें जितने हिसाब होते हैं, सब इसी प्रायिक मापको ही लेकर चलते हैं। लकड़ी-लोहेके कारखानों, मोटर-एरोप्लेनकी बनावट, इंचके लाखवें हिस्से तक नापनेवाली दूरबीन-फोटो-मापक आदि यंत्र, प्राणिशास्त्र तथा रसायन-शास्त्रमें व्यवहृत होते सूक्ष्म नाप-तोलवाले यंत्र तथा हिसाब, कृषिकी योजनाका हिसाब, ग्रहण आदि बतानेवाले ज्योतिष-गणित, दीवानी-फौजदारी अदालत तथा कानूनमें व्यवहृत होनेवाले परिमाण. . . मेंसे चाहे जिसको ले लीजिये; सभी जगह प्रायिक मापको शुद्ध माना जाता है और परमार्थ मापको असंभव समझा जाता है। जो बात असंभव है, उसके न जाननेको अज्ञान नहीं कहा जा सकता, इसलिये ज्ञानकी सीमाका विस्तार करते-करते हम परमार्थपर नहीं चरम **प्रायिकता**पर जब पहुँच जाते हैं तो हम ज्ञानकी चरम सीमापर पहुँच जाते हैं। उसके आगेकी आशा रखना दुराशा मात्र है; और उसका वस्तु-जगतसे कोई संबंध नहीं है, इसे हमें हमेशा ध्यानमें रखना होगा।

ख—सत्य और असत्यका ज्ञान

१—सत्य

सत्यके बारेमें हलके दिलसे कह दिया जाता कि वह एक, अद्वितीय है। किन्तु क्या यह बात वास्तविकतापर निर्भर है? पूंजीपति और जमींदारके लिये यह परम सत्य है, कि मजदूर और किसान उसके लिये काम करें और अपने हाथसे उठाकर जो उन्हें दे दे उसीपर सन्तुष्ट रहें। इस मार्गसे हटना नमकहरामी—असत्य-मार्गको ग्रहण करना है। तिरुवन्नामलेके ऋषि, पांडीचरीके मुनि.. . . .के जगतगुरु. . .तथा एनीबेसंट—'लोगों' उनकी आत्माको शान्ति प्रदान करे—के १२ अर्हत और अर्हन्तियोंसे लेकर गली

कूचेमें डोलनेवाले छोटे-मोटे सिद्ध महात्माओं तक सभी सेठ. . ., महाराजा . . . ., नवाब. . .अभीष्ट इस सत्यकी पुष्टि अपने आशीर्वादसे करते हैं। फिर यह सत्य परम सत्य छोड़ और हो ही कैसे सकता है; क्योंकि वैसे स्वार्थहीन त्रिकालदर्शी ब्रह्मलीन महापुरुषोंको क्या पड़ी है, जो असत्यको आशीर्वाद देते फिरें। यद्यपि यहां हम जरूर कहेंगे कि और जगहोंपर धर्मकीर्त्तिके शब्दोंमें "निर्लज्जतामें बंधकी (व्यभिचारिणी) को भी मात करनेवाले[1] कुमारिलका ऐसे सिद्ध-ब्रह्म-लीन-महात्माओंके बारेमें यह घोषणा करना, सत्यसे बहुत दूर नहीं है।—

"वाणीकी असत्यताके हेतु (राग, द्वेष, मोह) दोष पुरुषोंमें मौजूद रहते हैं।"[2]

भारतके किसानों, मजदूरोंके लिये सत्य यही है कि जो कमाये उसको पहले खानेका हक उन्हें होना चाहिये; जो नहीं कमाता उसे या तो भूखा मरनेके लिये तैयार रहना चाहिये, अथवा कमानेवालोंके सामने दांत निकाल-कर हाथ पसारनेके लिये। दूसरेकी कमाई भाग्य-भगवानकी देनके नामसे यदि हलाल हो सकती, तो सभी चोरों-डकैतोंको जेलोंसे बाहर निकाल देना चाहिये।

२—सत्य ज्ञान

वैज्ञानिक भौतिकवाद मानता है कि वास्तविक ज्ञान आदमीकी पहुँचके भीतर है। वास्तविक ज्ञान हम उसे ही मानते हैं, जिसका आधार विद्यमान भौतिक वस्तु है—ऐसी वस्तु जिसकी सत्ता मनुष्यके ज्ञान या कल्पनापर निर्भर नहीं है। सक्रिय, सजीव, वास्तविक मनुष्य और वस्तु-सत भौतिक (मानव-मस्तिष्क) वाह्य अर्थों (पदार्थों) के संबंध तथा उनकी

---

१ "जयेद् धार्ष्ट्येन बंधकीम्"—प्रमाणवार्तिक १।६६७

२ "गिरां मिथ्यात्वहेतूनां दोषाणां पुरुषाश्रयात्।"—वहीं १।२२७

एक-दूसरेपर होनेवाली क्रिया-प्रतिक्रियाओंको ज्ञान कहते हैं। जब तक बाह्य पदार्थोंकि वस्तु-सत्ता होनेको स्वीकार नहीं करते, तब तक उसके संबंध तथा क्रिया-प्रतिक्रियाकी संभावना नहीं; फिर ऐसी अवस्थामें जो ज्ञान होगा वह वास्तविक नहीं अवास्तविक होगा, अतएव वह ज्ञान नहीं, अ-ज्ञान मात्र होगा।

फिर दार्शनिक कहेंगे, वस्तु-निर्भर ज्ञान कभी पूर्ण नहीं होता, वह हमेशा अपूर्ण रहता है, अपूर्ण ज्ञानको प्रमाण नहीं माना जा सकता; प्रमाण उसी ज्ञानका हो सकता है, जो पूर्ण है। इसका उत्तर यह है कि पूर्ण ज्ञान या आपकी परिभाषामें जिसे **परमार्थ-ज्ञान** कहते हैं, उसका कहीं पता नहीं, क्योंकि आपके ही कथनानुसार न वहां इन्द्रियां पहुँच सकती हैं, न बुद्धि। ऐसा परमार्थ ज्ञान सिर्फ श्रद्धावश ही माना जा सकता है। सत्य ज्ञान वही है, जो कि वास्तविक—वस्तु-निर्भर—है। सभी सत्य सापेक्ष हैं। साइंस और सभी मानवीय ज्ञान लगातार बदलता रहता है, इसलिये ऐसे सत्यसे बे-सत्यका ही रहना अच्छा है—यह संदेहवाद, निराकारवाद, विज्ञानवाद शून्यवादकी ओरसे कहा जाता है; और उनमेंसे कितने तो यहां तक कह जाते हैं कि 'सत्य' कोई वस्तु ही नहीं है। ये सभी वाद कभी सत्यको नहीं पा सकते, अथवा हाथमें आये हीरेको परखनेकी उनमें शक्ति ही नहीं है। यह वैज्ञानिक भौतिकवाद ही है, जो जानता है कि सापेक्षमें कैसे परमार्थ और परमार्थमें कैसे सापेक्ष सत्यको पाया जा सकता है। लेनिनका कहना है[१]—

"आप कहेंगे, सापेक्ष और परमार्थ सत्यका यह (आपका बतलाया) भेद स्पष्ट नहीं है। मैं उत्तर दूंगा कि काफी स्पष्ट न होनेपर भी, वह साइंसको. . मुर्दा, सुन्न, काठमारा मतवाद बननेसे बचा सकता है। लेकिन साथ ही वह इतना स्पष्ट है कि श्रद्धावाद, अज्ञेयवादके किसी छापेको (साइंसके तौरपर) रखने और उसे ह्यूम तथा कांटेके (—शंकराचार्य,

१ Materialism and Emperio Criticism, p. 107

विवेकानन्द, रामतीर्थको भी शामिल कर लीजिये) चेलोंके दार्शनिक विज्ञानवाद तथा बाजीगरी बननेसे रोक सकता है। यहां (दोनोंके बीच) सीमा मौजूद है; किन्तु उसे आपने नहीं देखा। और न देखनेके कारण प्रतिगामी दर्शनके कीचड़में गिरनेसे अपनेको नहीं ब चा पाया—यह (सीमा) है वैज्ञानिक भौतिकवाद और (शून्यवादी) सापेक्षतावादकी सीमा।"

और एन्गेल्सके शब्दोंमें—

"इस बातसे घबड़ानेकी जरूरत नहीं कि आज जिस ज्ञानकी अवस्थामें हम पहुँचे हैं, वह उससे ज्यादा पूर्णताको नहीं पहुँची है, जो कि इससे पहिले थी। अभी ही बहुत विस्तृत (ज्ञान-) सामग्री जमा हो गई है और कोई आदमी जो किसी एक साइंसमें विशेषज्ञ बनना चाहता है, उसके लिये इनका अध्ययन बहुत ही श्रमसाध्य कार्य है।"

हर शास्त्र शाखामें मनुष्यका ज्ञान कितना बढ़ चुका है, और हर रोज कितनी तेजीसे बढ़ता जा रहा है, वह हमारे भारी सन्तोषकी बात है। चूंकि ज्ञान पूर्ण नहीं है, उसमें वृद्धिकी बराबर गुंजाइश है, इसलिये उसकी वृद्धिको हम जहां छोड़ रहे हैं, हमारी अगली पीढ़ी उसे वहांसे आगे ले जायेगी। यह देखकर हाथपर सिर धरकर रोना बुद्धिमानीका काम नहीं है। ज्ञानमें यदि पूर्णता—जिससे आगे और कोई बुद्धि नहीं—हो जाय, तो विश्वकी गति बेकार हो जायगी, गुणात्मक-परिवर्त्तनसे नये-नये गुणों, नई-नई वस्तुओंका उत्पन्न होना बन्द हो जायगा और प्रगतिशील, सजीव, नव-नव-विकसित विश्वकी जगह वह अचल, मुर्दा, फोसील-सा रह जायगा।

ज्ञानकी प्रामाणिकता—बदलते रहते ज्ञानकी प्रामाणिकता नहीं होगी, यह शंका फजूल है। सारे विश्व-ब्रह्मांडमें बदलती चीजें ही सारा काम कर रही हैं। यदि आप बढ़नेवाले न होते तो माता या पिताके रज-अंड तथा वीर्य-कीट ही रह जाते। किसी भी अवस्थामें इस परिवर्त्तन, इस वृद्धिको रोककर देखिये। वीर्यकीट सिर्फ १/५०० इंच बड़ा होता है, माताका रज-अंड

$^1/_{२५}$ इंच, दोनों मिलनेपर भी मानव-प्राणी सिर्फ $^1/_{५००}$ इंचका होगा; वजन कितना होगा, यह इसीसे जानिये—सप्ताह भरका मानव-गर्भ सिर्फ $^1/_५$ रत्तीका होता है। छः मासका १ सेरके करीब। पैदा होनेपर स्वस्थ बच्चा २० इंच (एक हाथ से थोड़ा ऊपर) बड़ा और ३॥ सेर भारी होता है; जो बढ़ते-बढ़ते पंद्रह वर्षकी आयुमें ६२$^1/_२$ इंच (३॥ हाथ) लंबा और १ मन ८$^1/_२$ सेर भारी हो जाता है। आप सोच सकते हैं, जिस तरह शरीरकी वृद्धि रोकनेकी कामना शुभ-कामना नहीं कही जा सकती, वैसे ही ज्ञानकी वृद्धि रोकनेकी कामना भी वही कर सकते हैं, जिन्हें मानवजातिका हितैषी नहीं कहा जा सकता। ज्ञानको दिनपर दिन बढ़ने दो, अगली पीढ़ीको पिछली पीढ़ी द्वारा खूब पराजित होने दो—'पुत्रादिच्छेत् पराजयम्।"

"सोचनेकी शक्ति रखनेवाले कितने ही अत्यन्त अपूर्ण मनुष्यों द्वारा विचारकी पूर्णता प्राप्त होती है। असीम सत्यका दावा रखनेवाला ज्ञान कितनी ही सापेक्ष भूलें करके प्राप्त होता है।"[१]

"मनुष्यका ज्ञान (अपनी वृद्धिमें) सरल रेखाका अनुगमन नहीं करता; बल्कि वह एक ऐसी वक्र रेखा का अनुसरण करता है जो कि सदा वृत्तके बननेकी कोशिशमें रहती है—अर्थात् घूमघुमौआ चक्करमें। इस वक्र रेखा (घूमघुमौवे चक्कर) की हर एक टुकड़ी—हर एक खंडको (एक छोरसे) एक स्वतंत्र, पूर्ण सरल-रेखामें बदला जा सकता है; जो कि सावधान न रहनेपर 'दलदल' (शासक वर्गके वर्गस्वार्थ द्वारा दृढ़ बनाये धर्मवादमें) गिरा देता है।"[२]

इसलिये सापेक्ष सत्यसे बाहर जाना, आंख बन्दकर जंगलमें टहलने जाना है। वस्तुतः जो कुछ परमार्थ सत्य है, वह सापेक्षके भीतर ही है।

---

१ Materialism and Emperio Criticism (by Lenin).

२ Lenin : On Dialectics.

३—प्रयोग और सिद्धान्तकी एकता

दूसरे दर्शनों और वैज्ञानिक भौतिकवाद (साइंसके अधिनायकत्व) में सबसे बड़ा अन्तर यह है कि वैज्ञानिक भौतिकवाद एकमात्र प्रयोगको ही सत्यकी कसौटी मानता है, उसके लिये कोई ज्ञान तब तक सत्य नहीं है, जब तक कि वह प्रयोगकी कसौटीपर पक्का नहीं उतरता। इसीलिये स्तालिनका कहना—"सिद्धान्त प्रयोगके बिना बांझ है।" भगवद्गीताको किसी समय कर्मयोगकी कुंजी माना जाता था। तिलकने जेलमें बन्द रहते वक्त गीतापर अपनी प्रसिद्ध पुस्तकको इसी मतलबसे लिखा था।—कितना ही आगे बढ़नेपर भी तिलक योगसे आगे नहीं जा सके और वस्तुतः किसीकी तारीफसे नहीं, बल्कि वृक्ष अपने फलसे पहिचाना जाता है। गीताने कर्म-युद्धके लिये तो लोगोंको उतना तैयार नहीं किया, जितना कि उस युद्धसे पलायनके लिये। वैज्ञानिक भौतिकवाद वास्तविक अर्थमें कर्मका दर्शन है। "दार्शनिकोंने सिर्फ जगतकी व्याख्याको परिवर्तित किया; किन्तु हमारा काम है, खुद जगतको परिवर्त्तित करना।"—मार्क्सने इस वचनमें वैज्ञानिक भौतिकवादके मर्मको निकालकर रख दिया है।

मार्क्सने वैज्ञानिक भौतिकवादको जैसी अवस्थामें विकसित किया, उससे साफ हो जाता है कि मार्क्सका जोर प्रयोगपर इतना ज्यादा क्यों है। कितने ही लोगोंने पढ़ या सुन रखा है कि मार्क्स पुस्तकोंमें डूबा रहता था, इसलिये उसके विचार पुस्तकके कीड़ों जैसे होंगे। इसमें शक नहीं, मार्क्स लंदनमें वृटिश-म्यूजियमके पुस्तकालयमें काफी समय देता था, उससे पहले पेरिसके बिब्लियोथिक-नाश्नल, तथा बेर्लिन, हाइडेलबेर्ग, जेना और बोन विश्वविद्यालयोंके पुस्तकालयोंमें भी वह पुस्तकाध्ययनमें दत्तचित रहा था। किन्तु, यह समझना कि मार्क्स अपने क्रान्तिकारी सिद्धान्तपर सिर्फ पुस्तकोंको पढ़कर पहुँच गया, बिलकुल गलत खयाल है। मार्क्सवाद न १९१७ ई०की रूसी क्रान्तिमें पैदा हुआ और न १८६७ ई० में कापिटलके लिखे

जानेके बाद; उसका जन्म १८४८ ई०से पहिले हुआ था। कापिटलके रूपमें मार्क्सवादका जन्म नहीं हुआ, बल्कि उसके रूपमें वह प्रौढ़ताको प्राप्त हुआ। मार्क्सवाद (वैज्ञानिक भौतिकवाद)का जन्म उन संघर्षोंमें हुआ जिनमें मार्क्स और एन्गेल्सने जवाबदेहीके साथ स्वयं क्रियात्मक रूपसे भाग लिया। १८४८ ई०की फ्रेंच-क्रान्तिमें, पहिलेके क्रान्तिकारी आन्दोलनोंमें ही नहीं, बल्कि खुद उस क्रान्तिमें, उन्होंने भाग लिया था। एन्गेल्सने जर्मनीके मजदूरोंके सशस्त्र विद्रोहमें क्रान्तिके हथियारबन्द सिपाही के तौरपर भाग लिया था और मार्क्सने उसके गढ़ कोलोनमें रहते संघर्ष-संचालनमें ऐसा जबर्दस्त भाग लिया कि गवर्नमेंटने दो बार उनपर फांसीकी सजावाले देश-द्रोहका मुकदमा चलाया। यूरोपमें सर्वत्र फैलनेवाले मजदूर-विद्रोहका आरंभ मार्क्स एन्गेल्सने अपनी "कमूनिस्त घोषणा" (१८४७)से किया था और इस विद्रोहकी बाढ़का अन्त मार्क्स-सम्पादित जर्मन दैनिकपत्र "नोये राइनिश जाइटुङ्." (हामबुर्ग)के अन्तिम अंकके साथ १८५०में हुआ। सन् १८५०-६४ ई०का समय है, जिसका बहुत-सा हिस्सा मार्क्सने ब्रिटिश-म्यजियमकी पुस्तकोंके अवलोकनमें लगाया। किन्तु यह वह समय था, जब कि यूरोपमें किसी जगह खुले तौरसे क्रान्तिकारी आन्दोलन चलाया नहीं जा सकता था और मार्क्सको वहां पैर रखनेकी जगह नहीं मिल रही थी। इन चौदह वर्षोंमें भी मार्क्स सिर्फ ब्रिटिश-म्यूजियमकी पुरानी जिल्दोंकी धूल ही नहीं चाटता रहा, बल्कि उस समय भी उसकी कलम क्रान्तिकी शक्तिको अधिक दृढ़ और बहु-देशव्यापी बनाने में लगी हुई थी। अमेरिकन दैनिक-पत्र "न्यूयार्क ट्रिब्यून"में भारतकी राजनीतिक-सामाजिक अवस्था तथा क्रान्तिकी संभावनाके बारेमें मार्क्सने जो लेख लिखे थे, वे इसी समय (१८५२-५३ ई०)में लिखे गये थे।

१८६४ ई०के बाद हम मार्क्सको फिर संघर्ष-क्षेत्रमें देखते हैं और तबसे १८७२ ई० तक वह अन्तर्राष्ट्रीय मजदूर आन्दोलनका नेतृत्व करता है। उसके बाद अपने जीवनके अन्तिम समय (१८८३ ई०) तक मार्क्स

फिर कलमके काममें लगता है, लेकिन साथ ही उसकी नजर उस समयके मजदूर आन्दोलनसे नहीं हटती और भविष्यकी मजदूर-क्रांति तथा मजदूर शासनकी गहरी नींव रखना तो उसका एकमात्र काम हो जाता है।

इतना कहनेसे साफ है कि वैज्ञानिक भौतिकवादका रास्ता गीता या वेदान्तके पलायनवादसे बिलकुल अलग है। वह जगतको छोड़ भागना नहीं चाहता, बल्कि जगतको बदलना चाहता है। जगतके बदलनेमें कर्म—संघर्ष—की जरूरत है, उसमें मुंदी आंखें नहीं, खुली आंखोंकी जरूरत है।

वैज्ञानिक भौतिकवाद किन **वाद-प्रतिवादोंका संवाद** है, यदि इस बात पर हम ध्यान देंगे, तो मालूम होगा कि वह क्यों इस प्रयोग और सिद्धान्त के समन्वयको चाहता है। वैज्ञानिक भौतिकवादमें दो अंश हैं, एक द्वंद्ववाद और दूसरा भौतिकवाद। द्वंद्ववाद हेगेलके विज्ञानवादमें था और भौतिकवाद सत्रहवीं-अठारहवीं सदीके यांत्रिक भौतिकवादमें। यांत्रिक भौतिकवाद भौतिकवादकी भौतिकता—वास्तविकताको स्वीकार करता था, यह उसका मजबूत पहलू था। किन्तु उसमें किसी गुणात्मक परिवर्त्तन, किसी विच्छेदयुक्त-प्रवाहकी गुञ्जाइश न थी, इसलिये वह विश्वकी पूरी व्याख्या नहीं कर सकता था, न विच्छेदयुक्त-परिवर्त्तन—क्रान्ति—के लिये वह चतुर पथ-प्रदर्शक हो सकता था। इस भौतिकवादसे बिलकुल उलटा हेगेलका द्वंद्वात्मक विज्ञानवाद बर्कले और शंकर जैसा ठूंठा, कूटस्थ, एकरस विज्ञानवाद (विज्ञान—ब्रह्म सत्य और सब झूठा) नहीं था। हेगेल उसे क्षण-क्षण परिवर्त्तनशील वृद्धिपरायण मानता था। विश्व उसके लिये हर क्षण "है" नहीं, "हो रहा है" है। यह हेगेलके द्वंद्वात्मक विज्ञान वादका मजबूत पहलू था। किन्तु, दूसरी ओर वह विश्वकी भौतिक सत्ता—वास्तविकता—को इनकार कर अपनेको अ-वस्तुवादी साबित करता था। ऐसा वाद न वस्तु-सत सिद्ध हो सकता है, न जीवनमें किसी काममें आ सकता है। मार्क्स-एन्गेल्सने अपने वैज्ञानिक भौतिकवादमें पुराने भौतिक-

वादकी भौतिकता और हेगेलके द्वंद्वात्मक विज्ञानवादकी द्वंद्वात्मकताको लेकर अपने दर्शनका विकास किया।

वैज्ञानिक भौतिकवादके अनुसार, विज्ञानवादी गलत रास्ते पर हैं, जब कि वह समझता है कि सत्यको हम सिर्फ अपने मस्तिष्क—मन—के भानमतीके पिटारेसे निकालकर रख सकते हैं। भौतिकवादी भी गलती करता है, यदि वह इस बातको नहीं समझता कि सत्यको हम अपने मस्तिष्ककी सहायतासे प्राप्त करते हैं। मस्तिष्क हमें सिद्धान्त तक पहुँचाता है, भौतिकता हमें प्रयोगपर नजर रखनेके लिये मजबूर करती है। यही नहीं, जिस तरह भौतिकता मस्तिष्ककी जननी है, उसी तरह सिद्धान्तकी प्रसवभूमि प्रयोग है। बल्कि यह कहना चाहिये कि सिद्धान्त प्रयोगका सार-संग्रह है। आखिर सिद्धान्त है क्या? अनेक व्यक्तियों, अनेक पीढ़ियोंके लाखों प्रयोगों-तरजबोंका ही परिणाम। इसीलिये सिद्धान्तको अपने जीवनदायक प्रयोगके विरुद्ध जाना नहीं चाहिये। प्रयोगसे विरुद्ध सिद्धान्त सिद्ध-अन्त (सिद्ध-परिणाम) ही नहीं रह जाता। बिना पिताके पुत्रकी भांति उसे पहिले अपने पिताको ढूंढ़नेकी जरूरत पड़ेगी। इसलिये जिस वक्त हम यह कहते हैं कि सिद्धांत और वादकी एकता आवश्यक है, उस वक्त यह भी खयाल रखना चाहिये कि प्रयोग मूल है, सिद्धान्त उसकी शाखा है।

वैज्ञानिक भौतिकवादी दृष्टिसे प्रयोग और सिद्धान्तको किस तरह लेना चाहिये, इसे हमने बतलाया; यहां यह भी देखना है कि प्रयोग और सिद्धान्तके आपसी सिद्धान्तको दूसरे किस तरह मानते हैं।

१. कुछ लोग कहते हैं—प्रयोग और सिद्धान्तमें कोई समन्वय नहीं हो सकता। प्रयोग इस गंदी, स्थूल, असत्य, मायावाली दुनियाकी चीज है; सिद्धान्त चिर सत्य-शिव-सुन्दर है, दोनोंका क्या वास्ता? ये आकाश-चारी हारिल हैं, जो "अज्ञेय" के हारिलकी तरह भी हार माननेके लिये तैयार नहीं, और उन्होंने सदाके लिये भू-परित्यागकी कसम खा रखी

है।—हां, लेकिन मानसिक तौर हीसे, इसकी परीक्षा लेनी हो, तो ऐसी किसी हारिल—हंस—परमहंस—तत्त्वज्ञानी—ब्रह्मलीन—महात्मा—को एक रसगुल्लेके बाद क्वीनेमसे लिपटे दूसरे रसगुल्लेको खिलाकर देख लीजिये। सिद्धान्त—दर्शन—ज्ञान ही सब कुछ है, उससे अतिरिक्त कुछ है ही नहीं, इस तरहके विचार रखनेवाले लोग, मकड़ीकी भांति अपने भीतरसे (किन्तु अपने भीतरको भी स्वीकार करना तो उनके लिये मुश्किल है, इसलिये शून्यसे) सिद्धान्तको निकालते हैं।

२. दूसरे लोग हैं, जो प्रयोगसे एकदम इनकार तो नहीं करते, किन्तु वह सिद्धान्तको ही प्रधान मानते हैं। उनकी दृष्टि (=दर्शन) में सिद्धान्त प्रयोगकी सन्तान नहीं है, वह एक स्वयंभू तत्त्व है। इनके लिये साइंसका सारा परिश्रम , सारी सफलता कोई महत्त्व नहीं रखती, क्योंकि वह स्वयंभू होनेका दावा नहीं कर सकती। ऐसे मतवालोंके लिये प्रयोगका आश्रित होना निम्न कोटिके लोगोंके लिये छा जाता है; सिद्ध, महर्षि इससे ऊपर हैं। गांधी जैसे विश्वके प्रति अपार करुणा दिखलानेवाले, सदा आत्माकी आवाज सुननेके लिये कान लगाये रहनेवाले महात्मा इसी कोटिमें हैं।

३. तीसरी तरहके लोग प्रयोग और सिद्धान्तमें किसीको प्रधानता नहीं देते। वह तटस्थ, न्यायाधीश बनना चाहते हैं।—भौतिक विश्व असत्य है, इसलिये प्रयोगको प्रधानता कैसे दी जा सकती है? सिद्धान्त और प्रयोग दोनों ही कल्पना हैं, इसलिये उनमेंसे किसीको प्रधानता नहीं देनी चाहिये।

इसमें शक नहीं, इन तीनों तरहकी विचार-सरणियोंमें देखनेमें अन्तर है, किन्तु वस्तु-सतकी दृष्टिसे देखनेपर मालूम होगा कि सबका उद्देश्य है, भौतिकता—वास्तविकताका विरोध करना, और मनुष्यको जगत-परिवर्त्तनके कामसे हटाकर जगतकी ख्याली व्याख्यामें लगाना। इन सिद्धान्तोंमें प्रभु, शोषक-वर्ग क्यों इतना आनन्द अनुभव करता है, इसके बारेमें ज्यादा कहनेकी जरूरत नहीं,—"जानि न जाइ निशाचर माया" कहना काफी

नहीं है, क्योंकि निशाचर-मायाका समझना उतना मुश्किल नहीं है, यदि आपके पास आंख-कान मौजूद हों।

सिद्धान्तकी कसौटी प्रयोग है, इसे सारे साइंस मानते हैं। वस्तुतः साइंस और अ-साइंसका भेद ही इसीमें है कि साइंस किसी वक्त भी अपने सिद्धान्तको प्रयोगकी कसौटीपर कसनेमें गफलत नहीं करता। प्रयोगके दौरानमें साइंसवेत्ता एक सिद्धान्तकी झलक पाता है, किन्तु उसे "अल्हाम", "दैवी वाग्" "आकाश-वाणी" "आत्माकी आवाज" कहकर अपनेको और दुनियाको वह धोखा देना नहीं चाहता। वह प्रयोगशालामें उसकी बड़ी बारीकीके साथ और अनेक बार परीक्षा करता है। सभी परीक्षाओंमें एक-सा ठीक उतरनेके बाद वह या तो उसे इस तरह सप्रमाण स-आकार लेखके रूपमें लिखता है, जिसमें दूसरे भी प्रयोग करके उसकी सत्यताको जान सकें; अथवा अपने सिद्धान्तकी सचाईको रेडियो, हवाईजहाज, दूरदर्शनके यंत्रोंके साकार रूपमें उपस्थित करता है। वस्तुतः, प्रयोग और सिद्धान्तके समन्वयके बिना कोई साइंस-संबंधी आविष्कार नहीं हो सकता। साधारण प्रयोगोंसे सीखते तथा मानसिक तौरसे विकसित करते भारतीय विद्वान ईसाकी पांचवीं-छठीं सदीमें वहां पहुंच गये थे, जहां आधुनिक-वैज्ञानिक युग आरंभ होनेकी काफी कारण-सामग्री मौजूद थी; किन्तु भारतीयोंने अल्बेरूनी द्वारा (९७३-१०४८ ई०) उद्धृत आर्यभट (जन्म ४७६ ई०) के निम्न सूत्रको भुला दिया और वह पिछड़ गये—

"सूर्यकी किरणें जो कुछ प्रकाशित करती हैं, वही हमारे लिये पर्याप्त है। उनसे परे जो कुछ है और वह अनन्त दूर तक फैला हो सकता है, लेकिन उसका हम प्रयोग नहीं कर सकते। जहां सूर्यकी किरणें नहीं पहुँचतीं, वहां इन्द्रियोंकी गति नहीं, और जहां इन्द्रियोंकी गति नहीं, उसे हम जान नहीं सकते।"[१]

---

१ "अल्-हिन्द"।

साइंसके क्षेत्रमें तो इस तरह प्रयोगकी प्रधानता न समझ भारतीय आगे ही नहीं बढ़ सके, बल्कि आर्यभटकेयुक्ति-प्रमाण द्वारा सिद्ध भू-भ्रमणको न पतिया फिर वही पुराना चर्खा—तालमीके[1] भूकेन्द्रक सौरमंडलके विश्वासको—चलाते रहे। दर्शन और मनोविज्ञानके क्षेत्रमें धर्मकीर्त्ति (६०० ई०)के बाद कोई प्रगति नहीं हुई। धर्मकीर्त्तिके तीक्ष्ण विश्लेषण शक्तिका रहस्य भी उसकी प्रयोगवादितामें है।—यद्यपि धर्मकीर्त्ति योगाचारके विज्ञानवादके सिद्धान्तको पुष्ट करनेकी भी कोशिश करता है, किन्तु वह बेगार-सी टाली बात मालूम होती है; क्योंकि वैसा होनेपर "अर्थ-क्रियामें जो समर्थ है, वही परमार्थ सत है[2]" इसी तरह सक्रियताको परम सत्यका मुख्य लक्षण न बताता। सिद्धि, समाधि, परिचित-ज्ञानकी बातें पिछले महायुद्धके बादसे भारतमें फिर उसी तरह जोर पकड़ने लगी हैं, जिस समय यूरोपमें इसी समय प्रेत विद्या; किन्तु भारतीय सिद्ध-योगी लोग इन बातोंको अँधेरी कोठरी, या मुग्ध भक्तोंके सामने ही दिखलाना चाहते हैं। जब तक उन बातोंको उसी तरह प्रयोगकी कसौटीपर कसा नहीं जाता, तब तक उनकी भौतिक व्याख्या नहीं हो पाती, तब तक उनका महत्त्व एक चतुर बाजीगरके 'जादू'से बढ़कर नहीं है। किन्तु जो सिद्धान्त प्रयोग-सिद्ध है, उससे वैज्ञानिक भौतिकवादी इनकार कैसे कर सकते हैं। वैज्ञानिक भौतिकवादी यह भी मानते हैं कि हमारे ज्ञानकी सीमा जो आज है, सौ साल बाद इससे ज्यादा बढ़ी रहेगी, हजार वर्ष बादके ज्ञानके समुद्रके सामने आजका ज्ञान तलाई जैसा मालूम होगा। मस्तिष्कके अन्दर निहित शक्तिकी साइंसके तरीकेपर खोज तो वर्त्तमान शताब्दीमें पावलोफ्-के युगान्तर उपस्थित करनेवाले प्रयोगोंसे शुरू हुई है। किन्तु इसका दृष्टान्त दे देकर

---

१ Ptolemy.

२ "अर्थक्रियासमर्थं यत् तदत्र परमार्थसत्"—प्रमाणवार्तिक ३।३ (दर्शन दिग्दर्शन, पृष्ठ ७५८)

ऐरे-गैरे-नत्थू-खैरे भी यदि अपनी सिद्धाईको मनवाना चाहें, तो यह उनकी अनधिकार-चेष्टा होगी। यदि आप समझते हैं कि आप या आपके मित्रके पास कोई ऐसी अद्‌भुत मनोवैज्ञानिक शक्ति है, तो उसकी परीक्षा प्रयोग-शालामें हर तरहके मिथ्या-विश्वासरहित साइंसवेत्ताके सामने करवाइये; एक्स-रे, फोटो, केमरा, नाप-तोल किसी बातसे घबराइये नहीं—सांचको आंच क्या? यह कहकर जान बचानेकी कोशिश मत कीजिये कि हम प्रसिद्धि नहीं चाहते। आपके चेले-चांटे कानोंकान जिस तरहका प्रोपेगैंडा आपके बारेमें कर रहे हैं, वह मानवताके लिये अत्यन्त अनिष्ट है। इसलिये, यदि आप इस शक्तिको "रोजगार"का एक जरिया नहीं बनाना चाहते हैं, तो अच्छा है, आप या तो उसकी गलती समझें अथवा उसे साइंस-सम्मत एक तत्त्व—सिद्धान्त—साबित करें।

(१) **करनी और कथनी**—सिद्धान्त और प्रयोगकी एकताका मतलब यह भी है कि आपकी कथनी जैसी है, यदि करनी वैसी नहीं है, तो वह कौड़ीकी तीन है। कोई ब्रह्मज्ञानी वेदान्ती एक शिवालय बनाते हैं, तो इसका मतलब है कि सर्वव्यापी, सर्वान्तर्यामी, ब्रह्मके स्वरूपपर उनका विश्वास नहीं है। और फिर जब उस शिवालेके ऊपर बिजली गिरनेसे बचानेके लिये लोहा गाड़ते हैं, तो इसका अभिप्राय यही है कि यदि मनुष्यने पहिलेसे साव-धानी नहीं की, तो शिवके शासनमें रहनेवाली बिजली अपने मालिकके ही घरको नष्ट कर देगी। फिर तो ब्रह्मसे ज्यादा सर्वशक्तिमान आपका साइंस है, जो कि बिजलीको ऐसी नाजायज हरकतसे रोक सकता है। यहां करनी साफ कथनीके विरुद्ध जाती है।

यूरोप—विशेषकर अमेरिका—में कुछ दार्शनिक ऐसे हुए हैं, जो अपने-को उपयोगितावादी कहते हैं और प्रयोगको भी मानते हैं। वस्तुतः साइंसके युगमें—जब कि सभी जगह प्रयोगों और प्रयोगशालाओंकी जयदुन्दुभी बज रही है; यह हो नहीं सकता था कि दार्शनिक-क्षेत्रमें उसकी गूंज न पहुँचती। किन्तु इन उपयोगितावादी दार्शनिकोंकी वही मिसाल है—जो

चमकता है, सभी सोना नहीं होता। उनका सिद्धान्त है "वह सिद्धान्त या विश्वास ठीक है, जो काम करनेवाला (उपयोगी) होता है।" किन्तु इसकी मददसे धर्म और भूत-प्रेत तथा जादू-मंतरको भी आप ठीक साबित कर सकते हैं। कुमारी मरियम माईके चमत्कारोंके बहुतसे साकार उदाहरण मार्सेइ (फ्रान्स)के पहाड़ीवाले गिरजेमें रखे हुए हैं—लंगड़े वैशाखी लेकर आये थे, माईकी कृपासे चंगे हो गये, उनकी वैशाखी टँगी हुई है; समुद्रमें जहाज डूब रहा था, माईके भक्तोंने "त्राहि माई! त्राहि माई!" की, जहाज सही-सलामत किनारे पहुँच गया, उन्होंने कृतज्ञतासूचक लेख माईके मकान (गिरजे)में खुदवा दिया, आदि आदि। उपयोगितावादी दार्शनिक कहते हैं, चूंकि इससे आदमीके निर्बल हृदयको दृढ़ता मिलती है—यह ठीक काम करता है;—इसलिये यह विश्वास (सिद्धान्त) ठीक है। उनके सिद्धान्तके अनुसार यदि चोरका सिद्धान्त ठीकसे काम करता है, तो वह भी ठीक है—और इसीलिये तो उनके दिलमें पूंजीवादी लूटके लिये "साधु-साधु"के शब्द हैं। इन "प्रयोगवादियों"के दर्शनके दो मुख्य उद्देश्य हैं, एक तो प्रचलित वैयक्तिक या सामाजिक आचार-नियमोंके दोषोंकी ओरसे आंख मूंदकर दर्शन, युक्ति, प्रयोगके नामपर उनका समर्थन करना और इस प्रकार अपनेको धर्माचार्यों तथा शोषकोंका कृपापात्र बनाना; दूसरे वह करनी या प्रयोगका अर्थ करते हैं—जिसे आप अपनी खुशीसे करने लग पड़ें। "उपयोगितावादी" प्रत्येक आदमीके लिये "सत्य", "विश्व", "वास्तविकता" को अलग-अलग मानते हैं; यह उपयोगितावाद प्रयोगवादके नामपर प्रच्छन्न विज्ञानवादको छोड़कर और क्या है? यह वाद अफलातूं जैसे घोर विज्ञानवादीके वादसे फर्क नहीं रखता। उसने भी अपने **प्रजातन्त्र**[1] में मनुष्यकी मनमानी तीन जातियां बनाई थीं। उनके बारेमें जब यह सवाल हुआ कि लोग क्यों किसीको दार्शनिक समझ उन्हें समाजका हर्त्ताकर्त्ता

---

१ देखो "मानव-समाज" पृष्ठ ११७

मान लेंगे। अफलातूंने कहा—उन्हें बतलाना होगा कि मनुष्योंमेंसे कुछ सोनेकी धातुके बने हैं, कुछ पीतलके, कुछ लोहेके। लेकिन सब तो मिट्टीके एकसे बने हैं, फिर उन्हें सोनेका माननेवाला कौन आंखोंका अन्धा मिलेगा? —बचपनसे ही ऐसा प्रोपेगेंडा करते रहनेसे लोग इसे मान लेंगे। यह मानकर जब उसके अनुसार अफलातूंका प्रजातन्त्र काम करने लग पड़ेगा, तो सोने-पीतलके आदमीवाला सिद्धान्त सही साबित हो जायगा। निश्चय इस तरहके "प्रयोगवाद"को भारतमें तो बहुत जोरसे बर्त्ता गया है। अफलातूंके सोने-पीतलवाले आदमियोंका प्रजातन्त्र तो धरतीपर कभी कायम नहीं हुआ, किन्तु हिन्दुओंके ब्रह्माके मुंह-बाहु-उर-पैरसे पैदा होनेवाली वर्ण-व्यवस्था या "मरण-व्यवस्था" का राज्य तो अब भी हमारे सिरपर सवार है। यह व्यवस्था (सिद्धान्त) काम कर रही है, इसमें संदेह करनेकी गुंजाइश कहांसे हो सकती है, जब कि आप हर स्टेशनपर हिन्दू पानी, मुसलमान पानी देखते हर ब्याह-शादीमें श्रीवास्तव-खरे-कन्या श्रीवास्तव-खरे-वरको ठीक किये जाते पाते हैं। चूंकि यह "मरण-व्यवस्था" साढ़े तीन हजार वर्षसे ठीक तौरसे काम कर रही है, इसलिये यह कोलतारसे पुता नहीं, बल्कि दूधसे धुला सिद्धान्त है। इसकी और समुज्ज्वल व्याख्या सुनना चाहते हों, तो संकटमोचनके पास जो आजकल "अभिनव व्यास"ने अपनी गीता-कथा जारी की है, उनसे जाकर पूछ लें।

(२) **गांधीवादी "प्रयोग"**—हां, ऐसे "प्रयोगवादी" भारतमें एक जगह और मिलेंगे—सेवाग्राममें। वहांके "सत्यके प्रयोग"को इस वक्त भुला देना भारी कृतघ्नता होगी। चूंकि उपवासकी खबर दुनियामें बिजली-की चालसे दौड़ जाती है, सेठ-सेठानी-चर्खापन्थी-नेता चँवर लेकर आ घेरते हैं, और कभी-कभी ब्रिटिश-गवर्नमेंटका आसन भी डोल जाता है (यदि कहीं एक छोटे शिखंडीका बाल भी नहीं हिलता तो उसकी परवाह नहीं) इसलिये उपवास महासिद्धान्त है। और सामूहिक-प्रार्थना?—उसके महा-महासिद्धान्त होनेमें किसको सन्देह हो सकता है?—जहां

हजारों श्रोता गद्‌गद् हो "रघुपति राघव राजाराम । पतितपावन सीताराम" कर रहे हों, शहरमें प्रार्थनाकी खबर लगते ही बिना विज्ञापन बांटे, बिना डुग्गी पीटे, हजारों आदमी क्रीड़ाक्षेत्र या बिड़लाप्रासादमें जमा हो जाते हैं; उस प्रार्थनाको काम न करनेवाली कौन कहेगा? प्रार्थना जब इतनी अच्छी तरह काम कर रही है, फिर उसके सत्य—सिद्धान्त—होनेमें शंका वही कर सकता है, जिसकी हियेकी फूट गई है। और चर्खा-प्रचार? इसके सिद्धान्त होने—अर्थात् काम कर सकनेवाला (कामचलाऊ) होने—के बारेमें सबूत चाहते हों, तो सेठ पकौड़ीमल. . .कचौड़ीमल. . .से पूछ लीजिये। इस महासिद्धान्तके साथ भारी काम हुआ विदेशी कपड़ों-वस्तुओं—का भी बायकाट, जिससे स्वराज्य तो साल भरमें नहीं टपका, किन्तु मिलोंके पौ-बारह हो गये। मिल-मालिकोंने भी अपनी नेकनीयतीका सबूत खादी-यज्ञमें अपनी खादी भेजकर देना चाहा था, किन्तु गांधीजी महात्मा भले ही हों, पर उन्होंने महात्माओं जैसा विशाल हृदय नहीं पाया है;—एक बार कुछ समयके लिये भी यदि उन्हें काशी यां हृषीकेशके महात्माओंके चरणोंमें बैठनेका सौभाग्य मिला होता, तो निश्चय ही उनकी यह संकीर्णता दूर हो गई होती। हां, मगर चर्खा अभी वहीं टिमटिमा रहा है, जहां कि १९२२ ई० में था—आज युद्धके तीसरे वर्षमें फौजके कपड़ोंके लिये चर्खा-संघसे भी यदि टेंडर मांगा गया हो, तो उम्मीद है गांधीजी युद्धकी सहायताका वास्तविक मूल्य समझते हुए इसे सफलता नहीं खयाल करेंगे। लेकिन चर्खाको भारत और दुनियासे बिदा करनेवाली मिलें आज भारतमें एकछत्र राज्य कर रही हैं। चर्खा ही क्यों? गुड़को भी गांधीजीने अपने प्रयोगका एक अंग बना रखा है। गांधीजी एक एक महान् गुड़-यज्ञ करना चाहते हैं, किन्तु "डूबा वंश कबीरका, उपजे पूत कमाल", यदि चेलोंके मारे वह यज्ञ पूरा होने पाये तब न? अपने कपड़ोंको खादीसे भी सस्ताकर मिलवालोंने उधर खादीकी रेढ़ मार दी थी और अब पिछले दस वर्षोंमें गुड़-यज्ञके लिये उससे भी बुरा काम बिड़ला-डालमिया-

साराभाई-बजाजकी चीनी मिलोंने कर दिखलाया। बेचारे गांधीजी डाल-डाल चलना चाहते हैं; किन्तु चेले पात-पातपर उड़ रहे हैं, करें तो क्या करें?

गांधीजीके और प्रयोगों—ब्रह्मचर्य, बकरीके दूध, मिट्टीकी चिकित्सा हाथका कुटा-पिसा चावलका आटा, मशीन-बायकाट आदिपर भी सुनना चाहते हैं? यह सारे प्रयोग पूरी तौरसे सफल हुए हैं, किन्तु ठीक उससे उलटे अर्थमें, जिसमें कि गांधीजीने उनका प्रयोग करना चाहा। ब्रह्मचर्यके नामपर चिराग तले इतना भारी अँधेरा है कि आंखें फाड़-फाड़कर देखनेपर भी कुछ पल्ले पड़नेवाला नहीं। बकरीके दूधका प्रयोग गोसेवा प्रयोगका एक अभिन्न अंश है; यद्यपि इसके समझनेमें मेरे मित्र श्रीराम शर्माको कुछ देर लगी थी और उन्होंने इस प्रयोगके इन्चार्ज सेठ जमुनालालकी प्रार्थनाको पहिले ठुकरा दिया; लेकिन सबेरेका भूला शामको यदि घर लौट आये, तो उसे भूला नहीं कहते। फिर शर्माजीका भी तो अपना प्रयोग है—उन्होंने सैकड़ों सूअरों और हिरनोंका शिकार किया है, किन्तु अपने नामकी भी शर्म न की और शिकारी रामके सारे प्रयोगोंको ताकपर रख, शूकर या मृगके मधुर मांसकी कभी एक फट्टी भी दांतके नीचे नहीं दबाई; आखिर बाबाका निशान कभी चूक सकता है—"सकल पदारथ एहि जगमांहीं। करमहीन नर पावत नाहीं।" अपने रामने तो जिस दिन मनुस्मृतिमें पढ़ा कि शूकर-मांसके पिंडसे पितर वर्षों तृप्त रहते हैं, उसी दिन निश्चय कर डाला कि पितृ-ऋणसे उऋण होना होगा और "जो इच्छा करिहौ मनमांहीं हरि-प्रताप कछु दुर्लभ नाहीं।" घरैल-बनैल दोनोंसे अनेक बार तर्पण हो चुका है।

हां, तो गो-सेवाके बेड़ेको बीच हीमें छोड़ना अच्छा नहीं है। इस सेवाके प्रयोगमें नियम हैं—भैंसका कम्पलीट (सोलहो आना) बायकाट करना होगा, मारी गायका चमड़ा नहीं इस्तेमाल करना होगा, दूध-घी आदि सिर्फ गोरस होना चाहिये, भैंसरस नहीं; अज-रसमें शायद महान् प्रयोगशास्त्रीको कोई एतराज नहीं है। शर्माजी पहले भड़के, पीछे ठीक हो गये यह बतला

चुका हूँ; किन्तु अपने रामकी भड़क अभी तक बदस्तूर-साबिक बनी है। बकरीके बायकाट न करनेसे मुझे तो बहुत खुशी हुई। बकरीके घी-दूधसे तो अपने रामका इतना ही वास्ता है कि यदि एक बूंद भी अजा-दुग्ध जिह्वा-पर पड़ जाय, तो छः महीनेका खाना भी पेटमें न रह सके; इस बारेमें मैं गांधीजीकी हिम्मतकी सराहना करता हूँ। खुशी मुझे इसलिये हुई कि भारतमें मांसके नामपर जो मांस हर जगह सुलभ है, वह बकरीका ही है। अच्छा ही हुआ जो यहां हमारा गांधीजीका समझौता हो सकता है। किन्तु, खुदाकी कसम, भैंसका बायकाट मुझे पसन्द नहीं आया। यह नहीं कि लंकाके बौद्ध-गृहस्थोंके घरका बना लंका (मिर्च)-परिपूर्ण महिष-मांस मुझे याद आता है, बल्कि इसकी तहमें मैं दूध-घी जैसे प्राणिज आहारका भी बायकाट कर "लौटो घासपातकी ओर"के नारेको छिपा हुआ समझता हूँ। हां गो-सेवा यदि और व्यापक बनाई जाय और उसमें साम्प्रदायिकता या हिन्दुत्त्वकी संकीर्ण दृष्टि हटाकर हिन्दू, मुसलमान, ईसाई, बौद्ध, नास्तिक (कमूनिस्त) तथा भारतीय, चीनी, यूरोपीय सबको अपने-अपने धर्म, अपने-अपने विचार, अपनी-अपनी रुचिके अनुसार भाग लेने दिया जाय, तो गांधीजी, थारा बेट्टा जीवे, हम सभी गो-सेवाव्रती बननेके लिये तैयार हैं।

(गुहा-मानवका नारा)—गांधीजीके प्रयोगवादमेंसे मिट्टीकी चिकित्साके बारेमें दो शब्द जरूर करने हैं। मेरे मित्र आनन्द कौसल्यायनने अपने पत्र (५ मार्च १९४२ ई०)में लिखा है "(वह) २४-२५ इन्जेक्शन ले लेकर थक गये। अब मेरे कहनेसे प्राकृतिक चिकित्सा (मिट्टी-पानी)के प्रयोगोंका परीक्षण करने जा रहे हैं।" आप...तो आपरेशन इन्जेक्शनवादी हैं" गांधीजीका जादू बुद्धके एक योग्य शिष्यपर भी चल गया। कैसा रमणीय विरोधि-समागम है—कहां बुद्ध और उनका शिष्य जो भक्तिकी परछाईं भी छूना नहीं चाहता और सिर्फ बोध—ज्ञान—को अपना पथ-प्रदर्शक बनाता है; और कहां गांधीजी जिनको भगवानकी भक्ति ही जीवनमें सबसे बड़ा संबल है? कहां बुद्ध और उनका शिष्य जो

क्षणिकवाद—पिछली दुनियाको सर्वदाके लिये नष्ट हो जानेपर हर वक्त बिलकुल नई दुनियाके बनने—को मानते हुए, पुरानीको बुद्धके शब्दोंमें "नं कुतोत्थ लब्भा"[१] कह उसे उसके भाग्यपर छोड़, नवीन उत्साहसे नवीन पथपर चलनेके लिये तैयार; और कहां गांधीजीकी सनातन चिरस्थविरा दुनिया, जिसमें लौट जाने के लिये उनका पुराना नारा "लौटो गुहा-मानवकी ओर"[२]। खैर ! हम वैज्ञानिक भौतिकवादियोंके **विरोधी-समागम** बिलकुल स्वाभाविकवाद हैं। हां, हम इतना जरूर कहेंगे कि क्षणिकवादी अन्-आत्मवादका महान् आचार्य बुद्ध, द्वंद्ववादी भौतिकवादके महान् आचार्य मार्क्सकी भांति ही सैकड़ों बातोंमें अपने समयसे बहुत दूरतक देखता था। मिट्टी-पानीकी गांधी-आनन्दशाही चिकित्साको जरा ढाई हजार वर्षके इस बूढ़ेके सामने ले चलिये तो। "श्रमण सुकुमार" होनेपर भी वह मार्क्सकी भांति लंदन नगरीमें नहीं रहता था, जिससे कि उसपर 'नागरिकताका भूत सवार' कहा जा सके। साथ ही वह गांधी और आनन्दसे चिकित्सा-शास्त्र-पर कम अधिकार नहीं रखता था, यह उसके उन नुस्खोंसे सिद्ध है, जो महावग्ग (विनयपिटक) के भैषज्य-स्कंधकके बड़े साइजके ४१ पृष्ठोंमें[३] लिखे हुए हैं, और जिसके कारण ही बुद्धका दूसरा नाम भैषज्य-गुरु पड़ा। इसी भैषज्य-गुरुकी प्रेरणासे अशोकने अपने ही राज्यमें चिकित्सालय नहीं बनवाये; बल्कि यूनानी राजाओंके राज्य (मिस्र, सीरिया आदि) में भी औषधियोंके बगीचे लगवाये और उसके कुछ शताब्दियों पीछे हिंदी चीनमें नो बाकायदा सार्वजनिक दातव्य औषधालयोंका तांता बँधा हुआ था। निश्चय ही भैषज्य-गुरुके इन चिकित्सालयोंमें वैद्य लोग सिर्फ मिट्टी-पानी लेकर नहीं बैठे रहते थे; बल्कि यदि उन्होंने शब्दवादके घोर विरोधी

---

१ "वह यहाँ (फिर) कहाँ मिलनेवाला है।"

२ Back to cave-man.

३ देखो "विनय-पिटक" (मेरा अनुवाद) पृष्ठ २१४-२५५।

प्रयोगवादी बुद्धके आदेशके अनुसार बीचकी शताब्दियोंमें और तरक्की न की हो, तो भी वहां "भैषज्य-स्कन्धक" की निम्न औषधियां तो जरूर थीं—रीछ-मछली-सोंस-सूअर-गदहेकी चर्बीवाली दवाइयां; हल्दी, अदरक, बच, अतीस, खस, नागरमोथा और दूसरी जड़ (मूल)वाली दवाइयां; नीम, कूट, पटोल आदि कषायवाली दवाइयां; नीम, कूट, तुलसी, कपासी आदि पत्तेकी दवाइयां; विडंग, पीपर, मिर्च, हर्रा-वहेरा-आंवला आदि फलोंकी दवाइयां; हींग, तक आदि गोंदवाली दवाइयां; सामुद्रिक, काला, सेंधा, वानस्पतिक आदि नमकवाली दवाइयां और चूर्णकी दवाइयां[१]। सूअर आदिकी चर्बी सिर्फ मालिशके लिये ही नहीं, खानेके लिये विधान की गई है, इसका भी खयाल रखिये; और बुद्धकी इस रायको देखिये—किसी खास रोगसे पीड़ित एक शिष्यने सूअर मारनेके स्थानपर जाकर कच्चे मांसको खाया, कच्चे खूनको पिया; और उसका वह रोग शान्त हो गया[२]।" यह बात मालूम होनेपर बीसवीं सदी ईसवीके गांधी बाबा और उनके समर्थक आनन्दबाबा क्या उपदेश देते, यह आप सुन चुके हैं। और आजसे पच्चीस सौ वर्ष पहिले बुद्धने इसी पुण्य-भूमि भारतकी पुनीत पुरी श्रास्वती[३]-में क्या कहा था?[४]—"भिक्षुओ! अनुमति देता हूँ . . . रोगमें कच्चे मांस और कच्चे खूनकी।"

बुद्धकी औषधि-सूचीमें मिट्टी-पानीका नाम नहीं पावेंगे; बल्कि वहां उपरोक्त औषधियोंके अलावा मिलेंगी—अंजन (सुर्मा), अंजन-दानी, सलाई, सिरका तेल, तथा नाकमें नस डालनेकी नली (इंजेक्शन नहीं, यह बात ठीक है!), सिगरेटकी भांति पीनेकी धूमबत्ती ("अनुमति देता हूँ

---

१ "विनय-पिटक" (हिन्दी) पृष्ठ २१६-२१७। २ वहीं पृष्ठ २१९।

३ वर्त्तमान सहेट-महेट, जिला गोंडा-बहराइच।

४ देखो "विनय-पिटक" पृष्ठ २२१।

धूएंके पीनेकी[1]"), धूम-फोफी (पाइप), बातका तेल, दवामें मद्य। जो कुछ आपरेशन-इंजेक्शन उस समय था, उसे मिट्टी-पानेवाले दादाके गुरु (बुद्ध) लोक-कल्याणके लिये स्वीकार करते थे, इसीलिये तो उन्होंने निम्न चिकित्साओंका भी समर्थन किया—स्वेदकर्म (पसीना निकालना), सींगसे खून निकलवाना, मालिश और दवा, मलहम-पट्टी, सर्प-चिकित्सा, विष-चिकित्सा और आपरेशन ? सुनिये शाक्यसिंहके सिंहनादको—"अनुमति देता हूँ शास्त्रकर्म (आपरेशन)-की।"[2] बोलो "गांधी बाबाकी जय !" बोलो "भदन्त आनन्द कौसल्यायनकी जय"; और इसीलिये बोलो ""शाक्यसिंहकी क्षय", और उसके दिखलाये रास्ते सीधे वैज्ञानिक भौतिकवाद तक पहुँच जानेवाले "महानास्तिक राहुल सांकृत्यायनकी क्षय।"

हां, तो गांधीजीके "लौटो गुहा-मानवकी ओर" नारेमें फँसकर भोले-भाले आनन्दजीकी क्या गति हुई, यह तो आपने देख लिया, अब इस नारेके बारेमें एक बात जरूर कहनी है। बुद्ध कालवादी थे—देश-काल-व्यक्ति देखकर वह अपनी सम्पत्ति देते थे। वह हवामें तलवार चलाना पसंद नहीं करते थे, वही बातें उनके इस छोटे से शिष्य राहुलकी भी है—हां, शिष्यताका अधिकार मैंने छोड़ा नहीं है, बल्कि "मेरे उपदेशित-धर्मको बेड़ेकी तरह जानो, वह पार उतरनेके लिये है, ढोकर ले चलनेके लिये नहीं"[3]—उनके इस उपदेशका पालन करते हुए ही मैं क्षणिक (=द्वंद्वात्मक) अनु-आत्मवादसे द्वंद्वात्मक भौतिकवादपर पहुँचा। हां, तो यदि आप गुहा-मानवकी ओर लौटना चाहते हैं, तो पहले गुहा-मानव बनिये। कपड़ोंको दूर फेंकिये; नाई-अस्तुरेको पास फटकने न दीजिये; ऐसे जंगलमें जाइये

---

१ "विनय-पिटक" (हिन्दी) पृष्ठ २१६-२१७।

२ वर्तमान सहेट-महेट, जिला गोंडा-बहराइच।

३ "मज्झिमनिकाय"।

जहां सेठ-सेठानियां क्या, आजकी सभ्यताका जरा भी चिह्न न हो—लोहेका वाण-फल तक भी जिनमें पाया जाय, ऐसे आदमियोंकी छायाको भी पासमें फटकने न दीजिये।—गोया पहले अपने साथ गुहा-मानवका वातावरण बनाइये। स्वास्थ्यपर वातावरणका भारी असर होता है—गुहा-मानव-वाले किसी घोर जंगलमें जानेसे आपके बहुतसे रोग स्वयं मिट जायँगे, यह मैं मानता हूँ। लेकिन आहार? मैं अपने मित्र आनन्दजीके बारेमें तो अच्छी तरह जानता हूँ, कि वह मेरी तरह अका-वकासुरको हजमकर जानेकी क्षमता नहीं रखते। और प्राकृतिक चिकित्सार्थ गुहा-मानवका आहार सबसे ज्यादा जरूरी चीज है। आहारके लिये गुहा-मानवके नुस्खेको बतलानेका मतलब है, अपने एक ऐसे मित्रसे हाथ धोना, जिसके बिना दुनिया जीवन भरके लिये नीरस हो जायगी। फिर ऐसे नुस्खेका बताना तो दूर, उसे यदि वह दूसरेसे लेकर भी प्रयोग करना चाहेंगे, तो मैं उनकी नाराजगीकी परवाह न कर सारी सामग्रीको नजदीकके नाबदानमें फेंक दूंगा। मुझे विश्वास है, मैं अपने भूले मित्रको रास्तेपर लानेमें सफल हो जाऊँगा। हां, यदि गांधीजीकी फलाहार-मंडली—जिनमें ढोंगियोंकी संख्या ही सबसे ज्यादा है—चाहे, तो वह नुस्खा हर वक्त हाजिर है। उसके तजरबेसे उन्हें मालूम हो जायगा कि वह सचमुच आदमीको उस जगह पहुँचा देगा, जहां कि आज वह गुहा-मानवकी दुनिया पहुँची हुई है।

———

द्वितीय अध्याय

मूढ़ विश्वास

"वेद-प्रामाण्यं कस्यचित् कर्तृवादः स्नाने धर्मेच्छा जातिवादावलेपः ।
संतापारम्भः पापहानाय चेति ध्वस्तप्रज्ञानां लिंगानि पंचजाड्ये ।"

—धर्मकीर्त्ति[1]

वैज्ञानिक भौतिकवाद एक प्रकाश है, जिसके पा जानेपर मूढ़ विश्वासोंका परखना मुश्किल नहीं है। लेकिन, यह भी खयाल रखना चाहिये कि उपरोक्त पंक्तियां आजसे साढ़े तेरह सौ वर्ष पहले नालन्दाके एक महान् प्रोफेसरने इसी खयालसे लिखी थीं कि उसके देश-भाई "अकलमारे-हुओंकी जड़ताके" इन पांचों चिह्नोंको अपने ऊपर नल गने देंगे। किन्तु, परिणाम क्या हुआ? जड़ताके पांच चिह्न पैर तोड़कर भारतके कोने-कोनेमें बैठ गये; और धर्मकीर्त्तिके ही शब्दोंमें "धिक् व्यापकं तमः"-का राज्य हो गया। यह भारतीय कान्ट+हेगेल अपने लिये उस समयको अनुकूल नहीं समझता था, तभी तो उसने अपने महान् ग्रंथ (प्रमाण-वार्तिक)को समाप्त करते हुए लिखा था—

"मतं मम जगत्यलब्धसदृशप्रतिग्राहकं,
प्रयास्यति पयोनिधेः पय इव स्वदेहे जराम् ।"

---

१ प्रमाण-वार्त्तिक १।३४३ (१) वेदको प्रमाण मानना, (२) किसी (ईश्वर) को कर्त्ता कहना, (३) (गंगादिमें) स्नानसे धर्म चाहना, (४) (छोटी-बड़ी) जातिकी बातका अभिमान, (५) पाप नष्ट करनेके लिये सन्ताप (उपवास आदि) करना—ये पांच अकल-मारे-हुओंकी जड़ताके चिह्न हैं।"

(मेरे विचार जगतमें 'अपने' लायक ग्राहकको न पा समुद्रके जलकी भांति अपने गात्रमें ही जीर्ण हो जायेंगे।) और सचमुच भारतमें धर्म-कीर्त्तिका अन्तिम संस्मरण आजसे साढ़े सात सौ वर्ष पहले उनके विरोधी श्रीहर्षके मुखसे सुना गया था—

"दुराबाध इव धर्मकीर्त्तेः पन्था तदत्रावहितेन भाव्यमिति"[1]

किन्तु, आज भारतके मार्क्सवादी धर्म-कीर्त्तिका स्वागत करनेके लिये तैयार हैं और वह अपनी मातृ-भूमिको एक नहीं, हजार गांधियों, राधा कृष्णनोंके होते भी ध्वस्त-प्रज्ञोंके जाड्यके पांचों चिह्नोंसे मुक्त करनेके लिये कटिबद्ध हो गये हैं। इस काममें वह अकेले नहीं है, बल्कि सारे विश्वकी एक जबर्दस्त कर्मठ सेना उसके साथ है।

क—धर्म और धार्मिक तत्त्व

मनुष्यके मूढ़ विश्वासों—जड़ता-चिह्नों—को धर्म-कीर्त्तिने पांच भागोंमें बांटा है; किंतु आज मूढ़ विश्वासोंकी नई फसलें भी तैयार हुई हैं। इन सारे मूढ़ विश्वासोंका खंडन करना न इस छोटी-सी तीन अध्यायकी पुस्तिकामें मुमकिन ही है और न उसकी जरूरत ही है। नालंदाके एक दूसरे प्रोफेसर (शांतिदेव)के शब्दोंमें कांटोंसे बचनेके लिये सारी धरतीको चमड़ेसे ढकनेकी जगह अपने दोनों पैरोंको ढांक लेना काफी है।[2]

१—धर्म बेकार

धर्मके लिये ईश्वर अनिवार्य सहचर नहीं है; क्योंकि हम जानते हैं, बौद्धधर्म धर्म होते हुए भी ईश्वरको नहीं मानता; एक हद तक जैन भी इस बातमें बौद्धोंका साथ देते हैं। किंतु, हिन्दुओं, ईसाइयों, यहूदियों, पारसियों,

---

१ **"खण्डनखण्डखाद्य—धर्म-कीर्त्तिका मार्ग दुराबाध-जैसा है, सो यहाँ सावधान रहना चाहिये।"** २ **बोधिचर्यावतार १।**

और मुसल्मानोंके लिये ईश्वरके बिना मजहबका खयाल भी मुश्किल मालूम होता है, जैसा कि विदेशमें एक मुसल्मान सज्जनके इस उद्गारसे पता लगता है, जिन्होंने कि जिंदगीमें पहले-पहल बौद्धधर्मकी इस विशेषता-को सुनकर कह डाला था—"या अल्लाह, यह भी कोई मजहब है, जिसमें अल्लाह हीके लिये जगह न हो ?"

हेगेलके शिष्य फ्वेरबाखकी पुस्तक "ईसाइयत-सार"[१] का जिक्र पहले हो चुका है। इसमें उसने ईसाइयतको नमूनेके तौरपर रख उसके द्वारा एक तरह सारे ईश्वरवादी और कुछ हद तक दूसरे धर्मोंका भी विश्लेषण किया है। फ्वेरबाख एक जगह लिखता है[१]—

"धर्म मानवको अपने आपसे बिलग करता है। वह (मनुष्य, धर्म-द्वारा) ईश्वरको अपने प्रतिद्वंद्वीके तौरपर अपने सामने रखता है।—ईश्वर वह है, जो कि मानव नहीं है, मानव वह है, जो कि ईश्वर नहीं है।... ईश्वर और मानव दो (परस्पर विरोधी) छोर हैं; ईश्वर पूर्णतया भाव-रूप है, (वह) वास्तविकताओंका योग है; मानव पूर्णतया अ-भावरूप है; (वह) सभी अभावोंका योग है"

आगे फ्वेरबाख फिर कहता है[२]—

"...धर्म पवित्र हैं, क्योंकि वह (मानवकी) आदिम आत्म-चेतनाकी गाथाएं हैं। किन्तु धर्मोंमें जिस ईश्वरका स्थान प्रथम है—वह स्वतः सचमुच देखनेपर द्वितीय (स्थानके योग्य) है, क्योंकि मनुष्यके (उच्च) स्वभावको साकार तौरपर सोचनेके अतिरिक्त वह और कुछ नहीं है; और जो धर्ममें मानव द्वितीय स्थानपर रखा गया है" उसे प्रथम बनाना और घोषित करना चाहिये। मानवके लिये प्रेम किसी दूसरे (ईश्वर)के संबंधसे नहीं बल्कि स्वतः होना चाहिये। यदि मानवके वास्ते मनुष्यका स्वभाव

१ Essence of Christianity, p. 33

२ वहीं २७०–७१।

सर्वोच्च है, तो **मानवके लिये मानवका प्रेम ही** सर्वोच्च तथा प्रथम कानून भी होना चाहिये। **मानव मानवके लिये ईश्वर है**; यह एक महान् क्रियात्मक सिद्धान्त है; यही वह धुरी है, जिसपर जगतका इतिहास चक्कर काटता है।"

जर्मन दार्शनिक फ्वेरबाखको ईश्वरका मानवके स्थानपर बैठना पसंद न आया, इसलिये यद्यपि वह इसका विरोध करता है, तो भी उसकी नम्रता स्वयं धार्मिक भावुकतामें पली हुई है। फ्वेरबाखकी भावुकताको उसके समकालीन मार्क्सवादी किन अर्थोंमें लेते थे, उसके लिये एन्गेल्सके इन वाक्योंको देखिये[1]—

"वह (फ्वेरबाख्) कभी धर्मको खतम नहीं करना चाहता, बल्कि वह उसे पूर्ण करना चाहता है। (उसके मतसे) खुद दर्शनको धर्ममें मिला लेना चाहिये।"

फ्वेरबाख (१८०४-७२ ई०)से वोल्तेर (१६९४-१७७८ ई०)का भाव इस विषयमें ज्यादा साफ है, जो होना भी चाहिये था; क्योंकि फ्वेरबाख जहां कोरा दार्शनिक था, वहां वोल्तेर उन चिनगारियोंका बोनेवाला था, जो कि उसकी मृत्युके दस ही साल बाद उस प्रचंड फ्रेंच क्रान्तिको लानेमें सफल हुई, जिसने दुनियामें स्वतन्त्रता—भ्रातृता—समानताका नारा पहिले-पहिल बुलंद किया। वोल्तेर कहता है[2]—

"ईश्वरका ज्ञान हमारे भीतर प्रकृतिके हाथों द्वारा नहीं डाला गया है; ऐसा होता तो सारे मनुष्योंको इसका एक ही समय विचार होता; किन्तु हम ऐसे किसी विचारके साथ नहीं पैदा हुए हैं।. . ."

वोल्तेरके शब्दोंको क्रान्तिका आवाहन करना था; इसलिये वह उन्हें चिनगारियोंसे ही लिख सकता था; वोल्तेरको दाद देनी चाहिये कि इकहत्तर

१ Ludwig Feuerbach, p. 43.

२ Philosophical Dictionary ("God") 1765

वर्षकी आयुमें भी वह इन चिनगारियोंसे खेल सकता था, जिस अवस्थामें कि हमारे देशके कितने ही राजनीतिज्ञ तपोवनकी तैयारी करने लगते हैं—गांधीयुगके राजनीतिज्ञोंके बारेमें मत पूछिये, उनके लिये घर और तपोवन दोनों बराबर हैं, बस वह सिर्फ अनासक्ति योगपर ध्यान रखते हैं। लेकिन २६ वर्षका मार्क्स धर्मपर कैसे अंगारे फेंक रहा था, उसे भी देखिये—

"मनुष्य धर्मको बनाता है, धर्म मनुष्यको नहीं बनाता।. . यह राज्य और समाज है जो कि धर्मको पैदा करता है। . . .इसलिये धर्मके विरुद्ध लड़ना अप्रत्यक्ष-रूपेण, उस दुनियाके विरुद्ध लड़ना है; जिसका आध्यात्मिक प्रभा-मंडल धर्म है।

"धर्म (पुस्तकों)में कथित दुःख (नर्क आदि) बिलकुल वास्तविक दुःखका प्रकाशन और उस वास्तविक दुःखके प्रति विरोध प्रकट करना है। धर्म विपत्में फँसे प्राणीकी आह, हृदयहीन जगतका हार्द (भाव) है; वह आत्महीन परिस्थितियोंके आत्मा जैसा है। **वह जनताके लिये अफीम है।**"[१]

हेगेलने विज्ञानवादमें द्वंद्वात्मकता (क्षणिकता) जोड़ नित्य एकरस विज्ञान (ब्रह्म) की महिमाको कम कर दिया। उसके शिष्य फ्वेरबाखने "ईसाइयत-सार" लिख धर्मपर हमला शुरू किया—यद्यपि यह काफी सहृदयताके लिये ही। दर्शनमें फ्वेरबाखके उत्तराधिकारी मार्क्सने सीधे तौरसे धर्मके किलेपर गोलाबारी शुरू की। धर्मके नकली मुलम्मेको खोलते हुए उसी लेखमें मार्क्स फिर लिखता है[२]—

"धर्म एक भ्रमात्मक सूर्य है, जो कि मनुष्यके गिर्द तब तक घूमता रहता है, जब तक कि मनुष्य अपने (मनुष्यताके) गिर्द नहीं घूमता। इसलिये (नये जगतकी सृष्टि करनेवाले) इतिहासका यह काम है, कि परलोकके सत्यके लुप्त हो जानेपर इस जीवनके सत्यको स्थापित करे।. . .इस तरह

---

१ "On Hegels' Philosophy of Law" (Marx, 1844)
२ वहीं।

करनेसे **स्वर्गका खंडन** पृथिवीके खंडनके रूपमें, धर्मका खंडन काननके खंडन के रूपमें, देववादका खंडन राजनीतिके खंडनके रूपमें बदल जाता है।"

खंडनके महत्त्व और सीमाको मार्क्स कथनी तक ही रखना नहीं चाहता था, जैसा कि वह वहीं आगे लिखता है[1]—

"किसी तरह भी खंडनका हथियार हथियारों द्वारा होनेवाले खंडनका स्थान ग्रहण नहीं कर सकता। (हमें) भौतिक बलको उलटना होगा, किन्तु **सिद्धान्त स्वयं भौतिक बल बन जाता है, जब वह जनताको पकड़ लेता है**।. . . .

"धर्मके खंडनका अन्तिम पाठ यह है, कि मानव जातिके लिये मानव सर्वश्रेष्ठ सत्त्व है—(अतएव) उन सभी परिस्थितियोंको खतमकर दिया जाय, जिन्होंने कि मानवको एक पतित, दास, उपेक्षित, घृणास्पद प्राणी (बना दिया) है।"

सभी देशोंका इतिहास और भारतका खास तौरसे, इस बातका साक्षी है कि धर्मसे बढ़कर मनुष्यको पतित, दास, उपेक्षित, घृणास्पद बनानेवाला दूसरा कारण नहीं हो सकता। भारतीय मानवताको छिन्न-भिन्न करनेमें सबसे जबर्दस्त हाथ धर्मका रहा है। कहा जाता है, धर्मका कोई कसूर नहीं, कसूर है स्वार्थी लोगोंका जो कि उसे अपने फायदेके लिये गलत तौरसे इस्तेमाल करते हैं। इसका मतलब यह हुआ कि कोई ऐसा भी जमाना था, जब कि धर्मकी धरोहर रखनेवाले सिर्फ निःस्वार्थी व्यक्ति होते थे। लेकिन इसका पता इतिहाससे तो नहीं मिलता; ऋग्वेदके ऋषियोंसे लेकर अन्तिम ऋषि तुलसीदास तक चले आइये। बाबाके शब्दोंमें इतिहासका फैसला है—

"सुरनर मुनिकी येही रीती।
स्वारथ लाइ करहिं सब प्रीती॥"

---

१ वहीं।

कितने ही लोग मनुष्यताके लक्षणके बारेमें कहते हैं—

"आहार-निद्रा-भय-मैथुनं च
सामान्यमेतत् पशुभिर्नराणाम् ।
धर्मो हि तेषामधिको विशेषो
धर्मेण हीनाः पशुभिः समानाः ।"

[आहार, निद्रा, भय और मैथुन यह (चार बातें) पशुओं तथा मनुष्योंमें समान हैं। इनमें धर्म ही (एक) अधिक विशेष है (और) जो धर्मसे हीन हैं, वह पशुओंके समान हैं ।]

धर्मके ठीकेदारोंसे ऐसे ही शब्द सुननेकी आशा थी । किन्तु यह भी याद रखना चाहिये कि यह नारा सिर्फ भारतके हिन्दुओंका ही नहीं है । सारी दुनियाके धर्मवाले अ-धर्मवादियोंको पशु-पदवी देनेमें एक मत हैं । हां, लूटके मालको बांटते वक्त आपसमें वह लड़ जरूर पड़ते हैं —एक धर्मका माननेवाला दूसरेको नास्तिक, काफिर कहता तथा दिलसे मानता है । यद्यपि दार्शनिक लोग सदियोंसे अपने मुवक्किलों—धर्मों—का इससे महान् अनिष्ट देख सर्वसमन्वयकी कोशिश करते आ रहे हैं, किन्तु धर्म आखिर जिन स्वार्थोंकी रक्षाके लिये बनाया गया है, वह जब एक हों तब न एकताकी बात चल सके । धर्मको मनुष्यका लक्षण माननेवालोंको जवाब देते हुए मार्क्सने कहा था—

"चेतना, धर्म या आप जिससे चाहें, उससे मानव-जातिका पशुओंसे भेद करें । (मनुष्योंने) स्वयं पशुओंसे उसी वक्त अपना भेद करना शुरू किया, जब कि उन्होंने अपने जीवन-निर्वाहके साधनोंको पैदा करना शुरू किया—अपनी शारीरिक बनावटके कारण उनका यह कदम उठाना आवश्यक था[१]" ।

धर्म और ईश्वरके खयालको जन्मजात कहनेवाले कूपमण्डूक ही हो

---

१ German Ideology (by Marx and Engels)

सकते हैं। आज सभ्य मानवताका अधिकांश ईश्वरको नहीं मानता; अत्यंत प्राकृतिक अवस्थामें रहनेवाले गुहा-मानव भी अपने गुहा-चित्रोंमें किसी प्रकारके धर्म-चिह्नको नहीं छोड़ गये हैं। धर्मका आरम्भ मानवके जीविकोत्पादनार्थ समाज बना लेने, तथा भाषाके कुछ विकसित हो जानेपर हुआ और इसका पूरा विकास तो दासता-युग तथा सामन्त-युगके समय प्रभुवर्गने किया। वस्तुतः धर्मकी सारी कल्पना, उसके देवताओंका निर्माण उसी दासता तथा सामन्त-युगके मानव-समाजकी नकल है।

२—धर्मके नये व्याख्याकार

(१) **हिन्दू धर्मकी विशेषता**—धर्मकी नई व्याख्या कोई नई बात नहीं है। धर्मात्माओंने "पंचोंकी बात सर-आंखपर रखकर भी अपना पनाला" वहीं रखा है, तो भी परिवर्त्तनशील दुनियाके साथ समन्वय करना भी जरूरी था, इसलिये नये व्याख्याकार जरूरी ठहरे; इसी बातको गीताके चालाक लेखकने इन शब्दोंमें अदा किया है—

"यदा यदा हि धर्मस्य ग्लानिर्भवति भारत !
अभ्युत्थानमधर्मस्य तदात्मानं सृजाम्यहम् ।"[1]

ये सारे नये व्याख्याकार—नई बोतलमें पुरानी शराब भरनेवाले मद्य-वणिक् (अथवा अफीम—अहिफेन—व्यवसायी) यही काम करते हैं और बचपनमें दी गई मानव-समाजकी हथकड़ियों-बेड़ियोंको उसकी आयुके अनुसार बढ़ाते रहना। किन्तु अभी इसपर कुछ तय करनेके पहले चलिये काशीमें विराजनेवाले हिन्दू-धर्मके अभिनव व्यासके पास।—यह मानना पड़ेगा कि उक्त गीता-वाक्यके अनुसार वर्त्तमान समयमें सबसे जबर्दस्त बोतलफेरी—तुंबाफेरी—करनेवाले हिन्दू दो ही हैं, भक्ति-जगतमें महात्मा

---

१ **"जब-जब धर्मकी ग्लानि और अधर्मका अभ्युत्थान होता है, तब-तब मै अपनेको सिर्जता हूँ।"**

मोहनदास कर्मचन्द गांधी (सेठ जमुनालाल बजाज लेन, सेवा-ग्राम) और दर्शन-मार्गमें सर सर्वपल्ली राधाकृष्णन् (संकटमोचनके पास, हिन्दू विश्व-विद्यालय, काशी)। देखिये सर राधाकृष्णन् क्या फरमा रहे हैं—

"हर एक जाति अपनी-अपनी विशेषता, मानसिक भाव, अपनी खास बौद्धिक रुझान रखती है।"[1]

मशाल लेकर ढूंढ़िये तो पिछले हजार वर्षोंके इतिहासमें दुनियाकी और जातियोंसे भारतीय जातिमें क्या विशेषता पाई जाती है—आखिर "वृथा न होंहि देव-ऋषि-वानी", कृष्णके अवतार हमारे राधा+कृष्ण कोई बात अकल्याणकी नहीं कह सकते और इसे ढूंढ़नेमें आपको सफल होनेकी जबर्दस्त संभावना हो सकती है, यदि दुनियाकी और जातियोंके ज्ञानके बारेमें आप बिलकुल कोरे हों। "विशेषता, मानसिक भाव, बौद्धिक रुझान", सावधान, इन शब्दोंको इन्हीं अर्थोंमें मनमें रखियेगा, आप्तोपदेश वेदके शब्द सभी रूढ़ि-अर्थवाले होते हैं, उन्हें उन्हीं अर्थोंमें लेना चाहिये जिनमें ऋषि महाशय लेते हैं। अथवा काहे इस फेरमें पड़ेंगे, "संशयात्मा विनश्यति"के डरसे यही समझ लीजिये कि "भारतीय दर्शन"के लेखक जैसा बहुश्रुत—हां, पुस्तक लिखते वक्त तक अभी वह सर और बहुदृष्टि नहीं हो पाये थे—लेखक क्यों गलत बोलने लगा; जब वह कहता है कि भारतीय दूसरी जातियोंसे इतना भेद रखते हैं, जितना कि अद्वैत भोलानाथसे उनका नांदिया; फिर तो उसे सत्य वचन कह माथे चढ़ाना ही चाहिये।

और उनकी बहुश्रुततामें आपको सन्देह कैसे हो सकता है, भारतकी महिमामें उनके मुंहसे उद्गार (उदान) निकला है[2]—

"गौतमकी तुलना है अरस्तूसे, कणादकी थेलसे, जैमिनिकी सुकरातसे, व्यासकी अफलातूंसे, कपिलकी पिथागोरसे और पतंजलिकी जेनोसे।"

---

१ History of Indian Philosophy, Vol. I, P. 33.

२ वहीं p. 29 f. n.

धन्य है भारतमाता, त्रैलोक्यजननी, त्रैलोक्य-दमनी, भगवान् राधा-कृष्णकी एकतौली सुपुत्री, जिसने दार्शनिकोंको पैदा करनेमें यूनानको मात कर दिया। बोलो "भारत माताकी जै"। लेकिन आप लोगोंके चेहरोंके देखनेसे तो दो तरहके भाव प्रकट हो रहे हैं। महामहोपाध्याय बालकृष्ण मिश्रकी शिष्य-मंडलीकी तो भौंहें तनी हुई हैं और गुरुजीका खयाल न हो, तो न जानें वह क्या कर गुजरें। उनका कहना है—इस ब्राह्मण वंश-कलंकको तनिक भी लज्जा नहीं आई, जो सोलह कलापूर्ण हमारे षट्शास्त्री ऋषियोंको इन गोभक्षक नीच म्लेच्छोंके बराबर बना रहा है। किन्तु आर्ट-कालेजके कितने ही छात्र बहुत खुश—(१) पहिले वह हैं जिन्हें पूर्व या पश्चिमके किसी दार्शनिकसे कभी पाला नहीं पड़ा और भगवान्‌की कृपा बनी रही तो उनकी यह जीवन-नैया अछूती ही पार निकल जायगी। (२) दूसरे वह जो माई बसन्तीके देव-फोंफी-समाजकी मार खाये हुए हैं, उनके लिये महा तामिस्र चाहे पूर्वका हो या पश्चिमका, सब एक-बराबर है। ये सारे पूर्व-पश्चिमके "महात्मा" (MAHATMA) गण तो हिमालयके उस पार-वाले तिब्बतके टशील्हुन्पो मठके पास अवस्थित स्वेत-परिषद्[1]के अपने सदस्य हैं—उसी परिषद्‌के, जिसके कूट्हूमी और लालसिंह जैसे महात्मा सदस्यों का जयजयकार आज सातों महाद्वीपों और सातों जातियोंमें हो रहा है। (३) तीसरे वह विद्यार्थी जो बेचारे साथियोंके डरके मारे गो-खुरके बराबर चुटिया नहीं रखने पाते। इनके कानमें काफी दिनोंसे भन-भन करके समझाया गया है कि चारों वेदोंको बिलकुल कुरानकी तरह ही अल्हामके द्वारा अल्लाह मियां—नहीं नहीं, ओम् महाराज—ने अपने चार ऋषियों—अग्नि, वायु, आदित्य, अंगिरा—के पास आजसे १ अरब ९५ करोड़ ५८ लाख ५० हजार ४३ वर्ष ३ मास...दिन...घंटे...मिनट...सेकंड...पहिले भेजा (नाजिल किया)। फिर हमारे वैदिक धर्मके सामने इस्लाम बपुरा

१ White Lodge.

कौन होता है ? उसके पास एक कुरान है, हमारे पास चार कुरान (कुरानकी भांति वेद मूर्त्ति-पूजा और नाना देववादसे मुक्त हैं) उसके पास एक पैगम्बर मुहम्मद, हमारे पास चार पैगम्बर, कुरान १३ सौ वर्षसे दुनियामें आया, हमारे वेद दो अरब वर्ष पुराने—वे उस वक्त आये जब कि शायद पृथिवी भी अभी सूर्यसे बाहर नहीं आई थी। बेचारे ये "वैदिक धर्मकी जय"वाले छात्र सबसे ज्यादा खुश थे; क्योंकि ऋषि दयानन्दने सारी साइंस-विद्याओंको वेदसे निकालकर रख दिया था; किन्तु एक साध उनकी मनके मांह रही—सारे पश्चिमी दार्शनिकोंको वह भारतीय ऋषियोंके चरणोंमें नतमस्तक न कर सके थे। वह काम जिस महापुरुषने कर दिखाया, उसे ऋषि-महर्षि छोड़ दूसरा क्या कहा जा सकता है ? (४) और अन्तमें उस छात्र-वर्गकी "विशेषता, मानसिक भाव, अपनी खास बौद्धिक रुझान"की ओर भी एक नजर डालनी है, जो कि सर राधाकृष्णन्‌को अपना हाड़-मांस समझते हैं। वह अपने गुरुके इन सूत्ररूपी वाक्योंमें "गागरमें सागर"की कहावत चरितार्थ होते देखते हैं। आज ऋषियोंकी दूरदर्शिताका उनके ऊपर जबर्दस्त सिक्का बैठ रहा है, ऐसा सिक्का जो कमसे कम सृष्टिके बाकी दो अरब वर्षों तक तो ब्रह्माके मिटानेसे भी मिटनेवाला नहीं है। व्यास (वादरायण)को अफलातूंके समकक्ष बनाना उन्हें भी कुछ खटकता जरूर है; किन्तु वह समझते हैं—गुरुके मुंहसे ये शब्द खास अभिप्रायसे निकले हैं। साथ ही अफलातूं सी प्रतिभावाले व्यास वादरायण (जो सरासर गलत है। बादरायणमें अफलातूं की दार्शनिक प्रतिभाका शतांश भी नहीं था, कहां मौलिक विचारक अफलातूं और कहां उपनिषद्-कंथाधारी वादरायण !) -की महिमा वह अब समझ सकते हैं; और जब कोई ब्रह्मसूत्रसे निकालकर वेदके पढ़ने और सुननेवाले शूद्रकी जीभ छेदने तथा पिघले सीसे-लाखसे कान भरनेकी बात दिखलायेगा, तो वह चट कह सकते हैं कि निर्भ्रान्त ऋषिने किसी महान् अभिप्रायसे इसे लिखा होगा और इस तुलनासे कमसे कम अठारह पुराणों, अठारह उपपुराणोंका दर्जा तो अफलातूंके "प्रजातन्त्र"के

बराबर हो ही जायेगा। एक बार अपने ऋषियोंको उनके बराबर "साबित" कर देनेपर अपनी कौन-सी बात रहती है, जिसे "दिन दोपहर" हम सभ्य संसारके सामने सिद्ध न कर दिखायेंगे। ऋषियोंने श्राद्धका विधान किया— हां ठीक, ब्राह्मणोंके पेटमें डाला अन्न मृतकोंके पास जाता है, वैसे ही जैसे तार, जैसे चिट्ठी। दुर्गाकुण्डके हनुमानों और ज्ञानवापीके नांदियोंकी पूजा सर्वश्रेष्ठ मानवके लिये जरूरी है; क्योंकि इष्ट स्वरूप बननेके लिये इष्टकी उपासना आवश्यक है। यमपुर-यात्रामें, क्या पता है, वैतरणीके अलावा कांटे (असिपत्र) बिछे-पथपर अकंटक वृक्षोंकी छाया भी पड़ी मिले। और पुण्यार्थ गंगा-स्नान तो हमारे ईसा-तुल्य आचार्य स्वयं करके पथप्रदर्शन कर रहे हैं। अजी! क्या-क्या नहीं, जो हम इस सूत्रसे नहीं निकाल सकते— और भई! भारतकी "विशेषता" कहकर तो आचार्यने कलमको लिखने लायक न रख छोड़ी। राम दुहाई! इस शब्दमें जबर्दस्त विशेषता कूट-कूटकर भरी हुई है।

जानते हैं भारतकी सबसे बड़ी विशेषता—जिसका दुनियाके पर्देपर कहीं पता नहीं लगेगा क्या है?—वर्ण-व्यवस्था, जाति-भेद। यह भारतकी "अपनी खास बौद्धिक रुझान" है, जिस तक दुनियाके किसी दूसरे देशका बड़ेसे बड़ा मस्तिष्क भी आज तक नहीं पहुँचा और यदि भगवान्को अपनी अवतार-भूमिकी लाज रखनी है, तो इन्शा अल्लाह यह विशेषता यहांसे बाहर नहीं जाने पायेगी।

देखिये कैसी सुन्दर व्याख्या, कैसी नई बोतलमें पुरानी शराबका व्यापार!! आज राधाकृष्णन्-मार्काकी बोतलोंको आप राजपूतानाके राजाओंके महलोंमें गीताकी भांति पूजी जाती देखेंगे। अजमेरसे अज-मरके निकला सारा राजकुमारवर्ग उसे गलेकी ताबीज बनाकर रखना चाहता है। गांधीने भी एक आंख बेकारकर सिर्फ एक आंखसे राजा रंकोंको देखना चाहा था, किन्तु इन अकलके पुञ्जोंने अपने आदमीको नहीं पहिचाना। वह भड़क गये कि गांधी हमेशा समाजके कोढ़ (दरिद्रता)को

लोगोंको दिखलाता फिरता है, जो जेठकी दुपहरीमें बारूदके ढेरके नंगे करनेसे कम खतरनाक नहीं है। हीरा-मोतीकी झालर लटकानेवाली यह सारी गुड़ियां आखिर गुड़ियां ही रह गईं। यदि इनके दिमागमें जरा भी पीली मज्जा काम करती होती, तो समझ लेते कि समाजमें संरक्षक और संरक्षिताका भेद "दार्शनिक" तौरसे कायम रखनेवाले गांधीसे बढ़कर उनका हितैषी कोई नहीं हो सकता। सेठोंकी मोटी तोंदें चाहे ज्यादा चर्बीसे भले ही भरी हों, किन्तु उनके मस्तिष्क में काफी मात्रामें पीली मज्जा है—उन्होंने गांधीके गुरको समझा। आज वह खादी-फंड, गुड़-फंड, गांधी-सेवा-फंड, हिन्दुस्तानी-फंड, हरिजन-फंड. . .सभी फंडोंमें अपने दशांशकी कुछ रुपल्लियोंको फेंकते राम-राज्य कर रहे हैं।

अजमेरके चहबच्चेके कुमार आज राधाकृष्णन्‌की व्याख्याको पढ़कर फूले नहीं समा रहे हैं। क्या दार्शनिक उड़ान है! क्या ऋषि जैसी क्रान्तदर्शिता (क्रान्तिदर्शिता नहीं, भगवान उससे बचावे!) है! भारतकी अपनी "विशेषता"! "विशेषता"! "अपनी-अपनी विशेषता !!!" महामहोपाध्याय महिषासुरानंदजी! आप कोरे भोंपा ही रह गये, "सर्बस खाइ भोग करि नाना। समर-भूमि"में कोई काम नहीं आये। इस ब्राह्मणकी अक्लका हम लोहा मानते हैं। आज इसने हमारी जातिके पुश्तोंसे खाये नमकका हक अदा कर दिया। यह भारतकी विशेषता ही है, जो कि हम सात सौ छत्रधारी यहां निरंकुश शासन कर रहे हैं। दुनियामें क्रान्तियोंका बाजार गरम है; बड़े-बड़े भारी-भरकम ताज न्युयार्ककी हाटमें जाकर बिक गये; खुद हमारा सरताज सिर्फ एक अधेड़ छोकरीके साथ प्रेम दिखलानेके दंडमें दूधकी मक्खीकी तरह निकाल बाहर फेंक दिया गया। किन्तु, हमें देखिये, भारतकी छातीपर कोदो दल रहे हैं। एक-एक चुम्बनपर बीस-पीस लाखके चेक काट रहे हैं। किन्तु मजाल है कोई चूं करे। अब समझा, यह सब भारतकी "अपनी विशेषता"का प्रताप है। इस विशेषताको हाथसे जाने नहीं देना होगा, जब तक यह विशेषता

है, तब तक हम हैं। "जौ लौं गंग-जमुन-जल-धारा", तब तक इस विशेषताको कायम रखना है। आज यह विशेषता न होती, तो न जाने हम और हमारा रनिवास कहां होता? हां, रनिवासकी बातका खयालकर एक बात और याद आ गई। अनब्याहे अष्टम एडवर्ड एक तिलाकशुदा स्त्रीसे शादी करना चाहते थे, जिसपर कन्टरबरीके शंकराचार्यका आसन इतना गरम हुआ कि बेचारे एडवर्डको देश छोड़ भागना पड़ा। लेकिन भारतकी विशेषता देखो—हमारे रनिवासकी चंद्रमुखियोंको देखा है—अभी सिर्फ पंद्रहसे ही बाकायदा भांवर फिरी है, इन्शा अल्लाह, इरादा है, प्रति वर्ष एककी संख्या जरूर बढ़ानेकी और बे-भांवर ही। मैंने भी अपने दिवंगत नेताके कदमोंपर चलना तय कर लिया है—अभी सिर्फ दस ही गोयन्दे अल्मोड़ासे काश्मीर तककी पहाड़ियोंमें सुन्दरियोंको हेरनेके लिये छोड़ रखे हैं—मैं महसूस करता हूँ यह संख्या बहुत कम है।—नित्य वही थाल, वही लोटा, वही गिलास, वही बोतल, वही शराब! छीः छीः यह आदमीका जीवन है, या पशुका!! "गावः तृणमिवारण्ये प्रार्थयामि नवां नवाम्।"[१] यह भारतकी "अपनी विशेषता" है, जो कुमार-कालेजकी पढ़ाई, हरसाल विलायतकी यात्रा, चिकने घड़ेपर पानीकी भांति कोई असर नहीं रखती और हम निष्कण्टक अपने रनिवासको सुन्दरियोंकी प्रदर्शनी बनाते चले जा रहे। कल दीवान साहबको कहना होगा कि दो लाखका चेक संकटमोचन भेज दिया जाये। "अंग्रेजी राज जिन्दाबाद" "भारतकी अपनी विशेषता जिन्दाबाद।"

हां, तो यूनानी और भारतीय दार्शनिक-ऋषियोंकी बात बीचमें ही रह गई—सिर्फ दोनोंकी शाब्दिक तुलनापर ही जो करतल-ध्वनि हुई, उसके मारे हम कहांसे कहां बहक गये। आइये जरा तुलनाके भीतर चलें। इस

---

१ "जैसे गाय जंगलमें तिनकेको, उसी तरह मैं नई-नइयोंको चाहता हूँ।"

भूल-भुलैयोंमें दूर तक जानेका अवसर नहीं है, इसपर हम दोनों सहमत हैं और यह खुशीकी बात है। पहिले कालको लीजिये—

भारतीय	काल	यूनानी	काल
गौतम (अक्षपाद)	२५० ई०	अरस्तू	३८४-३२२ ई० पू०
कणाद	१५० ई०	थेल	६४०-५५० ई० पू०
जैमिनि	३०० ई०	सुकरात	४६९-३९९ ई० पू०
व्यास (बादरायण)	३०० ई०	अफलातूं	४२७-३४७ ई० पू०
कपिल	४०० ई० पू०	पिथागोर	५७०-५०० ई० पू०
पतञ्जलि	४०० ई०	जेनो	३३६-२४६ ई० पू०

इस प्रकार कालकी समानतामें कपिल ही पिथागोरके नजदीक हैं, बाकी बेचारे भारतीय दार्शनिक अपने यूनानी तुल्य-कक्षोंके सरनाती भी होने लायक नहीं हैं। मेरे लिखे कालके बारेमें सन्देह हो सकता है और मैं भी उसे स्वीकार करता हूँ कि कमसे कम भारतीय दार्शनिकोंके कालमें सुधारकी गुंजाइश है। आप इस विषयमें स्वयं कोशिश कर सकते हैं। यदि ऐतिहासिककी तुला लेकर आप वैसा करना चाहेंगे, तो मेरे बतलाये समयके ही पास पहुँचेंगे। किन्तु यदि आप तुले हुए हैं, भारतको सब विषयोंमें दुनियाका गुरु बनानेके लिये, तब तो आप पांच हजार वर्षसे कब पीछे उतरने-वाले होंगे और फिर "अंधेके सामने रोना, अपना दीदा खोना" है। मैं इसका आग्रह नहीं करता कि सर राधाकृष्णन्‌ने तुलना करनेमें कालका विशेष खयाल किया होगा; आखिर मैंने भी धर्म-कीर्त्तिकी तुलना कान्टहेगेलसे की है, जो कि उनसे १२ सदियों पीछे हुए। अच्छा तो सिद्धान्तकी तुलना कीजिये।

यूनानी	सिद्धान्त	भारतीय	सिद्धान्त
१. थेल (६४०-५२५ ई०पू०)	पानी मूल तत्त्व	कणाद (१५० ई०)	परमाणुवाद सामान्य विशेष समवाय

यूनानी	सिद्धान्त	भारतीय	सिद्धान्त
२. पिथागोर (५७०-५०० ई० पू०)	गणित ब्रह्मवाद आकृतिवाद संख्या-ब्रह्म	कपिल (४०० ई०पू०)	अनीश्वरवाद प्रकृतिवाद
३. सुकरात (४६९ ३९९ ई० पू०)	रूढ़िवादविरोधी ज्ञानवाद देव-'वेद'-निन्दक	जैमिनि (३०० ई०)	घोर रूढ़िवाद कर्मवाद वेद-दास
४. अफलातूं (४२७-३४७ ई०पू०)	अनेक-विज्ञानवाद बुद्धिसे ज्ञान मौलिक विचारक	व्यास (वादरायण ३०० ई०)	एक-ब्रह्मवाद ग्रंथसे ज्ञान उपनिषद्-समन्वय
५. अरस्तू (३८४-३२२ ई०पू०)	केवल तर्कवाद ईश्वर सृष्टिकारण जीव एकदेशी	गौतम अक्षपाद (२५० ई०)	शब्द और समाधि ईश्वर कर्मफल-कारण जीव सर्वव्यापक
६. जेनो (स्तोइक) (३३६-२६४ ई०पू०)	तर्क कांटेकी बाड़ जैसा, वस्तुवाद अद्वैत अन्तर्यामिवाद अवयव-अवयवीवाद	पतंजलि (४०० ई०)	सिद्धि-समाधिवाद द्वैतवाद

यदि जेनोसे सर राधाकृष्णन्का अभिप्राय इस स्तोइक (संयमवादी) जेनोंसे नहीं, बल्कि एलियातिक जेनो (४९०-४३० ई० पू०) से है, तो वह अद्वैतवादी था, जब कि पतंजलि द्वैतवादी।

इस प्रकार सर राधाकृष्णन्ने समकक्षता स्थापित करनेमें दोनों देशोंके दार्शनिकोंके काल और विचारकी पूरी अवहेलना की है। नामोंमें अनुप्रासका खयाल किया हो, यह भी बात नहीं है। जेनोंको उन्होंने पतञ्जलिके जूएमें रखा है; हालां कि अनुप्रास मिलानेके लिये ठीक था:—"जेनोजैमिनि जोड़ी, एक अंधा एक कोढ़ी।"—स्तोइक (संयम योगी) जेनोको कोढ़ी कह लीजिये और ज्ञान-विरोधी घोर कर्मवादी जैमिनिको अंधा। हां, शायद दोनों देशोंके दार्शनिकोंकी शकलमें समानता हो सकती है, जिसके बारेमें मैं अपने भारी अज्ञानको स्वीकार करता हूँ; मुमकिन है, सर्वपल्लीके पास १ दर्जन फोटो अदियारसे पहुँच गये हों।

(२) **धर्म-सर्वोपरि**—सर राधाकृष्णन्को 'सारी' दुनिया भारतके महा दार्शनिकके तौरपर मान करती है। किन्तु आक्सफोर्डमें एक छोटी-मोटी धर्मकी गद्दीपर बैठानेका निश्चय जब ब्रिटिश पूंजीशाहीने किया, तो कुछ लोगोंको सन्देह हुआ कि दार्शनिकको धर्मकी गद्दी देना अन्याय, यह यूरोपमें धर्मको दर्शनसे उसी तरह छोटे दर्जेका समझा जाता है, जिस तरह दर्शनको साइंससे। सर राधाकृष्णन्को भी, हो सकता है, बात खटकी हो। यह भी मुमकिन है अंग्रेजी थैलीशाहोंको भारतमें किसी भी दर्शनके होनेका पता ही न हो; या हो सकता है, उनकी खोपड़ीमें भर गया हो कि भारतीय दिमाग उनकी दी हुई पदवियों और टुकड़ोंके लिये सिर्फ दुम हिलाना जानता है। हमें अफसोस है, हमारे सेल्की इस छोटी कोठरीके आंगनके ऊपर जितना आसमान खुला हुआ है, उससे झांकनेवाले चेहरोंमें ज्यादातर ऐसे ही हैं। पूंजीशाहोंने चाहे किसी तरहसे भी हमारे दार्शनिकको धर्म-चर्चाके लिये बुलाया हो; किन्तु वह है धर्म-चर्चा करने ही योग्य। इसके लिये हम अभी सबूत पेश करनेवाले हैं; लेकिन उससे पहले एक और बात याद

आ गई। कितने ही लोग—हां, भारतके अंग्रेजी शिक्षितोंमें ही—यह समझनेकी बहुत भारी गलती करते हैं कि सर राधाकृष्णन् जबर्दस्त दार्शनिक हैं। इस बात में एक तरुण हिन्दी-लेखक बहुत बुरी तरहसे फँस गया। इस लेखककी कलम और प्रतिभा दोनों की मैं दाद देता हूँ, भाषापर उसका अधिकार है। वह इतना साधन-सम्पन्न है कि भविष्यके लिये हम यदि उसपर ज्यादा आशा बांधें, तो अनुचित न होगा। उसने दर्शनके इतिहास-पर जो पुस्तक लिखी है, उसमें २३-२४ पृष्ठोंके अतिरिक्त बाकी चार सौ पृष्ठ इतने अच्छे लिखे हैं कि उन्हें पढ़कर बड़ी खुशी हुई—वर्त्तमानको ही देखकर नहीं, भविष्यका भी खयाल करके। लेकिन, वह २३-२४ पृष्ठ कैसे लिखे गये हैं, इसके बारेमें मैंने उसी पुस्तकपर नीली पेंसिलसे लिखा—"ग्रन्थका कलंक"। उन २३-२४ पृष्ठोंसे गुजरना मेरे लिये उतना ही मुश्किल हो गया, जितना कि गोखरूके बयाबानमें नंगे पैर आदमीके लिये चलना। और फिर यह भी खयाल रखिये, पैरसे सिरकी पीड़ा ज्यादा दुस्सह होती है। आप समझते होंगे, मैं उस तरुणपर जल रहा हूँ। नहीं, मैं तो समझता हूँ, एक दिन उन पृष्ठोंको पढ़ते हुए उसे भी वैसी ही पीड़ा होगी—मैं आशा करता हूँ, तरुणने इस पुस्तकसे अपने दार्शनिक अध्ययनके जीवनका आरम्भ किया है और वह अपनेको अधिक साधन-सम्पन्न बनाने-की कोशिश करता रहेगा। जानते हैं वह पृष्ठ किस दर्शनपर है? बौद्ध दर्शनपर और बौद्ध दर्शनके भी उस कालपर जो कि बौद्ध ही नहीं, भारतीय दर्शनका भी सुनहला काल है—यानी, नागार्जुन (१७५ ई०) से शान्तरक्षित (७४०-८४० ई०) तकका काल। भारतीय दर्शनमें जो बौद्ध दर्शनके भारी महत्त्वको नहीं समझता, उसे दर्शनको दूरसे प्रणाम कर लेना चाहिये। उस दर्शनको समझनेकी जो कोशिश नहीं करता और भारतीय दर्शनपर पोथे लिखना चाहता है, उसके लिये क्या कहना चाहिये? मैं यह नहीं कहता कि उसे छोड़कर आपको कलम ही नहीं उठानी चाहिये; कलम उठाइये, किन्तु सारे भारतीय दर्शनको मत समेटनेकी कोशिश

कीजिये। तरुणने जो गलती की वह अपने दोषसे नहीं, यह सबसे आश्चर्यकी बात है। मुझे उम्मीद है, यदि उसने स्वयं जो कुछ संस्कृतके मूल ग्रंथों और उद्धरणोंमें पढ़ा था, उतने हीपर इन २४ पृष्ठोंको लिख डाला होता, तो पुस्तक में यह कलंक न आने पाता। किन्तु, अफसोस है, अन्धा न होते भी उसनें अपनी आंखें बन्द कर लीं और दूसरे अंधेकी अंगुली पकड़ ली। आप खुद समझ सकते हैं, ऐसे आदमीकी क्या गति होनी चाहिये।

सर राधाकृष्णन्के "भारतीय दर्शन"के दोनों पोथोंपर जगह-जगह बौद्ध-दर्शनसे कोरे होनेकी छापोंकी भरमार है। साथ ही मालूम होता है, लेखकके दिलसे "दैव राजा"का डर बिलकुल उठ गया था और उसे खयाल नहीं आया कि "कालो ह्ययं निरवधिर्विपुला च पृथिवी।" मुझे उम्मीद है यदि सर राधाकृष्णन्के दिलमें यह खयाल आया होता कि उनकी पुस्तक सिर्फ आजकी ही पीढ़ीके सामने नहीं जा रही है, बल्कि आगेवाली पीढ़ियों के हाथमें भी उसकी कोई न कोई जिल्द पहुँच जायगी; तो फिर वह इस लीपा-पोती, इस दर्शनके विवरणके नामपर सत्यका नहीं संप्रदाय और स्वार्थका प्रोपेगंडा करनेकी कोशिश न करते।

लेकिन, एक बातमें मालूम होता है—हम दोनों एक ही मर्जके मरीज हैं। जैसे "ठोक पीटकर वैद्यराज" बन मैंनें दर्शनपर कलम फेरनी चाही है, वैसे ही राधाकृष्णन् भी फेरमें पड़ गये—फर्क इतना ही है कि मेरी नंगी अल्पज्ञता किसीको गढ़ेमें नहीं गिरा सकती और जब तक हिन्दीके अधिकारी लेखक स्वयं इस तरफ ध्यान नहीं देते, तब तक यह पंक्तियां पाठकोंको कुछ बातोंके समझनेमें सहायता पहुँचा सकती हैं; किन्तु, सर राधाकृष्णन्की सर्वज्ञता कितनी खतरनाक है, इसका उदाहरण अभी वह तरुण लेखक आपकी आंखोंसे ओझल नहीं हो पाया है। राधाकृष्णन्के भक्त 'डिस्कवरी ऑफ इण्डिया'के लेखक जवाहरलालकी बात भी हम कैसे भूलें।

वस्तुतः, सेवाग्राम और संकटमोचनमें इतना भेद हम गलतीसे कर रहे थे; आक्सफोर्डवालोंने सही परख की; इसके सबूतके लिये पढ़िये—

"(चारों ओरसे) मार पड़नेपर बुद्धि भक्ति (की गोद)में शरण ले सकती है। उपनिषदोंके ऋषि पवित्र ज्ञानकी पाठशालाके महान् अध्यापक हैं। वह हमें ईश्वर और आत्मिक-जीवनके ज्ञानके बारेमें बतलाते हैं[1]।"

दो मोटी-मोटी जिल्दोंको लिखनेमें उनकी लेखनीने फजूल ही परिश्रम किया; असल तत्त्व तो इस एक पंक्तिमें है—"मार पड़नेपर बुद्धि भक्ति[2]में शरण ले सकती है।" संकटमोचनके बावोंने ही अकलका ठीका थोड़े ही ले लिया है? काशीके दूसरे छोरपर भी एक अनपढ़ पंडित रहता था, जिसका कहना है—

"पोथी पढ़ि-पढ़ि जग मुआ, हुआ न पंडित कोय।
ढाई अच्छर प्रेमका, पढ़े सो पंडित होय॥"

राधाकृष्णन् यथा नाम तथा गुण भक्तिमार्गी हैं। ठीक संकटमोचनके पुराने बाबाके हम्-पियाला हम्-निवाला—गद्दी उसीको मिलती है, जो कि उसके लायक होता है।

आप गुस्सा होकर कहेंगे—तर्क-वितर्क छोड़िये; आपही बतलाइये, मार पड़नेपर बुद्धि कहां शरण लेने जाय? मैं कहूँगा—शरण लेना कायरोंका काम है—उसे जूझ मरना चाहिये। बुद्धिपर मार पड़ रही है, आगे बढ़नेके लिये; और जो बुद्धि ज्यादा अग्रसर है, उसपर मार पड़ती भी नहीं। सिकरौलसे कितनी ही बार आप एक्केपर गये होंगे। आप ही बताइये, मार किनपर पड़ती है?....आप नाम नहीं लेंगे, मैं भी नहीं लूंगा; किन्तु यह बात साफ है कि तेज रफ्तार बुद्धिपर कभी मार नहीं पड़ती और न उसे किसीके पास शरण लेनेकी जरूरत होती है। वैसी बुद्धिके लिये प्रयोगका राजपथ सदा मौजूद है, इसे हम बतला आये हैं। रही, "पवित्र ज्ञान-पाठशाला"के महान् अध्यापकोंके ज्ञानकी बात। उसके बारे में हम दूसरी

---

१ History of Indian Philosophy, vol. II, P. 19

२ Faith.

जगह कह आये हैं[1]; जिसे यहां फिर दुहराना नहीं चाहते; हां, ऋषियोंके बारे में अनन्त-निद्रा-विलीन अपने चिरसंगी जायसवालकी एक कथा जरूर याद आती है, जो आपकी सेवामें अर्पित है।—

सत्यव्रत सामाश्रमी कलकत्ताके संस्कृतके एक अच्छे पंडित थे—खासकर वेदकी संस्कृत (छन्दस्)में उनकी योग्यता बहुत ऊँची मानी जाती थी। गुरुकुल कांगड़ीवालोंने एक बार अपने जलसेमें उन्हें किसी परिषद्का सभापति बनाकर बुलाया। सामाश्रमीजीने वेदार्थपर स्वामी दयानन्द और 'निरुक्त'की प्रशंसा करते हुए एक सारगर्भित भाषण दिया। आर्य-समाजके उस वक्तके टुटपुंजिये विद्वानोंपर उसका क्या प्रभाव पड़ा, यह तो नहीं कहा जा सकता! किन्तु, तीन तरुण संस्कृतज्ञोंपर उसका इतना असर पड़ा कि वह सामाश्रमीके गिर्द गुड़की मक्खी बन गये। सामाश्रमी अपनी वेदज्ञताको आर्य-समाजके वातावरणमें जिस तल तक पहुँचा चुके थे, उससे पीछे उतारना उनके लिये मुश्किल था। तलसे उतारनेका सवाल तो दूर वहां 'हां' 'हां'में वह कुछ सीढ़ी और ऊपर टँग गये। तीनों तरुणोंने आग्रहपूर्वक कहा "गुरुजी, इस ज्ञानको फैलाइये।"

—फैलानेकी तो मुझे भी अत्यन्त इच्छा है। मैं भी बाज वक्त चिन्तामें पड़ जाता हूँ कि कहीं इतने परिश्रमसे उपार्जित यह वेद-विद्या मेरे साथ ही न चली जाय। लेकिन, अधिकारी शिष्य मिलें तब न?" ठीक उपनिषद्के ऋषियोंके स्वरमें इस बातको—शब्द नहीं, बात ही कहूँगा; क्योंकि वहां भाषण सारा संस्कृतमें हो रहा था—सुनकर तीनों शिष्य गद्गद् हो गये और उन्होंने सारी परीक्षाएं दे, गुरुको अपनी सेवासे प्रसन्न कर, भगवती वेद-विद्याके ग्रहण करनेका पक्का इरादा प्रकट किया। सामाश्रमीजी तीनों नये रँगरूटोंको ले कलकत्ता पहुँचे। कुछ दिन-सप्ताह—तो ऐसे ही बात-चीत, सत्संग हीमें चले गये। फिर पढ़ाई शुरू हुई।

---

१ "वोल्गासे गंगा" प्रवाहण।

आर्यसमाजी शिष्योंने समझा था कि गुरुजी ऐसी कुन्जी बतलायेंगे, जिसमें यदि सारे साइंस वेदमें न झलकने लगें, तो कमसे कम जगह-जगह जो वेदोंमें इतिहास—देशों, नदियों, राजाओं, रानियों, ऋषियों, ऋषिकाओंके नाम तथा वृत्त—मिलते हैं, और जिनकी वजह से वेदको दो अरब वर्ष पहले ले जाना सम्भव नहीं, इसका तो कोई समाधान निकल आयेगा। सामाश्रमीजी शिष्योंके अभिप्रायको समझते थे; इसलिये पहले बचते हुए उन्होंने पाठ पढ़ाना शुरू किया; किन्तु शिष्य कोई दुधमुंहे बच्चे न थे। अन्तमें उन्होंने यह कहकर पाठ कुछ दिनोंके लिये बन्द रखा कि इस तरहके गहन वेदार्थ के लिये गुरुको भी कुछ साधना करनी पड़ती है। एक दिन गुरुने तोंद खोले आसनपर पद्मासन मार शिष्योंका आवाहन किया। शिष्य प्रसन्न हो सामने जा मौजूद हुए। वेदार्थ शुरू हुआ। एक मंत्रपर पहुँचे, अर्थ कुछ इस तरहका हुआ, जिससे वेदकी अनित्यताका ही डर नहीं हो गया, बल्कि वैदिक ऋषिके मुंहसे निकली ऊट-पटांग बात पकड़ी गई। शिष्योंने बहस करते हुए कहा—"ऋषि होकर ऐसी गलत बात क्यों कही ?"

सामाश्रमीजीने चट अपनी तोंदपर हाथ फेरते हुए कहा—"इसीके लिये, उनके पास भी यह (पेट) मौजूद था।"

तीनों शिष्योंके दिलको भारी धक्का लगा, इसमें शक नहीं; किन्तु सामाश्रमीजीकी बात सोलहो आना सच थी, इसमें राधाकृष्णन्‌को छोड़ किसीको भी सन्देह नहीं हो सकता। सामाश्रमीजीमें वह योग्यता थी, जिससे वह हारिद्रुमत गौतम, सत्यकाम जाबालकी पंक्तिमें जा जूठन गिरा सकते थे, जब कि राधाकृष्णन् गरीबसे वे ऋषि अपने जूतेका तस्मा भी नहीं खुलवाते।

३—धर्मसार

(१) **आत्मा और दिव्य शक्ति की कल्पना**—धर्मका सार है, किसी अलौकिक शक्तिमें विश्वास। यह विश्वास या भक्ति किसी ऐसी एक

शक्ति (ईश्वर)में भी हो सकती है और अनेकोंमें भी; वह भक्ति अधिक स्थूल—आरण्यक मानव जैसी—भी हो सकती है और सर राधाकृष्णन् या गांधीजीकी जैसी सत्य-शिव-सुन्दरसे अनुप्राणित भी। शक्ति, आत्मा, देवताका यह खयाल न आसमानसे टपका, न आत्माकी आवाजसे। इसकी उत्पत्तिका कारण उस समयके समाजका आर्थिक ढांचा था, जिसमें कि वंश-गोत्रका महापितर (दादा) या महामाता (महामाई) जीवन-सामग्रीके उत्पादन, आत्मरक्षा तथा परलुंठनमें वंशका नेतृत्त्व करते थे। आरंभिक समाजमें जो श्रम-विभाग हुआ था; पत्थर, लकड़ी, हड्डीके हथियारोंकी सहायता प्राप्त होनेपर वैसा होना जरूरी था। उस समय इस श्रमके संचालनके लिये जो व्यक्ति सबसे आगे था, वह वही हो सकता था, जो कि उत्पादक श्रम—जानवर, मछलीके शिकार, जाल, बुनना, हथियार बनाना आदि—में सिद्धहस्त था; जो शासन, युद्ध-संचालन कर सकता था; जो परिवारके कामकी योजना आगेसे बना उसे प्राय: सफल करा सकता था। ऐसे व्यक्तिका समाजमें सबसे ऊँचा स्थान होना जरूरी था; क्योंकि वह उन वस्तुओंको पहले अपने दिमागमें तैयार कर लिये होता था, जिन्हें कि दूसरे उसकी देख-रेखमें सिर्फ साकार रूप देते थे।—वह विधाता था, दूसरे उसके आज्ञाकारी अनुचर। वह इच्छा करता था और दूसरे उसकी इच्छाके अनुसार चलने-वाले। श्रमका यह सफल विभाग आदिम मानवोंके मनमें इतना गड़ गया था कि हर जगह उन्हें यह रूप दिखलाई पड़ता था—आखिर आजकल हिन्दुओंके राम-नाम-बैंकोंको भी बनियोंने अपने कारबारके तजरबेसे धर्म-खातेमें दाखिल किया है और हम उन्हें एक गर्वके भीतर बहुत सफलतासे चलते भी देखते हैं। आदिम समाजके इस रूपने स्वयं मानवको आत्मा और शरीर दो भागोंमें बांटा—आत्मा शरीरका संचालक है और इसीलिये वह शरीरसे श्रेष्ठ तथा उसका संरक्षक है। इसी खयालको लेकर माण्डूक्य-उपनिषद् और गीतामें शरीरको रथ तथा आत्माको रथी (योद्धा)की उपमा दी गई है। अरस्तूने आत्माको स्वामी और शरीरको दासोंसे उपमा

दी है—अरस्तूके समय यूनानमें स्त्री-पुरुषोंकी बेच-खरीद आम थी और दासोंका काम सिर्फ मालिककी आज्ञाका पालन करना, उसकी सेवा करना था।

जिस तरह श्रम-विभागके क्षेत्रसे लेकर चलते-फिरते काम करते शरीरके संचालनके लिये उससे पृथक् एक आत्माकी कल्पना की गई, उसी तरह उन्हें विश्वमें हर एक वस्तुके पीछे आत्मा दिखाई पड़ने लगा, जिसे कि उस वस्तुका आत्मा—अभिमानी देवता—कहा जाने लगा। वेदके देवता इसी प्रकारके अभिमानी देवता हैं; और वह सूर्य, चन्द्र, आकाश, द्युलोक, जल, थल सबमें अलग-अलग अपना आसन जमाये उनका संचालन कर रहे हैं। (यही आदिम-मानवकी कल्पना याज्ञवल्क्य (६०० ई० पू०)के सामने थी, जिसे कि उसने अलग-अलग अभिमानियोंको मिलाकर एक अन्तर्यामी ब्रह्मके रूपमें परिणत कर दिया।) उस समयके मानव अथवा आज भी जो जातियां उस अवस्थामें हैं—के भीतर कोने-कोनेमें भूत-प्रेत देवतांका विश्वास जो इतना ज्यादा पाया जाता है, उसकी वजह यही थी।—यह है वह कारण-सामग्री जिसने धर्मको पैदा किया। महापितर या महा-माताका खयाल इस सबकी जड़में था। इसीलिये अलौकिक शक्तिकी कल्पना भी इन्हीं दो रूपोंमें की गई। मातृसत्ताके समाज सबसे पुराने होनेसे मातादाईका धर्म ही सबसे पहिले अस्तित्वमें आया—जिसके कि प्रमाण सिन्धु नील, दजला-फुरातकी उपत्यकाओंके प्राचीन धर्मोंमें बहुत ज्यादा पाये जाते हैं। हिन्दुओंकी काली-दुर्गा उसी मातृसत्ताक नमूनेपर बने धर्मके अवशेष हैं; ईसाइयोंमें माता मरियम, महायान बौद्धोंमें तारा, जैनोंमें चक्रेश्वरी सभी आद्यामाता (मातृसत्ताक परिवारकी संचालिका माता)-की प्रतीकें हैं।

मातृ-सत्ताक या पितृ-सत्ताक समाजमें जीते-जी जो नेतृत्त्व कर रहे थे, मरनेके बाद भूत-प्रेत-देवतासे भरे जगतमें, विशेषकर रातके अँधेरेमें इन मृत नेताओंका दर्शन होना स्वाभाविक था। फिर उनके लिये चौतरे तथा बलिका प्रबन्ध लाजिमी ही था।—आखिर, जीवनमें जिस तरह वह गाढ़े

वक्तमें काम आते थे; अपनी बुद्धिमत्ता, वत्सलतासे अपने बाल-गुपालोंको वह अब भी उतना ही फायदा पहुँचा सकते तथा पहुँचाना चाहते थे; जरूरत इतनी ही थी, कि जीवनमें उनके लिये जो प्रिय वस्तुएँ थीं, अब भी वह उनके सामने बलिकी तौरपर पेश की जायँ। महापितर और महामाताकी प्रेतात्माओं—दिव्यात्माओं—के साथ ही लोग उनके सहायकों—सेनाओं—को भूल नहीं सकते थे, आखिर मरनेके बाद भी तो यह दिव्यात्माएं अकेली सोम या सुरा पीनेमें आनन्द अनुभव नहीं कर सकती थीं, न अकेली नाच-गा सकती थीं; फिर चाहे सन्तान-अनुसन्तान न भी पैदा करें, किन्तु संभोगके आनन्दसे तो वह अपनेको वंचित न कर सकती थीं। इन सबके लिये पृथिवीपर मौजूद मानव-समाजकी एक पूरी नकल दिव्यात्मा-समाजके रूपमें तैयार की गई। हम पुराने मिस्र, बाबुल, यूनान और भारतके ग्रंथोंके पढ़नेसे जानते हैं, कि एक समय था, जब कि मनुष्य-लोककी भांति देवलोक भी पृथिवीपर ही—बल्कि उसके पड़ोसमें था, और अकसर दोनों लोकोंके स्त्री-पुरुष वैसे ही आपसमें समागम करते थे जैसे किसी दो कबीलोंके लोग। यही नहीं हर देशके पुराने वीरोंमें, महापुरुषोंमें, ऐसोंकी संख्या काफी पाते हैं, जो कि देव-कन्या या देव-पुत्रकी सन्तान थे। उस वक्त अभी मानवकी संख्या कम थी, पृथिवीका बहुत अधिक हिस्सा जंगल, गैर-आबाद और अज्ञात था; वहां दिव्यात्माएं भी वास कर सकती थीं, किन्तु जैसे-जैसे मनुष्यकी संख्या और ज्ञान बढ़ता गया, वैसे ही वैसे देवताओंको पृथ्वी छोड़नेपर मजबूर होना पड़ा।

(२) **थ्योसोफी और सखी-समाज**—पिछली सदी तक तिब्बत दुनियाके सबसे अज्ञात देशोंमें था, इसीलिये देवफोंफीने वहां देवनगर बसाये, श्वेत-परिषदें[1] कायम कीं, दुनियाके लोगोंको वैयक्तिक तौरसे पथप्रदर्शन करनेवाले महात्माओंके लिये अनेक हेड-क्वार्टर या छावनियां छवाईं।—

---

१ White Lodge.

आपको यह सुनकर तअज्जुब होगा, मगर कितने ही शिक्षितोंने मुझसे बड़ी गम्भीरताके साथ पूछा था, कि इन देव-परिषदों और महात्माओंके बारेमें आपने तिब्बतवालोंसे क्या सुना ? जब मैंने रोषको भीतर ही दबाकर कहा कि वहांके लोगोंको इन देव-परिषदों तथा महात्माओंका कुछ भी पता नहीं है, तो एकाधने यहां तक कहनेकी धृष्ठता की कि तब आप उस इलाकेमें नहीं गये होंगे। उन सज्जनोंको यह विश्वास दिलाना मुश्किल था कि मैं "महात्मा" कूट-हूमी (कोथूमी) और लालसिंहके केन्द्र तथा 'महाचोहान'के इलाके शि-गर्चे और टशील्हुन्पोमें अनेक बार पक्षों और महीनों तक रहा हूँ—यह वही जगह है, जहांसे उक्त महात्मागणने सिन्नेट और दूसरे थ्योसो-फिस्टोंको कितने ही पत्र और सन्देश भेजे थे। एक शब्द देवफोंफी शब्दके बारेमें भी—थेव देवका ही यूनानी पर्याय है। सोफीको फोंफी कहनेवाला आपके मित्रोंमें कोई मिल जायगा, इस प्रकार आप समझ सकते हैं, कि "साइंस समाश्रित इस महान् धर्मका" यह नया नामकरण नहीं, बल्कि सिर्फ हिन्दीकरण मात्र है। मुझे उम्मीद है, थ्योसोफिस्ट सज्जन इसका प्रचारकर पुण्यके भागी बनेंगे। मैं उन आदमियोंमें हूँ, जो कि देवफोंफी समाजको धर्मका चरम उत्कर्ष मानते हैं। धर्मने यहां आकर अपनी पूर्णता प्राप्त की, धर्मके लिये इससे आगे बढ़नेके वास्ते अब एक सीढ़ी भी नहीं रह गई है। कृष्णके "शब्दों"में धर्मके इस गाढ़े वक्तमें वह स्वयं इस समाजके रूपमें अवतीर्ण हुए।" इस समाजने अपने थोड़ेसे समयके जीवनमें जितने दिमागों-को "गुमराह" होनेसे बचाया, उतना किसीने नहीं किया होगा। और पूर्व-पश्चिम, उत्तर-दक्खिनके धार्मिक विचारोंका जो गंगा-सागर-संगम इसने रचाया. उसे देखकर तो तबीयत अश्-अश् करने लग जाती है। सबसे बड़ी "सेवा" जो देवफोंफी समाजने की है, वह है देवताओंको फिरसे मर्त्य-लोकमें लाना ही नहीं, बल्कि उनका दर्शन कराना, उनका शब्द सुनाना, उनका गंध सुंघाना, उनका रस चखाना, उनका स्पर्श कराना।—देवगण बिलकुल इन्द्रियगोचर हैं, इसे उसने सैकड़ों देव-फोटो-चित्रोंसे साबित कर

दिया। आज इस समाजके प्रतापसे आप देवताओं, दिव्यात्माओं, प्रेतात्माओंसे उसी तरह बातचीत कर सकते हैं, जैसे मुझसे। और फिर "नदिया एक घाट बहुतेरे"के महामंत्रको इसीने वस्तुतः पूरी तौरसे कार्यरूपमें परिणत कर दिखाया।

(सखी-समाज)—सखी-समाजमें आप लोगोंको नाना भांतिसे भगवत्-उपासना करते पायेंगे : कोई पुरुष होते भी अपनेको भगवानकी पत्नी समझता है, परिणीता नहीं तो रखेली होनेपर भी वह सन्तोष करनेके लिये तैयार है। हर मास उसे मासिक धर्म होता है और वह नियम-पूर्वक तीन दिन तक "कपड़ोंसे" रहता है। हर रात भगवानको "लेकर" सोता है, इस लालसासे कि भगवान अपने जैसी एक मेघश्याम सन्तान प्रदान करें; किन्तु प्रकृति भगवान तथा भक्तिनजीके काममें भारी बाधक है और दोनों उसका कुछ कर नहीं सकते। इन "तरुणी" तथा "वृद्धा" "सखियों"के फोटोचित्रोंको देखकर आप अपनी आंखों को तृप्त कर सकते हैं; लेकिन अब जमाना फोटोका नहीं चल-चित्रोंका है, मैं देवफोंफीकी शाखा, इस सखी-समाज—जिसकी संख्या बिहारमें काफी है—से विनम्र प्रार्थना करूंगा कि समयकी गतिसे बढ़ें और चल-चित्र—सिनेमा—द्वारा अपने ही प्रान्तकी नहीं अपने गुरुद्वारों—अयोध्या, वृन्दावन—की बड़ी बूढ़ी "सखियों" तथा उनकी "तरुण परिचारिकाओं"का भी उनके स्वाभाविक पोज—भावभंगी——हाव-भाव-कटाक्ष—तथा त्रैण मृदुभाषणके साथ फिल्म उतरवाएं। ऐसे फिल्मसे भारी लोक-कल्याण होगा। नवधा भक्तिका फौव्वारा घर-घरमें फूट निकलेगा, जिसमें डर इतना ही मालूम होता है, कि वास्तविक स्त्रियां कहीं कूएंमें कूदकर आत्महत्या न कर डालें।

हां, मैं यहां इतना जरूर कहूंगा कि सखी-समाज देवफोंफी समाजका न अभिन्न अंग है, न उससे सम्बद्ध है, उसने परीक्षक विश्वविद्यालयोंकी भांति उसे स्वीकृति भर दी है, किन्तु सैकड़ों सखी-समाजी देवफोंफीके सरगर्म सदस्य तथा नेता हैं, इससे वह इनकार नहीं कर सकती।

देवफोंफीका विस्तार सारी पृथिवीपर है, इसके विशाल साम्राज्यमें "सूर्य कभी नहीं उगता"की कहावत चरितार्थ होती है। उसके सारे सदस्य "आंखके अन्धे गांठके पूरे" नहीं हैं, और नहीं सभी चतुर शिरोमणि हैं, यह मैं मानता हूँ; किन्तु उसके नटनागरों और. . .की कलाएं दर्शनीय होती हैं, इसमें सन्देह नहीं। लेकिन, आप मुझसे आशा न रखिये कि मैं इन कलाविदों तथा उनके अड्डोंकी सैरके लिये आपका पथ-प्रदर्शक बनने जा रहा हूँ। एक वाक्यमें मैं कहना चाहता हूँ—कि देवफोंफीके रूपमें भगवान धर्म अपनी सोलह कलामें अवतीर्ण हुए हैं।

(३) **दुनियामें देव-कल्पना** (i) **बाबुल**—एक जर्मन प्रोफेसर लिखता है—"(धार्मिक कल्पनाएं) सामाजिक राजनीतिक कल्पनाओं तथा संस्थाओंके सिर्फ दर्पण (प्रतिबिंब) मात्र हैं।"[१] प्राचीन बाबुलमें अनु, एनलिल्, एआ, सिन्, शम्श (सूर्य) आदि देवता पूजे जाते थे। इन बड़े देवताओंके साथ कितनी ही दिव्य-(इह्रीही) तथा भौम आत्माएं (अनुनाकी) भी थीं, जिस तरह हिन्दुओंमें बड़े देवताओंके साथ लाखों देव-परिवार, ग्राम-देवता और कुल-देवता। बावुलमें जिस तरहका राजतन्त्र उस वक्त प्रचलित था, उसीकी नकलपर देव-समाजमें भी राजतन्त्र कायम था। जैसे-जैसे बाबुलके पार्थिव मानव-समाजमें परिवर्त्तन होता गया, उसी तरह वहांके देव-समाजमें भी परिवर्त्तन करना पड़ा। सामन्तोंमें जिस तरह बाबुलका महासामन्त या बादशाह प्रधान और सर्वशक्तिमान माना जाता था, उसी तरह बाबुलका देवता मर्दुक सर्वशक्तिमान देवातिदेव बना। मर्दुक देवातिदेव बननेसे पहिले सुमेरीय जातिका जातीय देवता था, जिसे वे लोग वसन्तका अधिष्ठाता मानते थे। रम्मू-रब्बीके राजवंशने अपनी प्रधानताके समय मर्दुकको महादेव बनाया। इससे पहिले एन्लिल्

१ Professor Achelis (Soziologie, in Sommlung Goschen, Leipzig, 1899, p. 85)

पृथिवी और आकाश (द्यावा पृथिवो) का स्वामी था, जिसे कि मर्दुकके लिये अपना सिंहासन छोड़ना पड़ा। एआ सृष्टिकर्त्ता (ब्रह्मा) था, उसका अधिकार मर्दुकको कैसे दिलाया जाय, इसके लिये एक पौराणिक कथा गढ़ी गई। जिसमें साबित किया गया कि सुमेरीय मर्दुक बाबुली एआका ज्येष्ठ पुत्र है। राजाका पुत्र उत्तराधिकारी होता है। बाबुलकी राज्य-व्यवस्थाके पूर्णतया एक राजाके हाथमें आ जानेपर उसका प्रभाव वहांकी देव-मण्डलीपर जो पड़ा, उसे ही हम मर्दुककी सर्वेश्वरता तथा सर्वदेव-मयतामें देखते हैं। इसीलिये बाबुली पुराणमें मिलता है—"निनिब् बलका कर्दुक है, नेर्गल युद्धका मर्दुक, एनिल् प्रभुताका मर्दुक।" मर्दुककी निम्न स्तुतिको देखनेसे मालूम हो जायगा कि उसकी कल्पनामें बाबुलके राजाकी कितनी नकल है—

"ईश्वर, देवताओंके शासक[1] द्यावा-पृथिवीके अकेले महान् राजा! आपने पृथिवीको सिरजा, मन्दिरोंकी प्रतिष्ठा की, और नामकरण किया। पिता! आप देवों मनुष्योंके जनक हैं. . .। महान् नेता! जिसकी रहस्यपूर्ण गहराईका पता किसी देवताको नहीं लगा।. . .पिता! (आप) सभी सत्त्वोंके स्रष्टा हैं।. . .शासक! आप ही हैं, जो कि द्यावा-पृथिवीके भाग्यके प्रेरक हैं, जिसका शासन अ-लंघ्य है, जो सर्दी-गर्मी प्रदान करता है, प्राणियोंपर राज्य करता है। कौन देवता है आपके जैसा दूसरा? द्यु (नक्षत्र) लोकमें कौन महान् है? सिर्फ आप ही। और पृथिवीमें कौन महान् है[2]? (आप ही)। जब देवलोकमें आपका शब्द प्रतिध्वनित होता है, तो इहीही (सुरगण) धरतीपर पड़ जाते हैं; जब वह पृथिवीपर प्रतिध्वनित होता है, तो अनुनाकी (भौम देव) धरतीको चूमते हैं।. . .

---

१ "प्राचीन प्राचीका इतिहास" (रूसी भाषा) प्रोफेसर तुरायेफ् (जिल्द १, पृष्ठ १२७)। २ फारसीका शाह और संस्कृत शास एक ही शब्द हैं।

ईश्वर ! पृथिवी और देवलोकके तुम्हारे राज्यमें तुम्हारे भाई देवताओंके बीच कोई ऐसा नहीं है, जो कि तुम्हारे समान हो।"[१]

(ii) **यूनान**—पुराने यूनानियोंकी सारी शासन तथा समाज-संबंधी व्यवस्थाएं एवं आचार-विचार उनके देवताओंमें मौजूद थे। जेउस् (द्यौः) देवताओंका देवपितर था, देमेतेर (द्विमातर ?) कृषिकी देवी हेर्मेस् व्यापारका देवता और हेलियोस् (सूर्य) उदार व्यवसायोंका अधिष्ठाता था। ईसा-पूर्व पांचवीं सदी अथेन्स (यूनानकी प्रधान नगरी)के वैभवका मध्याह्न काल था, अथेन्स दुनियाके व्यापारकी रानी थी और वहांका शासन व्यापारियोंके प्रजातन्त्रके हाथमें था, जिसमें स्त्री-पुरुषोंका क्रय-विक्रय कानूनन विहित ही नहीं, बल्कि अथेन्सके वैभवका बहुत दारमदार दास-प्रथापर था। इस ढांचेको धारण करनेके लिये धर्मकी कितनी जरूरत थी, यह उस समयके कवि सोफोकलकी इस सम्मतिसे मालूम होगा, जिसके अनुसार "सारा जगत ध्वस्त हो जायगा, यदि धर्म उठ गया; क्योंकि सभी आचार और राज्य संबंधी व्यवस्थाएं देवताओंकी इच्छापर निर्भर हैं"[२]। उस वक्तके शासनच्युत सामन्तवंशज तथा उनके अनुयायी यूनानकी तत्कालीन धर्म-व्यवस्थाका विरोध करते थे, क्योंकि इस विरोध द्वारा वह शासकवर्गका विरोध कर सकते थे। सुकरात देवताओंका विरोध करके यही कसूर कर रहा था, जिसके लिये अथेन्सके व्यापारी शासकोंने उसे जहरका प्याला पीनेके लिये मजबूर किया।

(iii) **प्राचीन-स्लाव**—रूसी, बुल्गार आदि जातियोंके पूर्वज—प्राचीन स्लाव लोगों—में देवकल्पना उनके अपने ही समाजकी प्रतिच्छायाके तौरपर देखी जाती है। पितृपूजा, जातीय देवताओं, गृह-देवताओं, व्यवसाय-

---

१ वहीं पृष्ठ १४४।

२ Geschiste des altertums (Edward Meyer Vol. IV, p. 140 में उद्धृत।

सम्बन्धी देवताओंकी पूजा उनके धर्मका स्वरूप था। योद्धा और व्यापारियों का इष्ट तथा बिजली (अशनि) का देवता पेरुन वैदिक इन्द्रकी भांति बहुत ऊंचा स्थान रखता था। उनके देवलोकके सभी बँगले मृतसामन्तों तथा उनके दरबारियोंके लिये रिजर्व थे। वहां पृथिवीके सामन्त-प्रासादोंकी भांति साधारण जनताको एक नजर झांकनेका भी अधिकार न था। हिन्दुओंके पुराणों तथा दूसरे धर्म-ग्रंथोंमें भी जो देवलोक मिलता है, उसमें भी इस बातका पूरा ध्यान दिया गया है। पीछे स्लाव लोगोंके पुराने धर्मकी जगहको जब ईसाई-धर्मने लिया, जिसके प्रचारमें स्लाव-सामन्तोंने बहुत उत्साह दिखाया और जिसके फलस्वरूप वह और उनके वंशजोंने पीछे जारकी शाहंशाहत कायम की। अब रूसी चर्च (धर्म)ने जारके दरबारपर ही अपनी देवावलीकी रचना की; जिसमें जार था ईश्वर, जारीना थी ईश्वरकी माता मरियम, सन्त निकोला जैसे सिद्ध पुरुष जारके दरबारी और मंत्री. . .. और सन्त मिखाईल (फरिश्ता) देव-सेनानी जारका कमान्डर-इन-चीफ था। रूसी भाषामें ईश्वरको गँस्पद कहते हैं और स्वामी (सर) को भी गँस्पदिन; भगवान्‌को बँग (संस्कृत, भग) कहते हैं और ऐश्वर्यको बँगस्त्व। संस्कृत तथा हिन्दू देवशास्त्रके जाननेवालोंको इसके लिये आश्चर्य करनेकी जरूरत नहीं, क्योंकि वैदिक आर्योंके सबसे नजदीकके युरोपीय भाई-बंध यही प्राचीन स्लाव थे, जिनके ही वंशज आजके रूसी हैं। पाणिनिके वक्त (४०० ई० पू०) ईश्वर शब्द राजाका वाचक था, गुप्तकाल (४००-६०० ई०) में तो राजाकी उपाधियोंमें "परमेश्वर" आम तौरसे ताम्रपत्रों और शिलालेखोंमें उत्कीर्ण पाया जाता है। ऐश्वर्य (ईश्वरता) तो आज भी देवलोक और मनुष्य लोकमें उसी अर्थमें विराज रहा है; भगको ऐश्वर्यके अर्थमें हमने धातुपाठमें पढ़ा ही है।

आदिम मानस-समाजके देवता मांस-रुधिर खाते, सुरा पीते, नाचते-गाते—सब कुछ मनुष्यकी तरह करते थे। यह ठीक भी है—"यदन्न पुरुषो

ह्यत्ति तदन्नं तस्य देवता ।"[१] यदि वैदिक कालमें आर्य लोग गायको मारकर उसके मांसको आगमें "स्वाहा" "स्वाहा" करते थे, तो वह उस गायको जिलानेके अभिप्रायसे नहीं, बल्कि अपने आहारको देवताओं तक पहुँचानेके लिये। अस्तु, देवता खाने-पीने, नाचने-गाने ही नहीं, सदाचार-दुराचारमें भी मानवकी ही प्रतिकृति थे और किसी जातिकी देव-गाथासे हम उसके तत्कालीन समाजका चित्र बहुत कुछ खींच सकते हैं। भारतमें इन्द्रके द्वारा गौतम ऋषिकी स्त्रीका सतीत्त्व-अपहरण एक प्रसिद्ध बात है, जिसमें जान पड़ता है, अहल्याका भी कुछ हाथ था, नहीं तो ऋषि उसे शाप न देते। इन्द्र हमारे लिये आज विस्मृत-सा देवता है; इसलिये इस दुराचारको वह महत्त्व नहीं दिया जाता; किन्तु हमें स्मरण रहना चाहिये कि जिस समयकी यह बात है, उस समय इन्द्र सर्वोपरि देवता—देवातिदेव—था; विष्णु और शिव ही नहीं ब्रह्माकी भी उस समय कोई पूछ नहीं थी। हमारे इन्द्र देवता तो अहल्याके ही जार भर बनकर रह गये, किन्तु, यूनानियोंके देवपितर—जेउसने तो गजब ढाया। वह गनिमेदे नामक एक बालकपर मुग्ध हो, उसके साथ अप्राकृतिक व्यभिचार करता था। उस वक्तके यूनानी भद्र समाजमें यह रोग बहुत बढ़ा हुआ था, जिसके छींटेसे बेचारा जेउस भी बच नहीं सका। आज भारतमें रामजी-कृष्णजीको भी वैसा बनानेकी चेष्टा, उसी दूषित मनोवृत्तिको प्रकट कर रही है।

व्यापारियोंकी प्रधानतामें देवशास्त्रमें एक कल्पनाका और आविष्कार हुआ; और यह है निराकार ईश्वर-कल्पना। इस कल्पनाके स्रोतको ढूंढ़ते हम सिक्केपर पहुँचते हैं। सिक्केके रूपमें एक सर्व-शक्तिमती सत्ता विराज रही है, जिससे मनोवांछित फल प्राप्त किया जा सकता है। इस टका-धर्मने आज राम-नामके बंक ही जारी नहीं किये; बल्कि खुद निराकार ईश्वरके खयालको दृढ़ करनेमें भी इसका सबसे बड़ा हाथ है।

---

१ "जो भोजन पुरुष खाता है वही उसका देवता भी"।—जातक १०९।

(iv) **भारत**—भारतके धर्म तथा देवताओंका खास तौरसे जिक्र करनेकी जरूरत नहीं; क्योंकि उनकी कुछ बातें पहिले आ गई हैं; सिर्फ देव-कल्पनामें परिवर्त्तन होनेके दो-एक दृष्टान्त दे देते हैं। बुद्धके वक्तमें राजतंत्र तथा प्रजातंत्र दोनों तरहके शासन मौजूद थे, जिनमें स्वयं प्रजातंत्रमें उत्पन्न तथा साम्यवादी जीवनके प्रशंसक होनेसे वह प्रजातंत्रवादके प्रति ज्यादा पक्षपात रखते थे। यह उस बातसे साफ हो जाती है, जो कि उन्होंने लिच्छवि प्रजातंत्रसे अनेक बार हारे, किन्तु फिरसे आक्रमणकी तैयारी करते मगधराज अजातशत्रुके मंत्रीके प्रश्नके उत्तरमें कही थी। यह वार्त्तालाप महा-परिनिर्वाण-सूत्रमें मौजूद है। इसमें बुद्धने लिच्छवियोंको अपराजेय कहना चाहा है—हां, कुछ शर्तोंके साथ। मानव-समाज और देव-समाज एक दूसरेसे कितना सादृश्य रखते थे, यह बुद्धके इस वाक्यसे भी मालूम होता है, जिसे कि "दूरसे ही लिच्छवियोंको आते" देखकर उन्होंने कहा था—[1]

"अवलोकन करो, भिक्षुओ! लिच्छवियोंकी परिषद्को। अवलोकन करो, भिक्षुओ! लिच्छवियोंकी परिषद्को। भिक्षुओ! लिच्छवि-परिषद्को त्रायस्त्रिंश (देव)-परिषद् समझो।"

उस वक्त लिच्छवि जिस भेष-भूषामें थे, उसके बारेमें वहीं कहा गया है—"सुन्दर यानोंपर आरूढ़. . .नीले=नीलवर्ण=नीलवस्त्र नील-अलंकारवाले. . .पीले=पीतवर्ण पीतवस्त्र पीत अलंकारवाले. . .लाल=लोहितवर्ण लोहितवस्त्र लोहितअलंकारवाले श्वेत=श्वेतवर्ण श्वेतवस्त्र श्वेत अलंकारवाले. . .।"[2]

हिन्दुओंमें इन्द्र, वरुण जैसे देवताओंके प्रभाव कम होनेका कारण सबसे बड़ा यह था कि इन देव-परिषदोंमें लोकतन्त्रता जरूरतसे ज्यादा थी, जिसके

---

१ देखो, "दीघ-निकाय" (हिन्दी) पृष्ठ २१३ तथा "बुद्धचर्या" पृष्ठ ५२०-४७।

२ वहीं पृष्ठ ५३५।

कारण हिन्दू निरंकुश शासक उसको पसंद नहीं कर सकते थे। पुरानी देवावली तथा पुराने प्रजातन्त्रोंके ध्वंसके बाद जब तीसरी-चौथी शताब्दी ईसवीमें भारशिव, गुप्त जैसे नये हिन्दू राजवंशोंके समय नये देवशास्त्रों—पुराणों—का निर्माण होने लगता है, तो बेचारे ऋग्वेद तथा कुछ तो उससे भी पहिलेसे चले आते देवता जाति-वहिष्कृत किये जाते हैं और उनकी जगह शिव (भारशिवोंके इष्ट) और विष्णु (गुप्तोंके इष्ट) देव सर्वेसर्वा बना दिये जाते हैं। इस नई व्यवस्थाकी पुष्टिके लिये यहां भी वैसी ही कथाएं गढ़ी जाती हैं, जिनका जिक्र हम बाबुलके मर्दुकके बारेमें कह आये हैं। हिन्दू-धर्मकी नींवमें यदि खोजकी खाइयां खोदकर देखें, तो वहां हमें बहुतसे देवता फोसीलके रूपमें मिलेंगे। इन देवताओंमें मणिभद्र यक्षकी करुण कहानी सुनकर किसके दिलमें चोट न पहुँचेगी। मणिभद्र बुद्धकालीन उत्तरी-भारतके अत्यन्त प्रतापी देवताओंमें था। अभी उस समय (५०० ई० पू०) तक शिव और विष्णु किसी गिनतीमें न थे। दक्षिणी युक्त-प्रान्तमें ईसा-पूर्व द्वितीय शताब्दीकी एक पाषाण-मूर्त्तिका आसन मिला है, जिसपर भगवान मणिभद्रका नाम खुदा है। फिर दण्डी (६०० ई०)ने दशकुमार-चरितमें मणिभद्र यक्षकी कन्याका जिक्र किया है—यक्ष कहनेसे नाक-भौं न सिकोड़िये, पालीमें इन्द्रको भी यक्ष कहा है और उससे पहिले उपनिषद्‌में भी यक्ष उसी अर्थमें व्यवहृत होता था। सबसे पीछे मणिभद्रका नाम नवीं-दसवीं सदीमें कलिंजरके राजाओंके समयमें लिखे नाटकोंमें मिलता है। दसवीं सदीके बाद भारतमें तो मणिभद्रका पता नहीं मिलता; हालांकि ल्हासा (तिब्बत)में मैंने साधुनियोंको गृहस्थोंकी रक्षाके लिये मणिभद्रकी गुहार करते देखा है।[1]

(४) **पूर्व और पश्चिममें धार्मिक प्रतिक्रिया**—कितने ही भारतीय

---

१ दीघ-निकायके "आटानाटिय-सुत्त" में ऐसे बहुतसे देवता मिलेंगे, जो बुद्धके समयमें जीवित थे; किन्तु आज मर गये, या निर्वासित हैं।

इस गलतीमें हैं कि उनका ही देश एकमात्र धर्मप्राण है और यूरोप सारा नास्तिक हो गया है—इस गलत धारणाको किपलिङ्ग और सर राधाकृष्णन् जैसे लेखक मजबूत करते हैं। सर राधाकृष्णन्का कहना है—[१]

"पश्चिमी सभ्यताकी मुख्य प्रवृत्ति है मानव और ईश्वरके बीच विरोध—वहां मानव ईश्वरकी प्रभुतासे मुकाबिला करता है, मानवताके लाभके लिये उसी ईश्वरसे **अग्नि** (शक्ति) चुराता है। भारतमें मानव भगवानकी उपज है।"

मानवकी उपज भगवान हैं, यह मुंहसे तब निकलता, जब कि पूरे वेदान्ती होते। दो नावोंपर चढ़ना इसीको कहते हैं। खैर, आगे सुनिये—

"भारतीय संस्कृति तथा सभ्यताकी सफलताका रहस्य है (उसका) अनुरादात्मक उदारवाद।"[२]

भारतीय सभ्यता और संस्कृतिने हिन्दुओंमेंसे एक-तिहाईको अछूत बनानेमें किस तरह सफलता पाई? किस तरह जाति-भेदको ब्रह्माके मुखसे निकली व्यवस्थापर आधारितकर जातीय एकताको कभी बनने नहीं दिया? किस तरह "सर्वश्रेष्ठ मानवको कपिला गाय और बानर हनूमान" के सामने घुटने टेकनेके लिये तैयार किया? किस तरह पाप दूर करनेके नामपर गोबर और गोमूत्र पिलाये? किस तरह पेशाब-पाखाना तकको भक्ष्य बना सिद्ध बननेका रास्ता साफ किया? किस तरह अपनी आधी संख्या—स्त्रियोंको मनुष्यके प्रारम्भिक अधिकारोंसे भी वंचितकर उन्हें पुरुषोंके पैरोंकी जूती बनाया? किस तरह चौदह सौ वर्षों तक सतीत्वके नामपर करोड़ों-करोड़ तरुण जीवनोंको आगमें जलाया? किस तरह सत्तर वर्षके बूढ़ोंको भी कलकी बच्चीसे शादी करनेकी खुली इजाजत दे, पांच वर्षकी विधवाको आजन्म वैधव्य पालन करना मनवाके छोड़ा? किस तरह उच्च

---

१ Indian Philosophy, Vol. II, p. 41.

२ The Conservative Liberalism—वहीं p. 46.

जातिवालोंके घर-घरमें वीसवीं सदीके बहुत पहलेसे गर्भस्राव तथा सन्तति-निग्रहका अद्भुत पाठ पढ़ाया ? किस तरह यह सब कुछ देखते भी मानवको "टुकटुक-दीदम् दम् न कशीदम्"के मोहन मन्त्रमें फंसा रखा ? किस तरह जाति—बहुजातिक जाति—की जातिको ऐसे लेपसे लेपा कि सभी बाहरी लेपके देखनेमें मगन हैं, कोई भीतरकी घनी कालिमाको देखना नहीं चाहता ? किस तरह उसने सदाचार दुराचारका इतना "वैज्ञानिक" विभाग किया, कि दोनोंकी सीमाएं एक दूसरेसे मिलने नहीं पातीं ?

यह सब "अनुरादात्मक उदारवाद"से है और इसलिये कि "भारतमें मानव भगवानकी उपज है"।

यह हम मानते हैं कि सर राधाकृष्णन् जैसे भक्तों और दार्शनिकोंने शताब्दियोंसे भारतकी ऐसी रेड़ मारी है, कि वह जिन्दासे मुर्दा ज्यादा है। उनके सम-व्यवसायियोंको इस सीमा तक पश्चिममें सफलता नहीं हुई, जिससे क्रान्तियां बीच-बीचमें आकर सफल होती रहीं और आजका यूरोप जहां दासता तथा सामन्तवादसे आगे पूंजीवादसे भी निकलकर समाजवादमें जा चुका है या जानेकी तैयारी कर रहा है, वहां भारतकी सात सौ गुड़ियां करोड़ों सजीव आदमियोंपर निरंकुश शासन जमाये रखनेका मंसूबा बांध रही हैं और हिन्दू भक्तों तथा दार्शनिक उनका नान्दी पढ़ रहे हैं। इतना होते भी यह समझना गलत होगा कि यूरोप ऐसे भक्तोंसे खाली है।

(ईश्वर)—ईश्वरके ही विचारको ले लीजिये, इतिहासकी प्रगति जिस तरह गलती करते-करते आगे बढ़ती है, उससे साफ है कि विश्वके पीछे कोई अतिमानुष चेतन-शक्ति नहीं, जो कि एक खास योजनाके अनुसार विश्वको एक खास रास्तेपर ले जाती है। भले इस दूसरे विश्व-युद्धके तीसरे वर्षमें धर्माचार्य लोग धर्मके प्रोपेगैंडाका मौका देखकर जब तब प्रार्थना-दिन मुकर्रर करते रहें, किन्तु जिस तरहकी मारकाट आज मची हुई है, वह किसी भी सहृदय सर्वशक्तिमान ईश्वरके जीवित रहते नहीं हो सकती। युद्धमें जो कुछ बीत रहा है, उसे देखते रहनेवाला ईश्वर या तो

नितान्त क्रूर है, अथवा बेबस; और ऐसे ईश्वरको मानने, उसकी स्तुति करनेसे उसकी ओर मुंह भी न फेरना अच्छा है।

वस्तुतः, जैसा कि पहले बतला चुके हैं, विश्व विरोधि-समागमसे गुणात्मक-परिवर्त्तन-द्वारा पहलेसे अनिश्चित दिशाकी ओर बढ़ता जा रहा है। इस परिवर्त्तनमें मनुष्यका भी भाग है, जो कि अपनी चेतना अपनी क्रिया शक्तिका इस्तेमाल करता विश्व-विकासमें सहायक बनता, तथा कितनी ही दूर तक कारण-सामग्रीपर नियंत्रण करनेमें सफल होता, उसके अनुसार परिणामकी दिशा तथा प्रायिकताको अपने अनुकूल रखनेमें सफल होता है। मानव एक समय ईश्वरके खयालसे इतना प्रभावित हुआ था, कि सब कुछ ईश्वरके हाथमें सौंप देना ही उसे ज्यादा बुद्धिमत्ताकी बात मालूम होती थी। लेकिन जब तर्क और बुद्धिकी मार पड़ी, तो भारतकी भांति मध्यकालीन यूरोप या भारतके ये तार्किक हर एक कार्यके पीछे एक कारणको ढूंढ़ते और कारणोंकी बे-अन्त परंपराको माननेकी जगह वह परम-कारण—ईश्वर—पर जाकर रुक जाते थे। यदि कोई उसके पीछे भी कारणको पूछता, तो गार्गीको जैसे याज्ञवल्क्यने ऐसे प्रश्नपर सिर गिर जानेकी धमकी देकर रोका, उस तरहकी तो नहीं, किन्तु कोई वैसा ही तार्किक बहाना जरूर ढूंढ़ लेते थे। लेकिन हमने पहले बतलाया कि कोई कार्य सिर्फ एक कारणसे नहीं होता, बल्कि उसके पीछे कारण-सामग्री (कारण-समुदाय) रहता है, ऐसी अवस्थामें कार्य-कारण नियमसे किसी एक कारण-पर नहीं, बल्कि कारण-सामग्रीपर पहुँच सकते हैं; फिर ईश्वरके सिद्ध होनेकी कहां सम्भावना है?

करनी-कथनीके एक होनेकी बात हम पहले कह आये हैं। दुनियामें ऐसे विद्वान् काफी मिलेंगे जो ज्ञानमें पण्डित हैं, किन्तु उनकी करनी—सब नहीं तो कितने ही—का ज्ञानसे कोई संबंध नहीं। मेरे मित्र डा० का० प्र० जायसवाल बड़े ही गम्भीरप्रज्ञ थे, और इतिहासके तत्त्वदर्शी होनेसे ईश्वरपर उनका विश्वास नहीं रह गया था; किन्तु फलित ज्योतिषपर उनका पूरा

विश्वास था और ज्योतिषियोंका उनके यहां बहुत मान था। बात करनेपर वह मानते थे कि एक समाजवादी समाजमें—जहां कि बाल-बच्चोंकी शिक्षा या ब्याह तथा अपने या स्त्रीको बेकार-बीमार होनेकी दयनीय-दशामें नहीं पड़ना है—फलित-ज्योतिषकी पूछ जाती रहेगी। जायसवालजीकी एक ओर वह तार्किक स्वतन्त्र प्रतिभा जिसने कितनी ही इतिहासकी उलझी गुत्थियोंको सुलझाया, वही इस फलित ज्योतिषके बारेमें इतनी कच्ची निकली; यह देखकर काफी सावधान रहनेकी जरूरत है। वर्त्तमान शताब्दीके शुरूमें मौजूदा फ्रांसका प्रसिद्ध गणितज्ञ एमिल फ्लिमोरियन भी हस्तरेखा आदि मिथ्याविश्वासोंका शिकार था और साइंसके नोबेल पुरस्कार विजेता सर आलिवर लॉज पुत्र-वियोगसे इतने परेशान हुए कि प्रेत-विद्या—मृतात्माओंसे बातचीत करने—के फन्देमें गड़ाप होनेसे बाज नहीं आये। यही हालत पाली-बौद्धधर्मकी प्रसिद्ध पंडिता मिसेज रीस डेविसकी हुई,—पिछले युद्धमें उनका लड़का मारा गया, जिसपर वह प्रेत-विद्याके पीछे इतना पड़ीं कि अपने विद्या-सम्बन्धी कार्यों और पुरानी पुस्तकोंके सम्पादन तकमें प्रेतोंकी सहायता लेनेसे बाज नहीं आईं।

एक तरफकी पंडिताई और दूसरी तरफ चिराग तले अंधेरेके ऐसे उदाहरण सैकड़ों बतलाये जा सकते हैं। गुरुत्वाकर्षणका आविष्कारक सर आइजक न्यूटन (१६४२-१७२७ई०) एक युग-प्रवर्त्तक विद्वान् था, इसमें सन्देह नहीं; गणित तथा यंत्र-शास्त्रकी पंडिताईसे वह गुरुत्वाकर्षण सिद्धान्तपर पहुँचा। न्यूटन अपनी विद्यासे एक ओर विश्वके नियमोंको समझाकर मनुष्यको अपना मालिक बनाना चाहता था, वही न्यूटन दूसरी ओर बाइबलके पैगम्बर दानियलकी भविष्यद्वाणियोंपर भारी मत्था-पच्ची कर रहा था कि कब वह भविष्यद्वाणियां पूरी होने जा रही हैं।

दुनियामें ऐसे विरोधि-समागमोंको देखकर हमें कितना सावधान रहनेकी जरूरत है, इसे आप खुद समझ सकते हैं; खासकर ऐसे आदमियोंसे जो कालेज और प्रयोगशालामें तो होश-हवास-दुरुस्तसे मालूम होते हैं, किन्तु

जो शुक्र, रवि या सोमके—सोमवार काशी विश्वनाथकी पूजाका दिन है—दौरेमें न जाने क्या कर बैठें, इसका ठिकाना नहीं है। ऐसे लोग एक पैरमें तो बीसवीं सदीमें हैं, किन्तु उनका दूसरा पैर बीते युगमें अब भी अपनेको स्थिर समझता है। यह लोग नहीं समझते कि अतीतके मूढ़ विश्वासोंका समर्थनकर वह उस समाजका समर्थन कर रहे हैं, जिसका अवशेष अब भी बहुत काफी परिमाणमें भारतमें है और उसकी वजहसे भारतीयोंकी भारी संख्या शोषण, परतन्त्रता तथा सामाजिक पिछड़ेपनके दलदलमें फँसकर मनुष्यताकी अधिकारिणी नहीं रह गई। इंग्लैंडके नई पीढ़ीके एक प्रतिभाशाली प्रोफेसरका कहना है।[१]—

"वैज्ञानिक विचारोंके (कुछ) नेता (हैं) जो कि ऐसे वैज्ञानिक साधन पैदा कर रहे हैं, जिनकी सहायतासे ऐसा समाज तैयार किया जा सकता है, जिसमें आखिरकार, मानव प्रकृतिको समझके साथ बौद्धिक तरीकेसे इस्तेमाल कर (बेहतर दुनिया बना)सकता है—(किन्तु वह ऐसा न कर उससे उलटे पथपर ले जानेके लिये हैं), साइंससे पहिलेवाले युगके दर्शनके शब्दोंमें यह करनेके लिये उतावले हैं कि सभी (जग) झूठी माया है, अ-बुद्धिही विजयी है, प्रकृतिका मूलाधार अ-वास्तविकता है। साइंस जगतमें उनका जो महत्त्वपूर्ण स्थान है, उसकी सहायतासे हमें विश्वास दिलाना चाहते हैं, कि जगत एक गणितात्मक ईश्वरके मनमें अ-बुद्धि-तत्त्व (माया) की प्रतीक मात्र है। हम लोगोंमेंसे जो सामाजिक (कर्त्तव्यकी) चेतना रखनेवाले लोग हैं और जो मानवकी साइंस-संबंधी सफलताओंके द्वारा दरिद्रताकी वास्तविक तथा साकार यातनाओं, बेकारी, तथा विश्वव्यापी युद्धकी तैयारीको दूर करनेकी आशा रखते हैं, उनके लिये (बूढ़े साइंस-वेत्ताओंकी यह हरकतें) असह्य थीं; और इस ललकारकी उपेक्षा नहीं की जा सकती थी।"

---

१ A Philosophy for A Modern Man (by H. Levy, London, 1938) p. 155.

सर राधाकृष्णन् जैसे लोग भी भारतमें शोषणके पोषणके लिये वही काम कर रहे हैं, जो कि इंग्लैंडमें वहां के शोषक प्रभुवर्गके स्वार्थोकी रक्षामें सर आर्थर एडिंग्टन जैसे वैज्ञानिकोंका रहा है और पूर्व-पश्चिम दोनोंके इस तरहके लोगोंके सामने यूनानी कवि सोफोकल (ई० पू० पांचवी सदी)-के ये वाक्य सदा रहने चाहिये—"सारा जगत ध्वस्त हो जायेगा, यदि धर्म उठ गया; क्योंकि आचार और राज्य-संबंधी व्यवस्थाएं देवताओंकी इच्छा-पर निर्भर हैं।"

(५) **जीव अजर-अमर**—जीव शरीरसे अलग एक अजर-अमर तत्त्व है, इस कल्पनाको भारतमें बहुतसे लोग स्वयं सिद्ध समझते हैं। आरण्यक पुरुष तथा बौद्धिक विकासमें पिछड़ी जातियां जीवको शरीरसे भिन्न नहीं समझतीं। तिब्बतके खानाबदोशों तथा मध्यदेशके जंगलवासियोंके फोटो लेनेका जिनको तजरबा है, वह बतलायेंगे कि फोटो 'देने'के लिये ये लोग राजी नहीं होते। उनका खयाल है, फोटो जो बिलकुल शरीर जैसा होता है, उसमें अपने शरीर (आत्मा) का कुछ भाग जरूर चला जाता है, जिससे आयु कम हो जाती है। जीवके अजर-अमर होनेका खयाल सबसे पहिले प्राचीन मिस्रमें दिखलाई पड़ता है, जिसका यह मतलब नहीं कि और जगह दूसरी जातियोंमें यह खयाल मिस्र हीसे गया।—वैसी परिस्थितियोंमें दूसरी जगह भी वह खयाल पैदा हो सकता है। मिस्रमें भी राजाओंसे इसका आरम्भ मालूम होता है। फर्वा (मिस्री राजा)के शवोंको सुरक्षित रखनेके लिये जितना आयोजन मिस्रमें किया गया, उतना कहीं भी नहीं देखा जाता। मृत शरीरको सड़नेसे बचानेके लिये मिस्रियोंने ऐसे मसाले ढूंढ़ निकाले, जिनकी वजहसे चार-चार हजार वर्षकी सुरक्षित मम्मियां (शव) वहांसे मिली हैं। शवोंके रखनेके लिये उन्होंने चौपहलू श्रृङ्गवाले वे विशाल पाषाण पिरामिड बनाये, जो आज भी दुनियाके आश्चर्योंमें गिने जाते हैं। इन पिरामिडोंके बनानेके लिये देश की सम्पत्ति या श्रमका सबसे बड़ा भाग खर्च किया जाता था। इसके लिये दास-दासियों तथा साधारण प्रजाको

किस तरहका जीवन बिताना पड़ता रहा होगा, इसे आप खुद अनुमान कर सकते हैं। पुराने मिस्री अभी आत्माको पूरी तौरपर शरीरसे अलग नहीं कर पाये थे, इसलिये उन्हें जहां (जीव), उसकी छाया तथा नामको अजर-अमर करनेकी फिक्र थी, वहां शरीरको भी सुरक्षित रखना पड़ता था।

प्राचीन यूरोपीय तथा हिन्दुओंको आत्माके शरीरसे अलग होनेपर ज्यादा विश्वास हुआ, इसलिये उन्होंने शरीरको बेकार समझ उसे जला डालनेकी प्रथा जारी की; किन्तु बहुत पुराने जमानेमें इसका आरम्भ भूनकर खानेमें भी हो सकता है। बिना मसालेवाले शवको कब्रमें दबानेवाली जातियां इस विचारसे प्रेरित हुईं कि कयामतके दिन सड़-गल गये मुर्दे भी जिन्दा हो उठेंगे।

अफलातूं आत्माके तीन भाग मानता था—(१) बौद्धिक भाग जिसका प्राकटय बुद्धि है, (२) आध्यात्मिक भाग, जिसका प्राकटय बहादुरी, हिम्मत आदि है, जिनसे बुद्धिका संबंध नहीं; (३) औदारिक या स्थूल भाग—लोभ द्वेष आदिका संबंध इस भागसे है। अफलातूंने इन तीनों आत्म-विभागोंकी क्रमशः मानव, सिंह तथा बहुशीर्ष राक्षससे उपमा दी है।

अफलातूंके समय (४२७-३४७ ई० पू०)के आसपास ही माण्डूक्य-उपनिषद् लिखते वक्त उसके कर्त्ताने भी जीवके तीन स्वरूप माने—(१) जागृत अवस्थामें स्थूल आहार करनेवाला वैश्वानर; (२) स्वप्न अवस्थामें तैजस, और (३) सुषुप्त (गाढ़ निद्रा) अवस्थामें आनन्द-भोजी प्राज्ञ।

फ्रॉयडने भी अफलातूंसे प्रभावित हो आत्माके तीन रूप बतलाये हैं—(१) इड् अबौद्धिक बेहोश-सा आत्मा, जिसका सम्बन्ध शारीरिक तृष्णा या भोग-लिप्सासे है; (२) इगो (अहं) या आत्माका पूर्णतया सचेतन अंश, जो कि बहुत कुछ बुद्धि-युक्त है; यही शरीर और बाहरी जगतसे सम्बन्ध कराता है; (३) परम-इगो (परम-अहंकार), जो कि बहुत कुछ निश् (-क्रिय) चेतन अन्तस्तम स्तर है, जिसके भीतर युगोंकी अनुभूति और संस्कार निहित हैं।

इनके अतिरिक्त और भी कितने ही आत्मा-सम्बन्धी मत हैं जिनमें कुछ (हिन्दू) आत्माको अनादि-अनन्त मानते हैं; कुछ (इस्लाम तथा दूसरे सामीय धर्म) सादि अनन्त मानते हैं; कितने ही प्रत्येक आत्मा (जीव)को न्याय-दर्शनकी भांति सर्वव्यापी मानते हैं; कितने ही बादरायण, रामानुज और दयानन्दकी भांति अणु एकदेशीय, कितने ही जैनोंकी भांति हाथीके शरीरमें हाथीके बराबरका आत्मा और चींटीके शरीरमें चींटीके बराबर बन जानेवाला आत्मा मानते हैं। कुछ बौद्ध जैसे दार्शनिक आत्माको नहीं मानते तथा अपनेको अनात्मवादी घोषित करते हैं, तो भी एक तरहके जन्मान्तर या परलोकको स्वीकार करते हैं।

हम अपने दूसरे ग्रन्थ[1]में बतला चुके हैं कि किस तरह भारतके सामन्त शासकोंने दुनियामें विद्यमान दरिद्रता, विषमता, शोषण-शोषितके भेद तथा अपने प्रभुत्त्वको कायम रखनेके लिये वैदिक परलोकको पर्याप्त न समझ शोषित जनताके लिये पुनर्जन्मके फन्देको तैयार किया और उपनिषद्के ऋषियों तथा बादके धर्माचार्योंने उसे मजबूत किया। आज तो कितनी ही जगहोंपर पूर्वजन्मकी याद रखनेवाले बालकोंकी जबर्दस्त प्रदर्शनियां भी की गई हैं—और क्यों न हो, पूर्व जन्मकी कमाईके नामसे मुफ्तकी मिली सम्पत्ति और प्रभुताके औचित्यको सिद्ध करनेका इतना बड़ा हथियार कैसे छोड़ा जा सकता है? कितनों हीने तो इसे आमदनीका अच्छा जरिया समझा है। इनके अतिरिक्त कभी-कभी ऐसी घटनाएं भी हो सकती हैं, जिनके वैज्ञानिक विश्लेषण न होनेसे भी कुछका अर्थ लगाया जाने लगता है। मेरे एक दोस्तकी स्त्री अपनी एक लड़कीके बारेमें कह रही थीं कि वह छुटपनमें अपनेसे कुछ पहले मर गये भाईकी बातें बतलाती थी। उनके घरमें लड़कियां कई थीं; किन्तु लड़का एक ही हुआ था, जो कि कुछ वर्षोंका ही होकर मर गया। मैंने पूछा—बच्चीके गर्भमें रहते वक्त आपको क्या

---

१ "वोल्गासे गंगा" प्रवाहण कहानी।

वह बच्चा याद आता था। उन्होंने कहा—याद ? मेरी तो बड़ी साध ही थी कि बेटा पैदा हो। यह नई समस्या है—गर्भावस्था, गर्भाधानकी अवस्थामें क्रोमोसोममें अवस्थित जेनस (जनक-बीज)में क्या कोई इस तरहका संस्कार पैदा किया जा सकता है ? आनुवंशिकताके वाहक यही जेनस हैं। अभी इनके सम्बन्धकी गवेषणा पिछले बीस सालोंसे होने लगी है। वैज्ञानिकोंको इन अन्वेषणोंमें कितनी कठिनाई उठानी पड़ रही है, मानव वीर्य-कीट और रज-अंडके नाभि—कणमें अवस्थित क्रोमोसोम तथा जेनस (जनक-बीज)के इस परिमाणसे जान सकते हैं—

	व्यास	भार
क्रोमोसोम	१/६००० इंच	. . .
जनक-बीज	. . .	४ परमाणु
परमाणु (साधारण)	१/१० करोड़ इंच	१/५ लाख-लाख अरब तोला

यह भी खयाल रखनेकी बात है, कि पूर्वजन्मकी स्मृति रखनेवाले लड़के सिर्फ उन्हीं घरोंमें पैदा होते "पाये जाते" हैं, जिनके यहां पुनर्जन्मका विश्वास बहुत जबर्दस्त है।

पुनर्जन्मके बारेमें तो बहुतसे मजहब सहमत नहीं हैं, किन्तु नित्य आत्माकी सत्ताको अधिकांश ही स्वीकार करते हैं; हां, आत्माके लिये सबकी परिभाषा एक नहीं है। यह एकता सिर्फ यही बतलाती है कि सबका आधार और उद्देश्य एक हैं, और वह है ठोस साकार दुनिया और उसके जीवन तथा सामाजिक अन्यायसे लोगोंके ध्यानको हटाना, एवं आत्मा और शरीरके उदाहरणसे वर्गभेद को समाजमें कायम रखना। इसलिये साइंस-वेत्ता हल्डेनके शब्दोंमें हमें सावधान रहना चाहिये।—

१ The Marxist Philosophy and the Sciences, p. 130.

"जिनको आत्माकी अमरता पर विश्वास है, वह भी स्वीकार करेंगे कि इस सिद्धान्तके मरने और जीते रहनेपर अत्यन्त शक्तिशाली (वर्ग-) स्वार्थोंका मरना-जीना निर्भर है और इस सिद्धांतका विश्वास ज्यादातर भावुकता तथा सामाजिक दबावका परिणाम है।"

ख—आचार-विचार

वैज्ञानिक भौतिकवादियोंपर "धर्मात्माओं"की ओरसे आक्षेप होता है कि ये लोग आचारके शत्रु हैं, इसके उत्तरमें लेनिनने लिखा है—[1]

"आमतौरसे पूंजीपति कहते हैं कि कमूनिस्त सभी (तरहके) सदाचारोंको नहीं मानते। यह असली बातको घचपचमें डाल देनेका उनका तरीका है, जिससे वह मजदूरों तथा किसानोंकी आंखोंमें धूल डालना चाहते हैं। किस अर्थमें हम आचार-नियमसे इनकार करते हैं? इसी अर्थमें कि ये आचार-नियम भगवान्‌के विधान हैं।"

१—आचार-विचार परिवर्त्तनशील

वैज्ञानिक भौतिकवादके दार्शनिक विचारोंसे अनुप्राणित समाजवादी आन्दोलन, आराम-कुर्सीपर बैठकर लेक्चर झाड़नेवाले वाक्शूर राजनीतिज्ञोंकी राजनीति नहीं है; इसमें पड़नेवालोंको आगसे खेलना होता है; फिर वहां आचारहीन पुरुषकी टांग कैसे ठहर सकती है? वर्ग-संघर्ष एक ऐसी भट्ठी है, जिसमें वह आदमी टिक नहीं सकता, जिसमें जबर्दस्त नैतिक बल नहीं है। लाखोंकी तादादमें जो कमूनिस्त हंसते-हंसते स्पेन, फ्रांस, और रूसमें फासिस्तोंकी गोलियोंके शिकार हुए; उन्हें आचारहीन कहनेवाले कौन हैं, जरा उनके चेहरेको देखिये तो। निर्लज्जताकी आखिर

---

१ Lenin : On Religion.

हद भी कोई है ! ये हिजड़े, कायर, लंपट, पतित, सब तरहकी ईमानदारीसे रहित, नीच, स्वार्थी, मानवताके कलंक उन कमूनिस्तोंपर हमला करने चले हैं, जो जगतमें स्वार्थ और लोभकी जगह मानवताकी बेलको अपने खूनसे सींचकर लगा रहे हैं; जिनकी कुर्बानियों और बहादुरीके कारनामोंसे इतिहासके सबसे सुन्दर पृष्ठ लिखे जा रहे हैं।

कमूनिस्त सचमुच ऐसे सदाचारको माननेके लिये बिलकुल तैयार नहीं, जिसकी मंशा कुछ व्यक्तियोंकी स्वार्थ-सिद्धि है। उनके सदाचारकी नींव किसी ईश्वरीय विधान या अल्हामपर नहीं, बल्कि बुद्धके शब्दोंमें "बहुजनहिताय बहुजनसुखाय" है। समाजके स्वार्थको वह व्यक्तिके स्वार्थके ऊपर मानते हैं। वह चाहते हैं, व्यक्ति खुशीसे अपने तात्कालिक सुख और जीवन तकको भी वर्ग-संघर्ष, क्रान्ति तथा नये संसारके निर्माणके लिये त्याग करे। समाजवादी सदाचार इसी बेहतर दुनियाकी स्थापनाके लिये विरोधियोंके मुकाबिलेमें किये जानेवाले वर्ग-संघर्षके समय प्रकट होता है और उसकी पूर्णता समाजवादी समाजकी स्थापना होनेपर होती है।

२—प्राचीन भारतमें यौन सदाचार

धर्मात्मा लोग जिस वक्त सदाचारकी बात करते हैं, उस वक्त उनके खयालमें रहता है कि सदाचार एक ऐसा अचल-अटल विधान है, जो कि सभी देश-कालमें एक-सा बना रहता है; किन्तु यह धारणा बिलकुल गलत है। उत्तरी भारतमें मामा-फूफीकी लड़की सगी बहिनके समान मानी जाती हैं, जब कि उड़ीसा और गुजरातसे दक्खिन, उन्हें ब्याहनेका हक सबसे पहले ममेरे फुफेरे-भाईका होता है। और प्राचीन भारतके सदाचारको चाहते हैं, तो पुरानी पुस्तकोंको उलटकर देखिये; मैंने इनके बारेमें अन्यत्र[१] काफी लिखा है, यहां उससे कुछ पंक्तियां उद्धृत करता हूं—

"नदी पार होते-होते पराशरका सत्यवती (मल्लाहपुत्री)के साथ

१ "मानव समाज" ८८-९६।

समागम प्रसिद्ध है"[१]। यद्यपि यहां ग्रंथकारने पराशरकी दिव्यशक्तिसे कोहरा पैदाकर लज्जा ढांकनेकी कोशिश की है; किन्तु उत्तथ्यपुत्र[२] दीर्घतमा—ऋग्वेदके कितने ही सूक्तोंके कर्त्ता तथा पीछे गोतम नामसे प्रसिद्ध गौतम-गोत्रियोंके प्रथम पूर्वज—ने लोगोंके सामने ही स्त्री समागम किया।

"उस पुराने युगमें ऋतुकालके अवसरपर स्त्री किसी पुरुषसे रतिकी भिक्षा मांग सकती थी। शर्मिष्ठाने इसी तरह ययातिसे रति-भिक्षा मांगी[३] थी। यही नहीं, ऐसी भिक्षाका देना न स्वीकार करनेपर गर्भपातके समान पाप होता है, यह भी वहीं[४] बतलाया गया है।. . . .उलूपीने भी अर्जुनसे रति-भिक्षा मांगते हुए कहा था कि स्त्रीकी प्रार्थनापर एक रातका समागम अधर्म नहीं।[५] उत्तंकने ऋतुशान्तिके लिये अपनी गुरु-स्त्रीके साथ गमन किया और उसे बुरा नहीं समझा गया[६]। चन्द्रमाने अपने गुरु बृहस्पतिकी भार्या ताराके साथ रतिकी, जिससे बुध पुत्र हुआ। गौतमकी पत्नी अहल्याका इन्द्रके साथ संबंध प्रसिद्ध है; किन्तु गौतमने अपनी पत्नीको सदाके लिये त्याज्य (तिलाकके योग्य) नहीं बनाया।. . ..

"महाभारत कालमें विवाह-बंधन कितना शिथिल था, इसके कितने ही उदाहरण तो कुमारी कन्याओंसे प्रतिष्ठित पुत्र (कानीन) हैं। पांडवोंकी मां कुन्ती जब कुमारी थी, तभी उससे कर्ण पैदा हुआ था। कुमारी गंगासे शान्तनुने भीष्मको पैदा किया था। पराशरने कुमारी सत्यवती (मल्लाह-पुत्री) से व्यासको पैदा किया था, पीछे यही सत्यवती शान्तनुकी रानी बनी। कुन्तीकी सौत माद्रीकी जन्मभूमि मद्रप्रदेश (वर्त्तमान स्यालकोटके आसपासके जिले) के उन्मुक्त स्त्री-पुरुष संबंधकी कर्णने बड़ी कड़ी आलोचना की है। . . . .मद्रदेशमें पिता, पुत्र, माता, सास, ससुर, मामा, जमाई, बेटी, भाई, पाहुना, दास, दासीका यौन-सम्मिश्रण बहुत ज्यादा था। वहांकी स्त्रियां

---

१ महाभारत, आदिपर्व ६३। २ वहीं १०। ३ वहीं ८२।
४ वहीं ६३। ५ अनुशासन पर्व १०२। ६ वहीं ३।

स्वेच्छापूर्वक पुरुष-सहवास करतीं। अपरिचितके साथ भी प्रेमके गीत गातीं।[1] गंधारियोंकी भांति माद्रियां भी शराब पीतीं, नाचतीं। वहां वैवाहिक संबंध नियत न था, स्त्रियां मनमाना पति करतीं। एक स्त्रीके कई पतिका उदाहरण प्रातःस्मरणीय पंच-कन्यायोंमें एक द्रौपदी हमारे सामने मौजूद है।

"बहिन, बेटी-पोतीके साथके ब्याहके भी कितने ही उदाहरण हमें इन पुराने ग्रंथोंमें मिलते हैं। इक्ष्वाकुके निर्वासित कुमारोंने अपनी बहिनोंसे ब्याहकर शाक्यवंशकी नींव डाली[1]—इस तरहका ब्याह स्यामके राजवंशमें अब भी मौजूद हैं। दशरथ जातकके अनुसार सीता रामकी बहिन और भार्या दोनों थीं। ब्रह्माकी अपनी पुत्री सरस्वतीपर आसक्ति पुराण-प्रसिद्ध है। ब्रह्माके पुत्र दक्षकी कन्याने अपने दादा (ब्रह्मा)से ब्याह किया था। बिना ब्याहके स्त्री-पुरुषोंका जिस तरहका उन्मुक्त संबंध था, उसे देखते कोई कह नहीं सकता कि यौन सदाचार भारतमें सब देश-कालमें एक-सा चला आया है। जो बात भारतके बारेमें है, वही दुनियाके दूसरे मुल्कोंपर भी लागू है।

यौन ही नहीं सभी प्रकारके सदाचार बराबर बदलते रहते हैं। एन्गेल्स-ने इसी बातकी ओर ध्यान दिलाते हुए लिखा है—

"यदि सच-झूठके संबंधमें हमने बहुत तरक्की नहीं की, तो भलाई-बुराईके बारेमें तो हम और भी पीछे रहे। भलाई-बुराईका खयाल एक जातिसे दूसरी जाति, एक कालसे दूसरे कालमें इतना बदला है कि अक्सर वह एक-दूसरेसे बिलकुल उलटा है।"

अथेन्सका न्याय वही नहीं था, जो कि आजके इंग्लैंड या भारतका है। याज्ञवल्क्यकी भांति सुकरातके श्रोता भी दासताको अन्याययुक्त नहीं समझते थे। बीसवीं सदीके भारतमें कितनी ही बातें न्यायानुमोदित हैं,

---

१ बुद्धचर्या।

जिन्हें २२ वीं सदीका भारत अन्याय नहीं समझेगा और आज भी जिसे सोवियत्-भूमिमें अन्याय समझा जाता है।

३—हमारा और पूंजीवादी सदाचार

इसीलिये वैज्ञानिक भौतिकवादी "किसी तरहके सदाचार-सम्बन्धी मतवादको नित्य, अन्तिम तथा अटल माननेसे साफ इनकार करते हैं।" खासकर, जब वह देखते हैं कि हरएक सदाचारके पीछे शोषकवर्गका स्वार्थ छिपा हुआ है।

वैज्ञानिक भौतिकवाद किसी अटल नित्य सदाचारके माननेसे इनकार करता है, उसका अर्थ यह नहीं कि वह किसी प्रकारके सदाचारको नहीं मानता। आज भी वह क्रान्तिकारियोंके सदाचारोंको मान रहा है, जिनके बिना किसी उच्च आदर्शको पूर्ण नहीं किया जा सकता। वह जिन शोषक-शोषित वर्गोंसे हीन समाजको कायम करनेमें लगा हुआ है, उसमें वैयक्तिक सम्पत्तिकी कोई गुंजाइश नहीं रहेगी। जिसका आवश्यक परिणाम यह होगा कि वेश्यावृत्ति—दुनियाके सबसे पुराने धर्मानुमोदित व्यवसाय—का नाम तक सुननेमें नहीं आयेगा। साथ ही जिसे हम आजका परिवार मानते हैं, उसके लिये भी गुन्जाइश नहीं रहेगी। साम्यवादी परिवार ग्राम और देशव्यापी होगा, जिसमें हमारापन बहुत विस्तृत क्षेत्रमें लागू होगा। स्त्री आज भार्या=खाना-कपड़ा देकर पोसी जानेवाली समझी जाती है; साम्यवादी समाजमें कोई स्त्री किसी पुरुषकी—अपने पतिकी भी—कमाई खानेवाली नहीं मिलेगी। दोनों आर्थिक तौरसे भी पूर्ण समान होंगे; इसलिये आज परिवारके नामपर हम जो कुछ देख रहे हैं, उसमें कितने अंशका पता नहीं रहेगा, इसका आप खुद अनुमान कर सकते हैं।

वैज्ञानिक भौतिकवादी वैयक्तिक सम्पत्तिको नहीं रखना चाहते; किन्तु इसका अर्थ यह नहीं कि वह चोरीको, वैयक्तिक सम्पत्ति उठानेका साधन

रखते हैं। "ऋणं कृत्वा घृतं पिवेत्"की भावना तो उनमें ही हो सकती है, जो कि वैयक्तिक सम्पत्तिको कायम रखना चाहते हैं।

और सत्य भाषण ! वैयक्तिक सम्पत्तिने चोरीको पैदा किया—बुद्धने अपने एक उपदेशमें[1] बड़ी सुन्दर रीतिसे बतलाया है कि कैसे वैयक्तिक सम्पत्ति आई और फिर वही मार-काटका कारण बनी। इस बातमें बुद्ध गांधीसे बहुत आगे बढ़े हुए थे, जो कि राजकोटके लाख तजरबे के बाद भी संरक्षताके सिद्धान्तको छोड़नेके लिये तैयार नहीं हुए। उसी वैयक्तिक सम्पत्तिने आदमीको झूठ बोलनेके लिये मजबूर किया। सभ्यतामें ही आदमी जितने ज्यादा दीक्षित होते जाते हैं, उतने ही वह झूठे फरेबमें बढ़ते जाते हैं, इसे साबित करने की जरूरत नहीं। जंगली जातियों तथा सीधे-सादे पहाड़ी लोगोंमें आप झूठ बहुत कम पायेंगे। सभ्यतासे हमारा मतलब वैयक्तिक सम्पत्तिके भावसे भरी हुई सभ्यतासे है, जिससे ऊपर उठकर हम 'मानवता'की अवस्थामें पहुँचना चाहते हैं।

फिर पूंजीवादी आचारोंकी सूची पुराने आचारों तक ही समाप्त नहीं हो जाती है। भोजमें अमुक रंग-ढंगकी पोशाक पहनकर जाना चाहिये, नाचमें अमुक तरहकी। दरबारमें चूड़ीदार पायजामा होना चाहिये या फैले पांवका, शेरवानी होनी चाहिये या पारसी कोट—यह सभी वर्त्तमान पूंजीवादी वर्ग द्वारा समाजपर लागू किये आचार हैं। इन आचारोंका यदि सम्बन्ध सिर्फ काट-छांट तक ही रहता, तो कोई वैसी बात न थी; किन्तु इनका मतलब है, अपने वर्गको शोषितोंसे अलगकर वर्ग-संगठनको मजबूत करना। वैसे पूंजीवादी दोष देते हैं, साम्यवादियोंपर, कि वह वर्गभेद फैलाते हैं; लेकिन आप समाजके भीतर पूंजीवादियों—सामन्तोंको भी ले लीजिये—की रहन-सहन तथा बर्त्तावको देखें तो पता लगेगा कि अपने

---

१ देखो "मानव-समाज" पृष्ठ ५५-५९ तथा "दीघ-निकाय" पृष्ठ २४२-४४।

खर्चीले खान-पान रहन-सहनसे उन्होंने अपनेको ऐसा बना लिया है कि साधारण मजदूर-किसान उनसे मिल ही नहीं सकते। वर्ग-भेद जिनका बनाया और मजबूत किया हुआ है, वही बूटकी ठोकरें भी लगा रहे हैं। साम्यवादियोंने इन ठोकरोंके लगानेका परामर्श पूजीपतियों या सामन्तोंको कभी नहीं दिया। यदि उनका कोई अपराध है, तो यही कि जो बूट तुम्हें ठोकरें लगाते हैं, उन्हें चाटना छोड़ ही न दो, बल्कि "जैसा देवता वैसा अच्छत" की नीति स्वीकार करो। इसका अर्थ लगाया जाता है वर्ग-विद्वेष फैलाना। हिंसा और पशुबलके बलपर शताब्दियोंसे जिन लोगोंने मनुष्य के शोषण और गुलामीको कायम रखा है, जरा भी सांस लेनेकी कोशिशको, जो अपने उसी बलसे दबाना चाहते हैं, उससे बचनेके लिये जो कुछ भी किया जाय, उसे वह हिंसाका नाम देते हैं—इसे कहते हैं—"उलटा चोर कोतवालको दंडे।"

४—समाज-हित सदाचारकी कसौटी

वैज्ञानिक भौतिकवाद जगतको परिवर्त्तनशील मानता है; इसीलिये वह ऐसे आचार-विचारका पक्षपाती है, जो ऐसे जगतकी तात्कालिक अवस्थाके अनुकूल हो। जिस तरह "वहुजनहिताय" आचारको पूंजीपतियों—सामन्तोंके आचारसे हीन नहीं, बल्कि श्रेष्ठ कहा जायगा, वैसे ही देश-कालानुसार परिवर्त्तनशील आचार भी श्रेष्ठ है। "बहु जन-हित" के पुराने शब्दको "समाजहित"से वदल दीजिये और फिर इसी समाज-हितको आचारकी कसौटी बना दीजिये। वस, इसी कसौटीपर जो आचार ठीक उतरता है, उसे ही सदाचार-आचार कहना चाहिये।

(समाज)—समाजको न तो ईश्वरने उत्पन्न किया और नहीं मनुष्यों-ने मिलकर तय कर लिया कि आओ, हम अपनी स्वतंत्रताका इतना भाग सर्व-हितके लिये छोड़कर व्यक्तिकी जगह समष्टिमें रहने लगें। वास्तविक बात यह है कि आदिम मानवको प्रकृतिने मजबूर किया कि यदि वह जीवित

रहना चाहता है तो सामाजिक जीवन स्वीकार करे। मानव प्रकृतिके चैलेंजको समाजबद्ध ही होकर स्वीकार कर सकता था। इस तरह भीतरसे नहीं, बल्कि बाहरी परिस्थितिने वैयक्तिक मानवको समाजबद्ध बननेके लिये मजबूर किया। वैयक्तिक स्वतन्त्रताके कुछ हिस्सेको छोड़ देना यह भी अभावात्मक तथा निराकार-सी बात है; मानवने समाजको सामूहिक श्रमपर स्थापित किया। वह दासों और स्वामियोंका युग नहीं था, बल्कि स्वतन्त्र-जांगल-मानवका युग था। अभी तक जो हर एक आदमी अलग-अलग अपना काम करता था, अब उसने श्रमको सामाजिक—सामूहिक या सम्मिलित—बनाया। भाषासे लेकर आगेकी सारी उन्नति उसके इसी समाजबद्ध होने—सम्मिलित श्रम करने—का परिणाम था। सामाजिक श्रमने जहां अपने उत्पादनको अधिक करके दिखाया, वहां अब वह प्रकृति तथा दूसरे (वन्य) शत्रुओंसे मुकाबिला करनेमें भी अधिक सक्षम हो सका; और तबसे पशु-मानव, मानव-मानव हो गया। मानवके आगेके विकासके बारेमें हम अन्यत्र[१] लिख चुके हैं, इसलिये उसे यहां दुहरानेकी जरूरत नहीं।

मानव पहिले प्रकृतिसे सीधे मुकाबिला करनेके लिये मजबूर था; किन्तु अब उसे मानव-समाजका भारी सहारा प्राप्त हुआ। पहिले मानवके लिये प्रकृति रहस्यमयी और बिलकुल अज्ञात थी; किन्तु समाजने उसकी रहस्यमयताको कम करना शुरू किया और मानवका पैर दृढ़ताके साथ धरतीपर पड़ने लगा। यह स्मरण रखना चाहिये कि समाज सिर्फ अपने भीतरके व्यक्तियोंका योग **मात्र** नहीं है। वह मनुष्योंका **सक्रिय** आपसी संबंध तथा प्रकृतिके साथ उसकी सक्रिय, **सामूहिक**, प्रयोगात्मक क्रिया-प्रतिक्रिया है। इस प्रकार समाज सिर्फ मानव+मानव+मानव . . . . नहीं, बल्कि मानव×मानव×मानव. . . हैं।[२] मनुष्योंके साधारण जोड़के अतिरिक्त वहां

१ "मानव-समाज"। २ The Logic of Marxism (by T. A. Jackson), pp. 123-4.

उनकी मानसिक तथा व्यावहारिक क्रिया-प्रतिक्रियामें एवं परिमाणके समागमसे हुआ गुणात्मक परिवर्त्तन समाजकी कीमतको कहीं ज्यादा बढ़ा देता है। हम समाजके मूल्यको इतने हीसे नहीं आंक सकते; क्योंकि आजका मानव स्वयं समाजकी उपज, तैयार किया माल है। बचपनसे ही उसे समाजकी एक बहुत बड़ी देन-भाषाका सहारा नहीं मिलता है; बल्कि उसके विचारोंके निर्माणमें भी समाजका जबर्दस्त हाथ है—समाजकी लोरियोंसे लेकर कानून, आचार, ज्ञानप्रचार आदि सभी मिलकर आजके मानवका निर्माण करते हैं। वस्तुतः कहना चाहिये, आजका मानव उतना प्रकृतिका पुत्र नहीं है, जितना कि समाजका।

१९२० ई०में मेदिनीपुरके जंगलमें पादरी जे० ए० एल० सिंहने भेड़िये-की मांदसे दो लड़कियोंको निकाला; जिनकी रक्षामें उनकी पोषिका मां मादा-भेड़ियेने अपनी जान गँवाई। पादरी सिंहने इन बच्चियोंका नाम कमला (८ वर्ष) और अमला रखा। छोटी अमला एक साल बाद मर गई; किन्तु बड़ी ९ वर्ष तक जिन्दा रह, १७ वर्षकी हो १९२९ ई०में मरी। पादरी सिंहने कमलाके भेड़ियासे आदमी बननेकी प्रगतिको अपनी डायरीमें दर्ज किया है।[1] जिससे पता लगता है कि कमला मानव समाजमें आनेके दो वर्ष बाद दूसरेकी सहायतासे खड़ी होने लगी, तीन वर्ष बाद बिना सहायताके खुद खड़ी होने लगी। चार वर्ष रहनेके बाद उसने अपने हाथसे गिलास लेकर पानी पिया। छः वर्ष रहनेके बाद उसने आदमीकी भाषाके ३० शब्द सीखे; इसी समय उसे समझमें आने लगा कि बिना तन ढाके बाहर जाना लज्जाकी बात है, प्रारम्भिक वर्षोंमें कमला कपड़ा पहिनाने पर फाड़ डालती थी। सत्रह वर्षकी उम्रमें पहुँचनेपर कमलाका भेड़ियापन और मानवता का द्वन्द्व खतम हुआ और वह एक भोली-भाली प्यारी बच्चीकी तरह रहने लगी।

---

१ "Wolf Child and Human Child" (Methuen, London), देखिये Statesman, Calcutta 23-3-1942, p. 4)

भेड़ियाकी "बच्ची" कमलाका सिर्फ नौ वर्षका जीवन हमारे सामने गुजरा, और उसे भी विशेषज्ञोंकी देख-रेखमें विकसित नहीं होने दिया गया, नहीं तो और भी कितनी ही बातें मालूम होतीं; किन्तु कमलाने यह साबित कर दिया कि जिसे हम मानवता कहते हैं, वह व्यक्तिकी नहीं समाजकी देन है। समाजसे उसे सीखनेकी व्यक्तिमें शक्ति है, जो कि बचपनमें ज्यादा तेज होती है और उमरके साथ कम होती जाती है, कमलाने छः वर्षमें ३० शब्द सीखे थे, यह उसीको प्रकट करता है और खड़े होनेमें चार वर्ष लगना यह भी बतलाता है कि आदमीके शरीरमें विकासमें भी समाजका जबर्दस्त हाथ है। धर्म-ईश्वर-विश्वास, आचार-विचार स्वाभाविक हैं, इस बातको कमला एकदम झूठ साबित करती है।

वैज्ञानिक भौतिकवादी भलाई-बुराई सदाचार-दुराचारमें मानवताकी साकार प्रतीक इसी समाज-हितको कसौटी मानते हैं और ईश्वर, धर्म, जैसी धोखेकी टट्टियोंसे खबरदार रहनेके लिये सारी शोषित और कमकर जनताको आगाह करते हैं। चूंकि समाज परिवर्त्तनशील है, इसलिये सदाचार भी यदि उससे पिछड़ना नहीं चाहता, तो उसे भी परिवर्त्तनशील होना चाहिये।

ग—दृष्टिके विकार

दृष्टि या नजरपर यदि कोई पर्दा पड़ जाय, अथवा उसे प्रकाशके अभाव —अंधकार—की सहायता मिले तो वह बेकार हो जाती है, किंतु यदि उसे उलटे प्रकाश या चश्मेकी मदद हो तो वह देखेगी तो सही, मगर वास्तविककी जगह कुछ और ही देखेगी—सफेद रंग उसे पीला मालूम होगा और गोल चीज लम्बी। इसलिये सहायता लेते वक्त हमें खयाल रखना होता है कि हम विकार पैदा करनेवाले सहायकोंके फेरमें न पड़ जायँ। संस्कृतके शब्द दर्शन और दृष्टि दोनों एकार्थवाची हैं, इसलिये दृष्टिके विकारसे हमारा अभिप्राय दर्शनके विकारसे है, जिसके कारण कितने अनर्थ किये जा सकते

हैं; इसके कई उदाहरण हमको अब तक मिल चुके हैं। यद्यपि दर्शनोंका दिग्दर्शन कराते वक्त हम दर्शनोंके विकारोंका संकेत अन्यत्र[1] काफी कर चुके हैं, इसलिये उन सबको यहां दुहराया नहीं जा सकता। तो भी दर्शन-विकारों—दर्शन-मलों—पर हम थोड़ा और लिखना चाहते हैं, ताकि दर्शन-मल-प्रक्षालनमें पाठकोंको सहायता मिले—सिर्फ यहां आये दर्शन-मलोंके बारेमें ही नहीं, बल्कि इनके उदाहरणसे सभी प्राचीन-नवीन; पौरस्त्य पाश्चात्य दर्शनोंके बारेमें भी। यह ध्यानमें रखना होगा कि "दृष्टि-संयोजन"[2] (=दृष्टिका बंधन) सबसे जबर्दस्त बंधन है। जब तक द्वन्द्व-वादी दर्शनकी सहायतासे उसे मुक्त नहीं कर लेते, तब तक अपनी "दर्शन शक्ति"को आप ठीक तौरसे इस्तेमाल नहीं कर सकते।

१—उदयनका ईश्वरवाद

धर्मकी कल्पना वर्ग-स्वार्थको दृढ़ करनेके लिये हुई और समयके साथ धर्मके बंधनको शिथिल न होने देने, अथवा कवि सोफोकलके शब्दोंमें—"सारा (प्रभु—शोषक) जगत ध्वस्त हो जायगा, यदि धर्म उठ गया"—का खयालकर शोषक-जगतको बचानेके लिये धर्मकी नई व्याख्या या नये-नये अवतारोंकी जरूरत पड़ती है। धर्म और ईश्वरकी धाकको अक्षुण्ण रखनेके लिये भारी प्रयत्न पहिले भी हुए हैं और आज भी हिटलर कह रहा था कि मैंने नास्तिक बोलशेविकोंके न-क्षत्र करनेके लिये तलवार उठाई है, इस प्रकार मेरा युद्ध धर्म-युद्ध है। प्रायः हजार वर्ष पूर्व उदयनाचार्य (९८४ ई०)ने भी एड़ीसे चोटी तककी ताकत ईश्वरकी सत्ता सिद्ध करनेके लिये लगाई थी। यद्यपि उदयनके दिये प्रायः सभी हेतु बासी हो गये हैं और आजके स्वार्थ-संरक्षकोंने उसके लिये दूसरा ही तरीका स्वीकार किया है,

---

१ "दर्शन-दिग्दर्शन"। २ बुद्धका गढ़ा शब्द।

तो भी भारतके लिये वह कुछ ऐतिहासिक महत्त्व रखता है—और कुछ दिमाग़ तो अब भी समझते हैं कि उदयनकी "न्याय कुसुमांजलि" आजके जगतमें भी ईश्वरकी सत्ताको सिद्ध कर सकती है। उदयनने ईश्वर होनेके ये हेतु दिये हैं।[१]—

(१) हर एक कार्यका कोई कारण होता है, इसलिये जगतरूपी कार्यका कारण चाहिये;

(२) मूल परमाणुओंको जोड़े बिना स्थूल जगत बन नहीं सकता, इसलिये जोड़नेवाला चाहिये;

(३) धारण बिना जगत ठहर नहीं सकता है, इसलिये धारण करनेवाला चाहिये;

(४) शिल्प या ज्ञान परम्परासे प्राप्त होता है, इसलिये कोई आदिगुरु चाहिये;

(५) वेद जैसे वाक्योंका प्रमाण माना जाता है, ऐसे प्रमाणसे होनेका कोई प्रमाणदाता होना चाहिये;

(६) वेद (श्रुति) भी ईश्वरका होना बतलाता है;

(७) वेद-वाक्योंका भी रचयिता चाहिये;

(८) दो, तीन, चार. . .संख्या की कल्पनाका भी कोई आदिकर्त्ता चाहिये; और

(क) वह सर्वज्ञ (विश्वविद्) होना चाहिये;

(ख) वह अ-विनाशी (अव्यय) होना चाहिये।

उदयनने आठ युक्तियोंसे ईश्वरको सिद्ध करना और दो शब्दोंमें उसके रूपको बतलाना चाहा है। इन युक्तियोंका खंडन पहिले ही जगह-जगह

---

१ "कार्यायोजन-धृत्यादेः पदात् प्रत्ययतः श्रुतेः।
वाक्यात् संख्याविशेषाच्च साध्यो विश्वविद् अव्ययः॥"

—न्यायकुसुमांजलिः ५।१

हो चुका है; तो भी यदि इकट्ठा करानेकी जरूरत है, तो हम कह सकते हैं[1]—

(१) कार्य एक कारणसे नहीं अनेक कारण ("हेतु-सामग्री", अनेक हेतु संगति)से उत्पन्न होता है, इसलिये उससे एक कारण ईश्वर सिद्ध नहीं होता;

(२) भौतिक तत्त्व—घटना-प्रवाह—विरोधि-समागम हैं, इसलिये आयोजन, वियोजनके स्वाभाविक हेतु वहां भीतर मौजूद हैं;

(३) जगतमें धारण (धृति) स्थिरता आंख न रखनेवालोंको दीख पड़ती है;

(४) शिल्प या ज्ञान अविच्छिन्न परंपरासे नहीं आये हैं; बल्कि विच्छिन्न परंपरा (विच्छिन्न सन्तति)से प्राप्त होते हैं; एक बार वह बिलकुल नये पैदा होते हैं, फिर उनकी परंपरा चल पड़ती है;

(५-७) वेदके प्रामाण्य आदिकी बात धर्मकीर्त्तिके गिनाये ध्वस्त प्रज्ञोंके पांच चिह्नोंमें है, जिसका जिक्र आज स्वगोष्ठी छोड़ कोई विद्वन्मंडलीमें नहीं उठा सकता; वेद मनुष्योंकी, कल्पना मनुष्योंकी सृष्टि हैं; इतिहास-प्रेमियों तथा आदिम मानव सभ्यता के जिज्ञासुओंके लिये वह उपयोगी सामग्री प्रदान करते हैं;

(८) दो, तीन. . .आदि संख्याकी कल्पना मानवने की और उसकी कल्पनासे निकले आजके गणितके सामने उदयनके सामनेका गणित नगण्य-सा है।

(९) कोई विश्वविद् (सर्वज्ञ) नहीं, क्योंकि सर्वज्ञ होनेका अर्थ है, आज और आजसे करोड़ों वर्षों बाद भी तिनकेसे लेकर मानव-मस्तिष्कमें जो कुछ हो रहा है या होगा; वह सब उस विश्ववेत्ताके ज्ञानमें पहलेसे जैसा

---

१ "विरोधि-हेतु-संगम्याऽधृतिर्विच्छिन्न सन्ततिः। सृष्टिः, संख्या श्रुती कल्प्ये, नहिं विश्वविन् नाव्ययः।"=न्यायकुसुमांजलिः (राहुलस्य)

मौजूद है, वैसा ही वह हो रहा है; ऐसे भाग्यवादका गुणात्मक परिवर्त्तन द्वारा हम पहले खंडन कर चुके हैं।

(१०) अ-विनाशी किसीका कारण नहीं बन सकता, क्योंकि कारण बननेके लिये उसे सक्रिय होना चाहिये, जो सक्रिय है, वह स्वरूप और स्वभावमें अपरिवर्तित नहीं रह सकता; इस तरह अविनाशी और कारण यह दोनों प्रकाश-अन्धकारकी भांति एक दूसरेके विरोधी हैं।

उदयनने, वस्तुतः ईश्वरको सिद्ध करनेके लिये जो युक्तियां दी हैं, उनका जबर्दस्त खंडन उनसे पौने चार सौ वर्ष पहले धर्मकीर्त्ति (६०० ई०) कर चुके थे[1] और जिससे उदयन पूर्णतया परिचित थे; किन्तु फिर-फिर दुहराना प्रोपेगंडाकी बर्कत है, इससे भी वह पूर्णतया परिचित थे; इसलिये पुनरुक्तिको दूषण नहीं भूषण बना वह अपना काम करते गये।

२—प्रयोजनवाद

जब हम एक घरको देखते हैं, तो समझ जाते हैं कि इ से एक आदमीने बनाया और उसने इसे एक विशेष प्रयोजनके लिये एक विशेष योजनाके अनुसार बनाया हैं। इसलिये "यदि प्रकृति एक केकड़े, एक तूफ़ान या बाघकी पीली-काली धारियां बनाती हैं" तो इसका कोई प्रयोजन है।—यह है यूरोपके बीसवीं सदीके ह्वाइटहेड जैसे कुछ दार्शनिकोंका महान दर्शन। हम जानते हैं, देवफोंफी (थ्योसोफी) के अभिनव धर्मकी भांति यह महान दर्शन भी काफी पुराना है और बीसवीं सदीके प्रयोजनवादी दार्शनिकोंने पुराने सूत्रको ही फिरसे उज्जीवित करनेकी कोशिश की है; जिसका अर्थ यही है कि सोफोकलकी आत्मा ह्वाइटहेडके रूपमें अवतार लेनेकी जबर्दस्त जरूरत समझती है।

विद्याका काम है, अज्ञातकी व्याख्या ज्ञातसे करके उसे समझने लायक

---

१ देखिये "दर्शन-दिग्दर्शन" में धर्मकीर्त्ति, पृष्ठ ७४०-८०४।

बनाये, किन्तु प्रयोगवादी दार्शनिक अपनी दार्शनिकताका जबर्दस्त अपव्यय कर रहे हैं, जब कि वह ज्ञेय विश्वकी व्याख्या अज्ञातकी सहायतासे करनेका प्रयत्न करते हैं, जिस तरह प्रयोगवादी बाघकी काली-पीली धारीके भीतर खास प्रयोजन बतला रहे हैं, उसी तरह कहा जा सकता है कि समूरी लोमड़ी शिकारके प्रयोजनसे पैदा हुई, और जैसे गाय-भैंस खानेके प्रयोजनसे पैदा की गई, उसी तरह हिन्दुस्तानी तथा दूसरी काली जातियां गुलाम बननेके लिये, एवं सफेद जर्मन आर्य-जाति दुनियापर शासन करनेके प्रयोजनसे पैदा हुई। और हिन्दुओंकी गीता तो गला फाड़-फाड़कर कह ही रही है कि—"भगवान (मैं) ने चारों वर्णोंको गुण-कर्मसे अलग-कर-करके बनाया";[1] जिसमें शूद्रोंका काम तीनों ऊँचे वर्णोंकी खिदमत करना भर है। बीसवीं सदीका प्रयोगवाद भी हमें वृद्धोंके उसी "ज्ञान-भंडार" तक पहुँचा देता है, जिसमें "भगवानकी मर्जीके बिना पत्ताका भी न हिलना" सबसे बड़ा ज्ञान है और जो शोषकों, कामचोरोंके प्रयोजनका सबसे बड़ा हथियार है।

हमको यह मालूम है कि जब तक दार्शनिकोंका प्रयोजनवाद मानव बुद्धिको बांधे हुए था और हर एक अज्ञात वस्तुको अज्ञेयसे व्याख्या कर डालनेकी प्रवृत्ति थी, तब तक साइंस आगे नहीं बढ़ सका और जैसे ही बुद्धि प्रयोजनवादके यांत्रिक बंधनसे मुक्त हुई, वैसे ही उसने प्रयोगके द्वारा साइंसका रास्ता साफ किया। प्रयोजनवाद साइंसका जबर्दस्त दुश्मन है; वह ठीक उससे उलटा रास्ता लेनेको कहता है। बाघकी पीली जमीन पर काली धारीको ही ले लीजिये, प्रयोगवादी मुल्ले कहेंगे, प्रकृति—(ईश्वरको वह इस नामके भीतर छिपाना चाहते हैं, क्योंकि जड़ प्रकृतिके साथ उनकी इतनी छोह नहीं हो गई है कि उसे प्रयोजन-चेतना रखनेवाली मान लें)ने बाघको काली-पीली धारी इसलिये प्रदान की है कि वह अपनेको

---

१ "चातुर्वर्ण्यं मया सृष्टं गुण-कर्म-विभागशः।"

छिपकर दुश्मनसे बचा सके। साइंसवेत्ता इस धारीको लेकर **प्राकृतिक-निर्वाचन**[1] और **जाति-परिवर्त्तन**[1] के महान सिद्धान्तोंका आविष्कार करनेमें सफल हुए जो कि प्रयोजनवादसे बिलकुल उलटे हैं।—"जो वस्तु (घटना-प्रवाह) खास विशेषताएं रखती हैं, वह चिरस्थायी होती हैं। कुछ व्यक्ति नये परिवर्त्तन-द्वारा अपनेमें नई विशेषताएं लाते हैं। अपने आहार-विहारके लिये, अपने शत्रुओंसे बचनेके लिये, जो विशेषताएं उपयोगी सिद्ध होंगी, उन विशेषताओंका धनी बच रहेगा, और जो अनुपयोगी या हानिकारक सिद्ध होंगी उनके धनीका विनाश अवश्यंभावी है। बरसातमें कई कीड़े पैदा होते हैं, जिनमेंसे कुछ रंग-रूपमें हरे पत्तोंसे मिलते हैं, कुछका रंग किसी वृक्षकी छाल जैसा होता है और कुछका वहांकी मिट्टी जैसा। इन रंगोंपर यदि हम गौर करें तो मालूम होगा, कि ये रंग दुश्मनकी नजरसे छिपनेमें बड़ी मदद देते हैं, गोया यह वर्ण उनके रक्षा-कवच हैं। एक कीड़ा सूखी काली जगह में पीढ़ियोंसे रहता था। समय बदला, अब वह जमीन हरी-भरी हो गई। अब कीड़ा हरी पत्तियों और हरे पौधोंमें रहता है। उसकी सन्तानोंमें अधिकांश कीड़े चमकीले, लाल और काले रंगके हैं और दो-चार जाति-परिवर्त्तनके कारण हरे रंगके। कीड़ोंके खानेके लिये कितने ही पक्षी, कितने ही दूसरे कीड़े भी मुंह बाये हुए हैं! जो कीड़ा अपने आसपासकी जमीन, हरी घाससे बिलकुल अलग रंग रखता है और इसके कारण दूरसे ही शत्रुकी नजर उसपर गड़ जाती है, ऐसे कीड़ेका जल्दी संहार होना निश्चित है।. . .उपरोक्त कीड़ोंमें अपने रंगके कारण बचे हुए ये हरे कीड़े वंशको आगे ले जायँगे, गोया प्रकृतिने हरे कीड़ोंको जीनेके लिये चुन लिया है। इसे ही **प्राकृतिक-निर्वाचन** कहते हैं।"

प्रयोजनवादका असल मतलब है, आप जगतको बदलनेका इरादा न करें, समाज वैसे चल रहा है, उसे वैसे ही चलने दें। प्रयोजनवादका उद्देश्य

---

१ देखिये "विश्वकी रूपरेखा" पृष्ठ ३२६-३१३

हैं, फाटकसे निकाल बाहर किये ईश्वरको फिरसे खिड़कीके रास्ते ला, सिंहासनपर बैठाना।—यह हम यूरोपके प्रयोजनवादियोंकी बात कह रहे हैं, जो कि अपने इस उद्देश्यको बहुत छिपाकर रखना चाहते हैं।

३—विज्ञानवाद

विज्ञानवादका जिक्र पहिले ही हो चुका है, किन्तु आंखमें धूल झोंकनेका काम जितना इस दर्शनसे लिया जाता है, उतना दूसरे दर्शनोंसे नहीं। सर राधाकृष्णन् शंकराचार्यके हिमायती होनेके नाते विज्ञानवादका समर्थन करना अपना फर्ज समझेंगे। किन्तु राधाकृष्णन् टूटी नाव हैं, जो उनपर भरोसा करेगा, वह मँझधारमें गिरेगा। हम बतला चुके हैं, कैसे उन्होंने बुद्धिको शंकरके ज्ञानपथसे विचलितकर भक्तिकी शरण लेनेका परामर्श दिया था। बौद्ध दर्शनपर पोचारा पोतते हुए एक जगह वह विज्ञानवाद—भूत भौतिक जगत असत्, चेतनामय ब्रह्म (मन या विज्ञान) ही सही—के प्रति अपने उद्‌गारको इस प्रकार निकालते हैं[१]—

"विश्व बिलकुल ही व्यर्थ, एकदम अ-वास्तविक होता, यदि यह किसी प्रकारसे वास्तविक (ब्रह्म ?) का प्रकाश न मिलता। जन्म और मरणकी दुनिया अमर (ब्रह्म ?) का प्राकट्य है।. . .परम (चरम) वास्तविकता सर्वसत्त्व, वास्तविक तथा काल्पनिक सभी वस्तुओंकी आत्मा है।"

"सर्वसत्त्व" अंग्रेजीकी पुस्तकमें भी यह संस्कृत शब्द लिखा गया है। धरती माता! फोटो, हम समाएं!! "एकां लज्जां परित्यज्य त्रैलोक्य विजयी भवेत।" और सर्व-सत्यका अर्थ—"वास्तविक तथा काल्पनिक सभी वस्तुओंका आत्मा"। श्रद्धेय धर्मानन्द कौशाम्बी! आपने बौद्ध शास्त्रोंके पढ़ने-पढ़ानेमें नहीं, धूपमें अपने बाल सफेद किये हैं, यदि इस तत्त्वको नहीं समझा। और भदन्त आनंद कौसल्यायन! अब भी काशीके दूसरे छोरपर

---

१ Indian Philosophy, Vol. I, P. 596.

आप अपना दंड-कमंडल रखना चाहते हैं? यदि हां, तो ठीक अर्थ लगाइये—

"सब्बे सत्ता भवन्तु सुखितत्ता" (सर्वे सत्त्वा भवन्तु सुखितात्मानः)

="वास्तविक तथा काल्पनिक सभी वस्तुओंकी आत्मा सुखी हो।" छंदस् (वेद) के नियमके अनुसार बहुवचनको एकवचन कर देनेसे यही अर्थ ठीक आयेगा।

और विहारके राजा मदनपालदेव (११३४-५३ ई०) के सत्रहवें राज्य-संवत्में लिखी पुस्तकके अन्तमें जो "माता-पितृ-पूर्वङ. गमं कृत्वा सकल-सत्त्वराशेनुत्तर ज्ञानावाप्तये"[1] लिखा हुआ है, उसमें "सकल सत्त्व राशेः" का अर्थ करना होगा—सभी वस्तुओंके आत्माओंकी राशिका। अब मालूम हुआ न, बुद्ध और बौद्धोंके दर्शनपर कलम चलानेके लिये कितनी हिम्मत चाहिये। हमें आशा है भविष्यके भारती दर्शनपर कलम उठानेवाले सारे लेखक सर राधाकृष्णन्की इस "सर्वसत्त्व" की गहरी सूझके लिये कृतज्ञता प्रकट करनेसे कभी बाज न आवेंगे।

राधाकृष्णन्के सर्वसत्त्व (=सारे प्राणी, सारे जलचर, नभचर, पशु, मनुष्य) ने हमारी जानको ही ले छोड़ा था। लेकिन बुद्धने अपने दर्शनकी इतनी नाकाबन्दी की है, खासकर अनात्मवाद और क्षणिकवादके द्वारा, कि सर राधाकृष्णन् कितना ही "वास्तविक", "अमर" या खुद बुद्धके अपने मुंहसे निकले वचन "सर्वसत्त्व" का चोगा पहनाकर ब्रह्मवादको वहां घुसाना चाहें; बेचारा शंकरका प्यारा ब्रह्म क्षणिकवादके एक ही प्रहारमें बाप-बाप करता फिर उधर नजर उठाकर देखनेकी भी हिम्मत न करेगा। हमें सर राधाकृष्णन्की इस हिम्मतकी दाद देनी चाहिये, जो कि ऐसी निराशाजनक परिस्थितिमें भी उन्होंने हिम्मत न छोड़ी। इससे एक बात

---

१ देखिये Journal of the Bihar and Orissa Research Society, Vol. XXI. pt. I., p. 23.

तो साफ है कि वह "जन्म-मरणकी दुनिया"के पीछे "अमर" तत्त्वको सिद्ध करनेपर तुले हुए हैं। आइये हम उनकी मदद करें।

इंग्लैंडका महान् दार्शनिक बर्कले[1] (१६८५-१७५३ ई०)—लार्ड क्लाइवका समकालीन विज्ञानवादका जबर्दस्त समर्थक था। उसका कहना था—"स्वर्ग. . . .और धरनीके सभी सामान संक्षेपमें. . .सभी पिंड मनको छोड़ और किसी द्रव्यके नहीं (बने) हैं।. . . जब तक मेरे द्वारा वह उपलब्ध (ज्ञात) नहीं होते अथवा मेरे या दूसरे उत्पादित जीवके मनमें अस्तित्त्व नहीं रखते, तब तक वह या तो अस्तित्त्व ही नहीं रखते अथवा किसी नित्य आत्मामें अवस्थित हैं।"

बर्कले दार्शनिक होते भी लाट-पादरी था और आजकलकी दुनिया पादरियोंसे भड़कती बहुत है; इसलिये आइये एक प्रसिद्ध साइंसवेत्ता, सर जेम्स जीन्सके पास चलें, यद्यपि "सर" होनेसे आपको जरूर कुछ शंका हो उठेगी; क्योंकि आप जानते हैं, पूंजीवाद-शिरोमणि सरकार कैसोंको इस पदवीका पात्र समझती है, तो भी यह याद रखना चाहिये कि जीन्स एक अच्छे गणितज्ञ अच्छे ज्योतिषी—फलितवाले नहीं खोटे (गणित) ज्योतिष-वाले—रहे हैं। सुनिये वह क्या कहते हैं[2]—

"मुझे मालूम होता है, आधुनिक साइंस हमें एक बिलकुल दूसरे रास्तेसे (बर्कले मतके) बिलकुल असमान परिणामपर नहीं पहुंचा रहा है।. . .

"इससे कोई अन्तर नहीं पड़ता, चाहे पदार्थ 'मेरे मनमें या किसी दूसरे उत्पादित जीवनके मनमें अस्तित्त्व रखते हैं' या नहीं; उनका विषय (गोचर) होना तभी होता है, जब कि वह किसी नित्य आत्माके मनमें अस्तित्त्व रखते हैं।

---

१ विशेषके लिये देखिये "दर्शन-दिग्दर्शन, पृष्ठ ३३०।

२ The Mysterious Universe (by Sir James Jeans., Pelican Series, April 1940), pp. 172-75.

"यदि यह सच है कि 'पदार्थोंका वास्तविक सार' (कान्टका वस्तु-अपने-भीतर या वस्तु-सार) हमारे ज्ञानसे परे है, तो वस्तुवाद और विज्ञान-वादकी सीमा-विधायक रेखा सचमुच अत्यन्त अस्पष्ट हो जाती है. . ., विषयाकार वास्तविकता अस्तित्व रखती है; क्योंकि कुछ वस्तुएँ मेरी और आपकी चेतनाको एक समान प्रभावित करती हैं; किन्तु (ऐसा करके) हम एक ऐसी किसी चीजको मान ले रहे हैं, जिसके मान लेनेका हमें हक नहीं है, यदि हम उसे वास्तविक (वस्तुरूपा) या विज्ञानीय (विज्ञान-रूप, मन-रूप) नाम देते हैं। ठीक नाम रखनेपर उसे 'गणितीय' कहना चाहिये।"

सर जेम्स जीन्स जिस वक्त विशप बर्कलेके साथ आसमानमें उड़ते जा रहे थे, उस वक्त उन्हें डॉक्टर जॉन्सनकी बात याद आ गई। डॉक्टर जॉन्सनने बर्कलेके दर्शनकी बात सुनकर विज्ञानसे पृथक् भौतिक तत्त्वकी सत्ताको साबित करनेके लिये फर्शपर पैर पटककर कहा था—"नहीं, साहेब! मैं इस तरह (पैरसे धरतीकी सत्ताको सिद्धकर) उसे (विज्ञानवादको) गलत साबित करता हूँ।"

सर जेम्स जीन्स डॉक्टर जॉन्सनके खंडनका उत्तर अपनी मुस्कराहटसे देना काफी समझते हैं, क्योंकि डॉक्टर जॉन्सन अपने समयमें जो काम कर गये, उसे ही अब उन्हें नई परिस्थितिमें अंजाम देना है। यदि डॉक्टर जॉन्सन जानते कि धरतीपर लात पटककर वह भौतिकवादको सिद्ध कर रहे हैं, जो कि शोषक प्रभुवर्ग तथा उसकी संस्कृति, सभ्यता, धर्मका जानी दुश्मन है, तो वह कभी वैसी गलती न करते। सर जेम्स जीन्स जानते हैं कि वह जो महान सेवा कर रहे हैं, उसे उपकृत वर्ग भुला नहीं सकता, इसीलिये आगे बढ़ते हुए कहते हैं—[१]

"आज ज्ञानकी धारा एक अयांत्रिक वास्तविकताकी ओर बढ़ रही है; विश्व एक बड़े यंत्रकी अपेक्षा एक बड़े विचार कल्पना-सा जान पड़ता

---

१ वहीं pp. 186-8.

है। मन अब भौतिक जगतमें आकस्मिक भटक आया (बटोही) जैसा नहीं मालूम पड़ता: हमें भान होने लगा है कि (पहिली धारणाको हटाकर) हमें भौतिक जगतके स्रष्टा और शासकके तौरपर उस (मन)का स्वागत करना चाहिये—हां, अपने वैयक्तिक मनोंको नहीं; बल्कि उन मनोंको, जिनमें कि परमाणु ... विचार (कल्पना)के तौरपर सत्ता रखते हैं।...भौतिक तत्त्व स्वयं.. मनकी सृष्टि और प्राकट्य हैं। हमें जाहिर होता है कि विश्व हमारे मनो जैसे एक मनका पता दे रहा है, जो कि (उसकी) योजना बनाता तथा नियंत्रण करता है।"

देखा, सर जेम्स जीन्स कैसे चुपकेसे प्रयोगवादी ह्वाइटहेडके पास पहुँच गये; और इन बूढ़ोंकी मंडलीमें हमारे सर राधाकृष्णन् जो शोभा दे रहे हैं! आप इनकी बातोंको आदर्शवाक्य बना अपने बैठकखाने—ड्राइंगरूम—में लगा लीजिये, यदि घरकी लक्ष्मीको भुक्खमरोंके घर जाने नहीं देना चाहते हैं—

विश्वके पीछे वास्तविक अमर "सर्वसत्त्व" है—सर राधाकृष्णन्।

विश्वके पीछे खास प्रयोजन काम कर रहा है—ह्वाइटहेड।

"एक मन...जो कि (विश्वकी) योजना बनाता तथा नियन्त्रण करता है।"—सर जेम्स जीन्स।

और जर्मन मजदूर दियेत्जेन[1]—ये दार्शनिक कहलानेवाले लोग "जनताको अज्ञानमें रखनेके लिये अपने झूठे विज्ञानवादको इस्तेमाल कर रहे हैं।"[2]

इसके उत्तरमें प्रोफेसर लेवीने जली-कटी सुना इन बूढ़े शोषणके समर्थकोंको जो उत्तर दिया है, उसे हम पहिले उद्धृत कर चुके हैं। नई पीढ़ीका दूसरा दार्शनिक जॉन लेविस कहता है[3]—

---

१ Dietzgen. २ Lenin-Materialism and Euperio-criticism. ३ Introduction to Philosophy (London, 1937), pp. 50-51 में उद्धृत।

"बिना एक कल्पना (विज्ञान) के चूंकि हम किसी वस्तुको नहीं जान सकते, इसका यह अर्थ हरगिज नहीं कि हम सिर्फ कल्पनाको ही जानते हैं। ज्ञानका अस्तित्त्व ही साबित करता है कि ज्ञाता और ज्ञेय भी अस्तित्त्व रखते हैं, चूंकि बिना उसकी कल्पना किये हम बाह्य (भौतिक) जगतका चिन्तन नहीं कर सकते, इसका अर्थ यह नहीं कि तुम जो कुछ अनुभव करते हो, वह सिर्फ अपनी कल्पनाका ही करते हो। हम अपने प्रथम (इन्द्रिय-) प्रत्यक्षमें खुद प्रकृति (भौतिकतत्त्व)को ही जानते हैं। (यह ठीक है) हम उसे पूर्णतया नहीं जानते, और न उसके बारेमें सब कुछ जानते हैं, किन्तु हम यह जानते हैं कि वह है।"

यदि आप विज्ञानवादकी नब्ज ढूंढ़ें, तो मालूम होगा—उसका आजकल सबसे बड़ा काम है, साइंससे प्राप्त होनेवाले ज्ञानके प्रति संदेह पैदा करना—सापेक्ष बतलाना नहीं, क्योंकि सापेक्षताको तो साइंस स्वयं स्वीकार करता है। दूसरा काम है प्रत्यक्ष या अप्रत्यक्ष रूपसे धर्मको हस्तावलम्ब देना; इसे सर जेम्स जीन्सके "मन"में हम अभी देख चुके हैं।

तृतीय अध्याय

भूत और द्वंद्ववाद

वैज्ञानिक (द्वंद्वात्मक) भौतिकवादके बारेमें अधिक कहनेसे पहले यह जानना जरूरी है कि भौतिकवाद क्या है। और भौतिकवादको समझनेके लिये भूत (भौतिक तत्त्व)को बतलाना आवश्यक है।

क—भूत या भौतिक तत्त्व

१—भूतकी व्याख्या

जो कुछ हम अपनी इन्द्रियोंसे देखते-समझते (इन्द्रिय-गोचर) है, जो कुछ इन्द्रिय-गोचर वस्तुओं का मूल-स्वरूप है, जो देश (लम्बाई, चौड़ाई, मुटाई)में फैला हुआ है, जो कम या बेशी मात्रामें दबावकी रोक-थाम करता है, जिसमें इन्द्रियोंसे जानने लायक गति पाई जाती है, वह भूत है।

इन्द्रियसे यहां मनुष्यकी जन्मजात इन्द्रियोंकी ही शक्तिको नहीं लेना चाहिये; बल्कि उस शक्तिको भी, जो कि सहायक यंत्रों अणुवीक्षण[१], दूरवीक्षण[२] शब्दप्रसारक द्वारा कई गुना बढ़ी प्राप्त होती है।

दार्शनिक लॉक (१६३२-१७०४)के मतमें परिमाण (लंबाई, चौड़ाई, मुटाई तथा भार)के रूपमें भूतका जो स्वरूप हमें इन्द्रिय-गोचर होता है, वही वास्तविक है; और गुण (गंध, रस आदि)के रूपमें दिखलाई देनेवाला स्वरूप अ-वास्तविक, काल्पनिक या भ्रान्त है। वैशेषिक रूप,

---

१ Microscope. २ Telescope.

रस आदि गुणों द्वारा ही भूतोंकी वास्तविकता (द्रव्यता) मानता है।— पृथिवी वह है, जो गंधवाली होते गुणवाली है। यहां यह कहनेकी आवश्यकता नहीं है कि गुणकी वास्तविकता माननेके कारण ही वैशेषिक विकसित होकर पदार्थ-विज्ञान या साइंसके रूपमें परिणत नहीं हो सका; और विस्तार तथा भारको भूतका वास्तविक स्वरूप माननेवाली यूरोपीय विचार परंपरा नित्य नव-विकाशवाले आधुनिक साइंसके रूपमें परिणत हो गई।

यद्यपि साइंस-विस्तार और भारके रूपमें भूतको देखता है; किन्तु उनमें भी वह, जहां तक उसकी इन्द्रिय-गोचरताका संबंध है, भारको प्रधानता देता है—

"बाहरी जगत (भौतिक तत्त्वों)का ज्ञान उन कम्पनों (अतएव-दबावों)से होता है, जिनको लेते वक्त दस लाखसे ऊपर ज्ञान-तंतुओंके झटके हमारे मस्तिष्क और रीढ़के भीतरके तन्तु गुच्छकोंमें पहुँचते हैं; उन गुणात्मक 'झटकों'पर (वह ज्ञान निर्भर) नहीं है। परिमाणका गुणमें और गुणका परिमाणमें परिवर्त्तन (जिसके द्वारा कि हम किसी पदार्थको इन्द्रिय-गोचर करते हैं) मस्तिष्कमें होता है; जगतका जो ज्ञान हमें होता है, यही परिवर्त्तन उसमें मुख्य साधन है।"[१]

गुण (गंध, रूप आदि) कैसे परिमाण (भार आदि)में परिवर्त्तित होते हैं? —प्रकृतिका स्वभाव ही ऐसा है, उसमें गुणात्मक परिवर्त्तन—स्वरूपमें मौलिक परिवर्त्तन—होना बराबर देखा जाता है; जिसे कि हम आगे कहनेवाले हैं। वैज्ञानिक भौतिकवाद गुण और परिमाण दोनोंको वास्तविक जगतका स्वभाव (आसानीके लिये गुण कह लीजिये) मानता है।

---

१ The Marxist Philosophy and the Sciences (by J. B. S. Haldane, 1938), p. 32-33.

भूतकी व्याख्या करते हुए लेनिनने कहा है—

"भूतका एकमात्र गुण (स्वरूप) यह है, जो कि वह हमारे प्रत्यक्षीकरणसे बाहर अपनी सत्ताको (रखता है, और) इन्द्रियगोचर वास्तविकताके रूपमें रखता है।"[1]

"भूत दार्शनिक परिभाषामें उस 'साकार' वास्तविकताको कहते हैं, जिसका ज्ञान मनुष्यको उसकी इन्द्रियों-द्वारा मिलता है। वह ऐसी वास्तविकता है, जिसकी नकलकी जा सकती है, जिसका फ़ोटो खींचा जा सकता है, जो हमारी वेदनाओं (विषय-इन्द्रिय-मस्तिष्क-संपर्क) द्वारा (मस्तिष्क) में प्रतिबिंबित की जा सकती है—किन्तु, उसकी सत्ता इन '(वेदनाओं) पर निर्भर नहीं है।"[2]

"भूत वह है, जो कि हमारी इन्द्रियोंपर क्रिया करते हुए वेदना (मस्तिष्क-गति)को उत्पन्न करता है। भूत वह 'साकार' वास्तविकता है, जिसका पता हमें वेदनाओंमें मिलता है।"[3]

यहां 'साकार' उस 'निराकार'से उलटे अर्थमें है, जिसका अस्तित्त्व बाहरी जगतमें कहीं नहीं मिलता और जो सिर्फ मस्तिष्ककी कल्पनामात्र है।

२—विरोधियोंके आक्षेपोंका उत्तर

भौतिकवादके विरोधी आज नये नहीं पैदा हुए हैं; वह दर्शनके इतिहासके आरम्भसे चले आते हैं और एक तरह दर्शन पैदा ही हुआ, भौतिकवादके वास्तविक जगतको विचारों-द्वारा खतम करनेके लिये। उपनिषद्के दार्शनिकोंने 'नेह नाना' (यहां अनेक नहीं) कहा, अफलातूंने 'झूठे', भौतिक जगतकी जगह 'सच्चे' अभौतिक (विज्ञानमय) जगतकी 'सृष्टि'

---

१ The Materialism and Empirio-Criticism, p. 220.

२ वहीं p. 102. ३ वहीं p. 116.

की। नागार्जुनने जगत और उसकी वस्तुओंकी सत्ता चूंकि सापेक्ष-अन्योन्याश्रित—है, इसलिये ऐसी सत्तासे इनकारी हो सब कुछ शून्य (अभाव)का प्रतिपादन किया। असंगने अफलातूंके विज्ञानमय जगतमें बौद्ध दर्शनके क्षणिकवादकी पुट दे भौतिक जगतके 'ठोसपन'का ध्वस्त किया। शंकर और रोश्दने पहले हीके भौतिकवाद-विरोधियोंका चर्वित-चर्वण किया। लेकिन, क्या इन बड़े-बड़े दिमागोंके छब्बीस सौ वर्षोंके प्रयत्नसे 'ठोस' जगत खतम हो गया?—नहीं, बिलकुल नहीं, याज्ञवल्क्य, अफलातूं, नागार्जुन, असंग, शंकर और रोश्दने अपने मतको स्वयं अपने आचरण-द्वारा झूठा साबित किया।—वास्तविक जगतकी सत्ता यदि वस्तुतः नहीं है, तो भूख भी कोई चीज नहीं और भूख मिटानेके लिये यदि अफलातूं या शंकरने थालीकी ओर अपने पांच सेरके हाथको बढ़ाया, तो खुद अपने आचरणसे अपने मतका खंडन किया।

खैर, इन पुराने भौतिकवाद-विरोधी दार्शनिकों तथा उनके आधुनिक वंशजोंको छोड़िये, आज ऐसे कोरे तर्कवादोंका कोई महत्त्व नहीं है। लेकिन हां, भौतिकवादके विरोधी एक दूसरी तरहके नये लोग पैदा हुए हैं। ये लोग स्वयं वैज्ञानिक हैं और उसी विज्ञानके अनुसंधानमें निरत है—जो कि निर्भर करता है भूतके अस्तित्त्व पर। एक बार यदि भूतके अस्तित्त्वसे इनकार कर देते हैं, तो किसीकी नाप-तोल, किसपर अणुवीक्षण दूरवीक्षण, रश्मिवर्णवीक्षण का प्रयोग? किन्तु, यह भी कोई नई बात नहीं। दर्शनके इतिहासमें हम अकसर नागार्जुन, गजाली, श्रीहर्ष जैसे-विद्वानोंको देखते हैं, जो दर्शनकी सहायतासे दर्शनका संहार करना चाहते हैं, जैसे कि हमारे ये आधुनिक कितने ही देह या दिमागके बूढ़े वैज्ञानिक। उनके ऐसा करनेमें भी भारी रहस्य है और उसका साइंससे कोई सम्बन्ध नहीं है; किन्तु अभी उसे रहने दीजिये। आइये, देखें भूत (भौतिक)के अस्तित्त्वको इनकार करनेके लिये यह युक्ति क्या देते हैं।—

"भूत नहीं है, यह साबित हो गया।"

"कैसे ?"

"साइंस—उच्च भौतिक विज्ञान—ने साबित कर दिया कि भूत कुछ नहीं है, वह वस्तुतः शक्ति है ?"

"शक्ति ! भौतिक या अभौतिक—आत्मिक या दिव्य-शक्ति ?"

"भौतिक नहीं"

"तो अ-भौतिक, दिव्य ! और फिर उस अ-भौतिक दिव्य शक्तिको सिद्ध कौन कर रहा है ?—साइंस ! और फिर भी वह साइंस है ! !"

"हां, क्योंकि साइंसवेत्ता जो उसे प्रमाणित करते हैं।"

"मुंहसे कहना, यदि साइंससे प्रमाणित करना है, तो साइंसवेत्ताओंकी सारी चेष्टाएं साइंस हैं। सर ऑलिवर लाजकी भूत-प्रेत-विद्या-अतएव ओझा-विद्या—तथा उसके आधुनिक अवतार थ्योसोफी भी साइंस है। सर चन्द्रशेखर वेंकट रमनका वेद-मंत्र और वर्तमान सामाजिक असमानता-की रक्षाके पक्षमें भाषण भी साइंस है ? सर जेम्स जीन्सका ईश्वर समर्थन भी साइंस है।. . .वस्तुतः, आप उनके उतने ही कथनको साइंसकी कोटिमें मान सकते हैं, जिसके ऊपर वेधशाला, प्रयोगशाला और उसके सैकड़ों छोटे-बड़े यंत्र अपनी मुहर लगा चुके हैं। तो क्या इन वेधशालाओंने गवाही दी है कि भूत नहीं है ? और फिर भूत नहींका मतलब ? जब वृक्षका न होना निश्चयपूर्वक घोषित कर दिया गया, तब 'आम है'का सवाल ही कैसे उठ सकता है ? फिर साइंस किसकी नाप-तोल कर रहा है ?

"भौतिक शास्त्रमें, आधुनिक खोजमें भूतका कोई पता नहीं लगता, वहां तो सिर्फ शक्ति ही मिलती है।"

"वही शक्ति भूत है।"

"लेकिन वह ठोस नहीं, वह साकार नहीं है।"

"तो इससे यही साबित हुआ कि कणाद (१५० ई०) या उससे छः सौ साल पहले परमेनिद (५४०-४८० ई० पू०)ने भूतका जो सूक्ष्मतम रूप-परमाणु माना था, वह गलत साबित हो गया। तालिमीका भूकेंद्रक विश्व

गलत होनेसे 'विश्व है ही नहीं', 'सूर्य-चांद हैं ही नहीं' यह नहीं साबित होता है?" परमेनिद और उसके दूसरे एसियातिक साथी विश्वकी गति, परिवर्तनशीलतासे परेशान थे, वह अथाह समुद्रमें डूबते हुए की तरह स्थिर भूमि ढूंढ़नेके लिये परेशान थे; इसलिये उन्होंने विश्वके मूलमें ठोस—परमाणु—'ढूंढ़' निकाले। परमाणु नित्य, अपरिवर्तनशील, लासानी (असदृश), एकसे, अविभाज्य, असंख्य, सूक्ष्म गोलियां हैं। परमेनिदके भारतीय शिष्योंने षटकोण तथा कुछ और भेदके साथ परमाणुकी उन स्थायी ईंटोंको अपने दर्शनमें ले लिया। भौतिक विज्ञानने इन गोल या षट्कोण ठोस कणोंकी सत्ताको गलत साबित कर दिया, यह ठीक है। उसने विश्वके निम्नतम तलमें विद्युत्-चुंबकीय कण-तरंग-कण भी, तरंग[1] भी—को मूल तत्त्व पाया। इससे सिर्फ यही सिद्ध होता है कि भूतकी जो व्याख्या पहले की जाती थी, वह पहले बहुत स्थूल थी। किन्तु, साइंससे भूतका सिद्ध न होना सिद्ध हुआ, यह कहना तो साइंसका अपमान, अपनी बुद्धिका भी अपमान और दुनियाको भी सरासर बेवकूफ बनाना है।"

"लेकिन, साइंसने यह तो सिद्ध किया है, कि विश्व बिलकुल खाली—आकाश-शून्य-सा है ?"

"और उसमें शक्ति या विद्युत्-चुम्बकीय कण-तरंग भी नहीं है ?"

"है किन्तु वह नगण्य-सा है।"

"इसलिये नहीं है ! यह तो वही बात हुई, किसीने पूछा यह जाल क्या है ? दूसरेने कहा—कुछ नहीं, धागेसे नत्थी किया हुआ भारी शून्य आकाश। धागेकी उपेक्षा और आकाशकी महिमा गाना, यह है इन नामधारी वैज्ञानिकोंका बैठे-ठाले वक्तका साइंस। मानव-बुद्धि इस भूल-भुलैयोंको नहीं मान सकती। साइंस जैसे-जैसे आगे बढ़ता है, भौतिक वस्तुओं

---

१ देखो "विश्वकी रूप-रेखा", पृष्ठ ९३।

के आन्तरिक ढांचेके बारेमें वह अधिक और अधिक जानकारी प्राप्त करता है। परमाणु—परमेनिदका नहीं, उन्नीसवीं सदीके रसायन-शास्त्रियोंका भी—टूटा[1]। टॉमसनने उसके भीतर पहुँचकर एलेक्ट्रन, नाभिकण, प्रोटनका पता लगाया। बीसवीं सदीमें साधारण नाभिकण तथा हाइ-ड्रोजनके नाभिकण, प्रोटनको भी तोड़ा गया और हम न्यूट्रन और मेसोट्रन तक पहुँचे।—भूतका यही भीतरी ढांचा कण और तरंग दोनों—विरोधि-समागम—के रूपमें मिलता है। यह सब सिर्फ इतना ही साबित करता है कि पहली व्याख्या स्थूल थी। ज्ञानकी गंभीरताके साथ हमें उसे सूक्ष्म करना पड़ रहा है। इस व्याख्या-परिवर्त्तनसे भूतका अभाव सिद्ध करना या तो भोलापन प्रकट करना है, या इसके पीछे कोई कुटिल रहस्य है।—रहस्य जाननेके लिये अभी ठहरिये।"

भूत है और उसका होना ठोस सत्य है। आधुनिक साइंस भूतकी आन्तरिक अद्भुत शक्ति और स्वरूपपर प्रकाश डालकर उसके महत्त्वको घटा नहीं, बढ़ा रहा है।

ख—भौतिकवाद

१—व्याख्या

भूतकी व्याख्या जान लेने तथा उसकी सत्ताके मान लेनेपर अब आइये भौतिकवादपर। भौतिकवाद क्या है?—यह वह दार्शनिकवाद है, जो कि कल्पना, विचार, ज्ञानको मानव चेतना (मस्तिष्क) पर एक ऐसे वास्तविक भौतिक जगतका मानस-प्रतिबिंब—चमक—मानता है, जिसकी सत्ता हमारी चेता या इच्छासे बिलकुल स्वतन्त्र है।

---

१ देखो "विश्वकी रूप-रेखा"।

एन्गेल्सके शब्दोंमें[1]—"जो (चेतना या चेतनको नहीं बल्कि) प्रकृतिको (सारे जड़-चेतन जगतका) मूल मानता है, (ऐसे वादको) भौतिकवाद कहते हैं।"

अथवा—

"वास्तविक जगत—प्रकृति और (उसके) इतिहास —को उसी तरह ग्रहण करना, जैसी कि वह ऐसे हर आदमीको मालूम होती है, जो कि विज्ञानवादी (दार्शनिक) कल्पनाओंकी पूर्ण धारणाओंसे मुक्त है।"[2]

२—विरोधियोंके आक्षेपोंका उत्तर

लेकिन जरा ठहरिये, भौतिकवादकी व्याख्या उसके शत्रुओंके मुंहसे सुनिये। भारतके धर्माचार्य कहते हैं—

"जब तक जिये सुखसे जिये, ऋण करके घी (शराब ?) पिये।
देहके भस्मीभूत हो जानेपर फिर आना कहांसे ?"[3]

—अर्थात्, भौतिकवादी परम पामर स्वार्थी, लोलुप, मनुष्य रूपमें मृगा है ? और यूरोपके धर्माचार्य उसे भौतिकवादी कहते हैं, जो कि—शराबी, इन्द्रियलंपट, समाजशत्रु, अहंकारी जीव है। साथमें उनकी राय में विज्ञानवादी (दार्शनिक) होते हैं—संयमी, जितेन्द्रिय, समाज-सुहृद, निरहंकारी, स्वार्थत्यागी, महात्मा।

भारतमें भौतिकवादियोंके लिये यह गाली क्यों मिली, इसका पता इतिहासमें सुरक्षित नहीं—आखिर हमारे इतिहासको राजा रानीके स्वयंवरोंसे फुरसत हो तब न ! हां, यूरोपीय भौतिकवादियोंको जो गालियां

---

१ Ludwig Feurbach, p. 31.

२ Ludwig Feurbach, p. 53.

३ **"यावज्जीवेत् सुखं जीवेत् ऋणं कृत्वा घृतं पिवेत्। भस्मीभूतस्य देहस्य पुनरागमनं कुतः"**—सर्वदर्शन-संग्रह (चार्वाकदर्शन)

पिछली सदीमें दी गईं, उनके लिखनेके लिये एक प्रत्यक्षदर्शी तथा दर्शनके इतिहास-लेखकोंमें प्रसिद्ध व्यक्ति—जार्ज हेनरी लेविस (१८१७-७४ ई०) मौजूद था। देखिये, वह क्या लिखता है—और इतिहास अकसर अपने सामान्य रूपको दुहराया करता है, यदि इस बातपर ध्यान रखें तो इससे अपने यहांकी गालीका भी रहस्य खुल सकता है। जिस समयके बारेमें लेखक लिख रहा है, यह वह समय था, जब कि फ्रेंच क्रान्ति (अपने उत्पीड़कों—शोषकों के विरुद्ध कमकर जनताके सशस्त्र विरोध)को देख-सुनकर फ्रांस और इंग्लैंडके सम्पत्तिशाली शासकोंके होश उड़े हुए थे और चारों ओर उन्हें अपना पीछा करते कबंध दिखलाई पड़ रहे थे[1]—

"भौतिकवाद एक भद्दा शब्द है, जो कि कुछ खास सम्मतियोंको प्रकट करता है। यह सम्मतियां जिन भौतिकवादी लेखकोंके सिर थोपी जाती हैं, वे ऐसी सम्मति रखते भी रहे, इसमें सन्देह है। वैसे भी यह सम्मतियां बेवकूफी और बदमाशीसे भरी हैं और उन्हें गैर-जिम्मेवार उजड्ड विरोधियोंने जान-बूझकर उन (भौतिकवादी) लेखकोंके मत्थे थोपा है।... भौतिकवादियोंको कमसे कम यह खास सुभीता (अपने सिद्धान्तमें) है कि वह सभी अतिभौतिक (या अलौकिक) पदार्थोंसे पिंड छुड़ानेकी कोशिश करते हैं; और प्राकृतिक जगतकी व्याख्या प्राकृतिक जगतके नियमोंसे करना चाहते हैं।...यदि भौतिकवादी विचार गलत हो, तो (भी) वह जितना गलत है, उतनी ही मात्रामें खतरनाक हैं; और बहुतसे (प्रभु-वर्गके) लोग इन विचारोंको इसलिये गलत कहते हैं, क्योंकि उनका विश्वास है कि वह (उनके स्वार्थके लिये) खतरनाक हैं।....

"अठारहवीं सदीके (भौतिकवाद-प्रधान) दर्शनके विरुद्ध जो प्रतिक्रिया (देखी जाती) है, वह अयोग्य सिद्ध हुए किसी एक सिद्धान्तके खिलाफ

---

१ History of Philosophy (by G. H. Lewes), Vol. II, pp. 743-44.

उतना नहीं है, जितना कि भयंकर बुराचार (प्रभुता-सम्पत्ति अपहरण) के स्रोत समझे जानेवाले सिद्धान्तके खिलाफ । (यह) प्रतिक्रिया जबर्दस्त थी, क्योंकि वह उस क्रूरतासे प्रेरित हुई थी, जो कि फ्रेंच क्रान्तिके अत्याचारों[1] (! ! !)के रूपमें यूरोपमें हलचल मचाये हुई थी ।. . .कंदिलाक, दीदेरो और कबानीके दार्शनिक (भौतिकवादी) विचार कन्वेंशन (क्रान्ति-परिषद्) के अपराधोंके जिम्मेवार ठहराये जाते थे ।. . .जिस किसी विचारमें भौतिकवादकी गंध पाई जाती थी, उसे धर्म, सदाचार और सरकारके नाशके लिये प्रयत्न करनेवाला विचार समझा जाता था । जो कोई विचार अध्यात्मवाद (विज्ञानवाद)की दिशाकी ओर जाता मालूम पड़ता था, उसका बड़े उत्साहके साथ स्वागत किया जाता था; उसका प्रचार और साधुवाद किया जाता था । (इससे) हम समझ सकते हैं कि उस पीढ़ीके (धनी लोगोंके) दिमागमें भौतिकवादके साथ क्रान्तिका सम्बन्ध कितना अटूट (सा जान-पड़ता) था ।"

भौतिकवाद-विरोधियोंके मनोभावको व्यक्त करते हुए वह कहता है—

"उनका मुख्य उद्देश्य है (वर्त्तमान) सदाचार और (राज्य) व्यवस्थाका समर्थन करना, जिनको वह उस (भौतिकवादी) दर्शनके कारण खतरेमें पड़ा समझते हैं; क्योंकि वह उनपर प्रहार करना चाहते हैं । (उनके भाषणोंमें) लगातार (लोगोंके पुराने) पक्षपातों और जोशीले भावोंको भड़काया जाता है ।. . .(जिससे) श्रोता सभी उच्च भावनाओंको अध्यात्मवादी (विज्ञानवादी) सिद्धान्तोंके साथ जोड़नेकी आदत डालता है और सभी नीच भावनाओंको भौतिकवादी सिद्धान्तोंके साथ; यहां तक कि एक (अध्यात्मवादी) संप्रदायका उसके मस्तिष्कमें पूज्य भावनाओंके

---

१ फ्रेंच-क्रान्तिमें कमकर-जनताने ज्यादा अत्याचार या खून-खराबी की, अथवा सत्ताधारियोंने, इसे यहां बतलानेकी जरूरत नहीं ।

साथ अटूट सम्बन्ध हो जाता है और दूसरे (भौतिकवाद)का. . . घृणाकी भावनाओंके साथ ।"

३—भौतिकवादियोंका आदर्श

जिन लोगोंको नरपशु बनाकर यह गालियां सुनाई जाती थीं, उनका सबसे बड़ा अपराध दूसरा ही था; जिसे उस समाजके दो सरताज अपराधियों—मार्क्स और एन्गेल्स—के मुंहसे सुनिये[1]—

"इसे समझनेके लिये भारी चातुरीकी आवश्यकता नहीं है कि भौतिकवादका साम्यवाद और समाजवादके साथ कितना घनिष्ट सम्बन्ध है। भौतिकवादके सिद्धान्तोंसे (साबित है)—मनुष्यका मूलतः भला होना, बौद्धिक क्षमतामें समान होना,; तजरबा, आदत और शिशुवर्द्धनकी सर्वशक्तिमत्ता; मनुष्यपर बाह्य परिस्थितियोंका प्रभाव, उद्योग-धंधेका भारी महत्त्व, (जीवनके) उपभोगोंका औचित्य आदि-आदि । यदि मनुष्य अपने सारे ज्ञान, प्रत्यक्ष आदिको इन्द्रिय-जगतसे तैयार करता है; तो इसका अर्थ यह है; कि व्यवहार-जगतको इस तरह व्यवस्थापित किया जाय, जिसमें कि (मनुष्य) इस (जगत)में (जो वस्तु) सच्चे अर्थोंमें मानवीय है, उसे अनुभव कर सके, तथा **मानव के तौरपर स्वयं अनुभव** करनेकी उसे आदत पड़ जाय ।

"यदि (व्यापक अर्थमें) समझदारीवाला स्वार्थ ही सारे आचार (-नियमों) का मूल है, तो मनुष्यके वैयक्तिक स्वार्थोंको **मानवीय** स्वार्थोंसे एक कराना होगा । यदि मनुष्य भौतिक अर्थोंमें अ-स्वतंत्र है, तो अपराधोंके लिये व्यक्तियोंको दण्ड न दे, समाज-विरोधी अपराधोंके प्रसव-स्थानको नष्टकर हर स्त्री-पुरुषको अपने जीवटको दिखलानेके लिये सामाजिक अवसर देना चाहिये । **यदि मनुष्यका निर्माण परिस्थितियां करती हैं,**

---

१ Holy Family (by Marx & Engels, 1845).

तो परिस्थितियोंको मानवीय बनाना होगा। यदि मनुष्य स्वाभावतः सामाजिक है, तो वह अपने वास्तविक स्वभावको सिर्फ समाजमें ही विकसित कर सकता है; फिर तो उसके स्वभावकी, शक्तिकी नाप एक अकेले व्यक्तिकी शक्तिसे न कर समाजकी शक्तिसे करना चाहिये।

"ये और इसी तरहके विचार, प्रायः शब्दशः, सबसे पुराने फ्रेंच भौतिकवादियोंमें[1] पाये जाते हैं।"

भौतिकवादके लिये रात-दिन गालियां कोई इतिहासमें पढ़नेकी ही बातें नहीं हैं। हमारे सामने ही भौतिकवादी सोवियत् देश और उसकी सरकारको कितनी गालियां पिछले २४ वर्षोंसे दी जाती थीं, यह हम सब जानते हैं—यद्यपि आज सोवियत् जनता और लालसेनाने अपनी कुर्बानियों, मृत्यु-निर्भयतासे बतला दिया है कि भौतिकवादी किसीसे भी ज्यादा हँसी-हँसी मरना जानते हैं। फ्रांसके कमूनिस्त अद्भुत आत्मोत्सर्गका एक महान् उदाहरण हर रोज पेश कर रहे हैं। आज (मार्च, १९४२ ई०)से चन्द ही सप्ताह पहले हिटलरकी गोलीसे उड़ाये गये फ्रेंच कमूनिस्त[2] साथी गब्रील पेरीने मृत्युसे कुछ ही क्षण पहिले लिखा था[3]—

"मेरे मित्रोंको मालूम होना चाहिये कि मैं अपने उस आदर्शके प्रति (अन्त तक) सच्चा रहा हूँ, जिसे कि अपने सारे जीवनमें मैंने (अपने सामने) रखा। मेरे देशवासी जानें कि मैं इसीलिये मर रहा हूँ, जिसमें कि फ्रांस

---

१ पुराने यूनानी भौतिकवादी दार्शनिकों तथा सत्रहवीं अठारहवीं सदीके यूरोपीय भौतिकवादियों (बेकन, ह्वॉब्स, लॉक—अंग्रेज; कन्दिलाक, कबानी, दा'लम्बर, लामेत्री, लाप्लास, दों'ल्बाख, दीदेरो, हेलवेशियो, कुण्वा, वोल्नी—फ्रेंच)के मतोंके बारेमें दर्शन-दिग्दर्शन पृष्ठ २९७-३२४ को देखो।

२ कमूनिस्त दैनिक La Humanite (मानवता)के विदेश-विभागके सम्पादक। ३ रायटर, लन्दन ८ मार्च, १९४२ ई०।

जीता रहे।. . . .अन्तिम बार मैं अपने हृदयको टटोल रहा हूँ। मैं वहां कोई पछतावा नहीं अनुभव करता। यदि मुझे फिर (जीवन-) आरंभ करना पड़े, तो फिर उसी पथका अनुसरण करूँगा। चन्द मिनटों में मैं आनेवाली प्रभामयी उषाके लिये अपनी (जीवनरूपी) भेंट चढ़ाऊँगा। विदा, चिरंजीव फ्रांस!"

ग—द्वन्द्ववाद

द्वंद्ववाद या द्वंद्वात्मकवाद अंग्रेजी भाषाके डायलेक्टिक्स शब्दके अर्थमें इस्तेमाल होता है। यह शब्द भी यूनानी दियो-लोग शब्दसे आया है, जिसका अर्थ है द्वि-संवाद—दो आदमियोंका प्रश्नोत्तर। बुद्धके बहुतसे सूत्र प्रश्नोत्तरके रूपमें ही सुत्त-पिटकमें मिलते हैं, इसीलिये उन्हें "बुद्धका डायलाग"[१] भी कहा गया है। उनसे पहले उपनिषद्‌में भी द्वि-संवादात्मक उपदेश बहुत हैं। यूनानके दार्शनिक सुकरात (४६९-३९९ ई० पू०)ने भी अपने उपदेशोंके लिये यही ढंग स्वीकार किया था और प्रश्नकर्त्ताके प्रश्नका जो उत्तर वह देना चाहता था, उसे प्रश्नोत्तर द्वारा स्वयं उसीके मुंहसे कहलवाता था। यह ढंग सुकरातके बाद इतना पसंद आया कि उसके शिष्य अफलातूं (४२७-३४७ ई०पू०)ने इसे "परम सत्य" तक पहुँचनेका साधन बतलाया। यदि "डायलेक्टिक्स"का प्रयोग सिर्फ द्विसंवादात्मक अर्थमें ही होता, तो हम भी इसी शब्दको इसके लिये इस्तेमाल करते; किन्तु डायलेक्टिक्सका दर्शनमें जिस अर्थमें प्रयोग होता है, वह डायलागका मुख्य नहीं, लाक्षणिक अर्थ है; और "वादे-वादे जायते तत्त्वबोधः" (वाद-वाद करते हुए तत्त्वबोध होता है)के अर्थमें ज्यादा आता है। आप एक बात कहते हैं, हम उसका विरोध करते हैं; फिर हमारी और आपकी परस्पर विरोधी

---

१ Dialogues of the Buddha.

बातोंसे एक तीसरी बात तै पाती है—इस तरह जहां परस्पर विरोधी बातोंसे तीसरे तत्वकी उत्पत्ति होती है, उसे डायलेक्टिक्स कह सकते हैं; जिसे हिन्दीमें हम द्वंद्ववाद या द्वंद्वात्मकवाद कह सकते हैं; यद्यपि इसमें मूल यूनानी शब्दका सिर्फ पूर्वार्द्ध "दियो" (द्व) भर ही आता है। द्वंद्वात्मक प्रक्रियामें जिस क्रमसे हम परिणाम या तत्त्वबोधपर पहुँचते हैं, उसे तीन सीढ़ियोंमें विभक्त किया जा सकता है—

(१) **वाद**—जीव भूत है।

(२) **प्रतिवाद**—जीव भूत नहीं, बिलकुल अलग चेतन तत्त्व है;

(३) **संवाद**—जीव न भूत है, न अलग तत्त्व है, बल्कि वह भूतके गुणात्मक परिवर्त्तनसे उत्पन्न एक नया तत्त्व है।

१—व्याख्या

उपरोक्त कथनपर ध्यान रखते हुए हम द्वन्द्ववादकी व्याख्या इस प्रकार कर सकते हैं। भाषणमें द्वंद्ववाद वह प्रक्रिया (तरीका) है, जिसमें दो परस्पर विरोधी मतोंके संघर्षके बाद हम सत्य तक पहुँचते हैं। प्रकृतिमें द्वन्द्ववादका अर्थ है, अपने भीतरी विरोधी स्वभावोंके द्वन्द्वसे प्रकृतिका एक तीसरे रूपमें विकसित होना,—हाइड्रोजनके प्राण पीड़क तथा आक्सीजनके प्राणदायक तत्त्वोंसे तीसरे तत्त्व-जलका निर्माण। विचार क्षेत्रमें इस प्रक्रियाका अर्थ है, दो विरोधी विचारोंके द्वन्द्वसे तीसरे विचारपर पहुँचना। जैसे—

(१) **वाद** (यांत्रिक भौतिकवादी)—जगत भौतिक (परमाणु-) तत्त्वमय है, क्योंकि वही इन्द्रियगोचर, तथा इन्द्रियगोचर ज्ञान द्वारा सिद्ध है।

(२) **प्रतिवाद** (विज्ञानवादी)—जगत अभौतिक (विज्ञान-) तत्त्व-मय है, क्योंकि भूतसे विलक्षण चेतना तत्त्व विज्ञानके माननेपर ही संभव है।

(३) संवाद—जगत द्वन्द्वात्मक भौतिक तत्त्वमय है, भौतिक होनेसे वादवाली बात आ जाती है और द्वन्द्वात्मक होनेसे भूतमें नये गुणके उत्पादन करनेकी शक्ति, जिससे गणात्मक परिवर्त्तन द्वारा चेतनाका पैदा होना बिल्कुल संभव है।

इसीलिये एन्गेल्सका कहना है[१]—

२—द्वन्द्वात्मक विधिकी विशेषता

"अतिभौतिक (अध्यात्म)—शास्त्रियोंके लिये वस्तुएं तथा उनकी मानसिक झलक (प्रतिबिंब)—विचार—अलग-अलग हैं; उनपर एकके बाद एक तथा एक दूसरेसे अलग करके विचार करना चाहिये; (क्योंकि) वही स्थिर ठोस एक ही बार सदाके लिये बने बनाये शोधके विषय हैं।. . .

"इसके विरुद्ध द्वन्द्ववाद वस्तुओं तथा उनके (मानस) प्रतिबिंबों—विचारों—को उनके **वास्तविक सम्बन्धों**, उनकी. . .गति-आरम्भ, और अन्तके साथ हृदयंगम करता है।. . .द्वन्द्ववाद जीवन और मृत्युकी असंख्य क्रियाओं-प्रतिक्रियाओं, प्रगतिशील तथा प्रगति-विरोधी परिवर्त्तनोंपर बराबर ध्यान रखता है।"

"किसी चीज और उसके विरोधी भागका विभाजन द्वन्द्ववादका सार है।"[२] प्रचलित तर्कशास्त्र और द्वन्द्ववाद में भारी अन्तर यह है कि तर्कशास्त्र उसी वस्तुको अपने विचारका विषय बना सकता है, जो कि स्थिर, ठोस, एक ही बार सदाके लिये पकी-पकाई मिल गई है। किन्तु, जगत और उसकी वस्तुएं ऐसी नहीं हैं—गति और परिवर्त्तन उनकी नस-नसमें

---

१ Socialism : Scientific and Utopian, pp. 31-34

२ Materialism and Emperio-Criticism (Lenin) p. 321.

भरा है। रोजमर्रांके साधारण व्यवहारके लिये प्रचलित तर्कशास्त्र काम दे सकता है, जैसे साधारण कामोंके लिये अंकगणित या बीजगणित; किन्तु जब हम चल-ग्रहों, चल-उपग्रहों, चल-सूर्य, चल-नक्षत्रोंकी दुनियामें पहुँचकर हिसाब लगाना चाहते हैं, तो स्थिर गणित, अंकगणित, बीजगनित—वहां काम नहीं दे सकता, वहां चल-कलनकी जरूरत पड़ती है। इसी तरह सौर परिवारके भीतर न्यूटनके गुरुत्वाकर्षणसे हमारा काम बहुत कुछ चल जाता है, किन्तु सौर परिवारमें भी बारीक गणित तथा सौर परिवारके बाहरकी समस्याओंके हल करनेमें गुरुत्वाकर्षण काम नहीं दे सकता, वहां जरूरत होती है आइन्सटाइनकी सापेक्षताके अनुसार विश्वकी वक्रताकी।[1]

३—द्वन्द्ववादके सोलह सूत्र

संक्षेपमें "विरोधियोंकी एकता (समागम)"के सिद्धान्तको द्वन्द्ववाद कहते हैं। इसपर हम आगे सविशेष कहनेवाले हैं। द्वन्द्ववादके स्वरूपको समझानेके लिये लेनिनने १६ सूत्र रचे हैं, डेविड गेस्टकी छोटी व्याख्याके साथ हम उन्हें यहां देते हैं[2]—

हम आमपर विचार कर रहे हैं, इस विचारके लिये 'साकार' (भौतिक) आम चाहिये यह कहनेकी आवश्यकता नहीं; किन्तु आमका स्वरूप हजारों विशेषताएं रखता है, जिन विशेषताओंके साथ कि वह 'सजीव' विश्वका अंग बना हुआ है। आमपर विचार करते वक्त हम उसकी सारी विशेषताओंको एक साथ विचारका विषय नहीं बना सकते। आममें गोलाई-मुटाई, नरमपन-कड़ापन, पीलापन-हरापन, मिठास-खटास, मीठी सुगन्ध, तीखी सुगन्ध, कच्चापन-पक्कापन, सड़ापन ... और इनके सैकड़ों प्रभेद पाये

---

१ देखो "विश्वकी रूप-रेखा" (सापेक्षतावाद)। २ Dialectical Materialism (by Devid Guest) pp. 47-8.

आते हैं। निश्चय ही हम सोचते वक्त आमकी इन सारी विशेषताओंपर एक ही समय नहीं विचार सकते; इसलिये हम एक समय आमकी किसी एक विशेषता—रंग, स्वाद या गन्ध—को बाकी विशेषताओंसे पृथिक् कर उसे विचारका विषय बनाते हैं। यह सिर्फ सुभीतेके खयालसे किया जाता है। किन्तु, यहां हमें यह ध्यान रखना है कि कोई भी विचार या चिन्तन असम्भव है, जब तक कि उसका विषय—वस्तु—न हो; और वस्तु अपनी हजारों विशेषताओंके साथ विश्वका अभिन्न अंश है; इसलिये द्वन्द्ववादी तरीकेसे सोचते वक्त हमें वस्तुओंको उसी रूपमें देखना चाहिये, जिसमें कि वह वस्तुतः है। इसीलिये लेनिनका पहिला सूत्र—

१. प्रत्यवेक्षण (के विषय)को 'साकार' (वस्तुसत्, खुद वही वस्तु) होना चाहिये, (न कि उदाहरण या प्रतिनिधि होनेके लिये अयोग्य आकार)।

विचारकी पहिली अवस्थामें हम वस्तुको अपने दिमागमें विश्व—द्वन्द्वतापूर्ण 'सजीव' विश्व—से अलग कर लेते हैं, जो कि वास्तविकता नहीं है। वास्तविकता लानेके लिये उस पृथक्कृत वस्तुको फिर उसके 'घर'में रखना होगा, जिसमें कि वह फिर 'सजीव' विश्वका अंग बन जाये—गोया इस प्रकार हम पहिली अवस्था (पृथक्करण)का प्रतिषेध करते हैं, ऐसा किये बिना हम अध्यात्मवाद, विज्ञानवादकी मानसिक भूल-भुलैयोंसे बच नहीं सकते। इसीलिये लेनिनका दूसरा सूत्र—

२. हमें प्रत्येक वस्तुके दूसरी वस्तुओंके साथ अनेक प्रकारके जो सम्बन्ध हैं, उनके सारे योगफलपर विचार करना चाहिये।

प्रत्येक वस्तु यही नहीं कि विश्वव्यापी घटनाका एक अंश है; बल्कि वह स्वयं भी वस्तुतः एक घटना—अन्तस्तम भागमें भी किसी तरहके स्थिर सारसे शून्य नित्य परिवर्त्तनशील प्रवाह—है; इसलिये उसके "स्वभाव"को उसकी प्रकृतिमें समाये रूपमें समझा जा सकता है; न कि उसे परिवर्त्तनके रूपसे अलग करके। अतएव, हमारे लिये विचारणीय है—

३. वस्तु या प्रतीयमान विश्वका[१] विकास, उसकी अपनी गति, उसका अपना 'जीवन'।

किन्तु, यह विकास ऐसा नहीं है, जो कि हेतुके बिना "दैवी चमत्कार"-की तरह अपने आप जारी हो गया हो; यह विकास सदा आन्तरिक द्वन्द्व (विरोध) तथा बाहरी सम्बन्धों—जिनमें खुद द्वन्द्व भी शामिल है—का परिणाम है। हम विकासकी व्याख्या उतनी ही कर सकते हैं; और बुद्धिसम्मत तरीकेसे उसे उतना ही समझ सकते हैं, जितने परिमाणमें कि हमने वस्तुके आन्तरिक द्वन्द्वकी खोज की है। अतएव—

४. हमें वस्तुमें (उसकी) आन्तरिक विरोधी प्रवृत्तियों (तथा पहलुओं)की तलाश करनी चाहिये; उन्हें देखना चाहिये।

५. वस्तु (या आकार आदि)को विरोधोंके योग या एकताके तौरपर भी देखना चाहिये।

६. हमें इन विरोधोंके संघर्ष या प्राकट्य तथा जो इन संघर्ष आदिके साथ टकराता है, उसका परीक्षण करना चाहिये।

हर एक वस्तु अपने स्वरूपमें अनगिनत पेचीदगियोंसे भरी है। उसके बनानेवाले सारे पहलुओं और विशेषताओंकी गिनती नहीं की जा सकती। वह विश्वकी दूसरी वस्तुओंमेंसे प्रत्येकके साथ भिन्न-भिन्न प्रकारके सम्बन्ध रखती है। उनका परिज्ञान हमें तभी हो सकता है, जब कि हम उसे इन भागोंसे विभक्त —(विश्लेषण)—करके देखें; और इन भागोंको उनके पारस्परिक सम्बन्धके साथ सम्बद्ध (संश्लेषण) करके विचार करें। अतएव, वस्तुके यथार्थ ज्ञानके लिये जरूरी है—

७. विश्लेषण और संश्लेषणकी एकता, भिन्न-भिन्न भागोंमें तथा पूर्ण-योगमें विभाजन—इन भागोंको एक साथ जमा करना।

८. प्रत्येक वस्तु (या आकार आदि)के सम्बन्ध—विभिन्न ही नहीं,

---

१ Phenomena.

बल्कि साधारण, सामान्य (सम्बन्ध भी)। प्रत्येक वस्तु (आकार, घटना आदि) सभी दूसरी वस्तुओंसे सम्बद्ध है।

९. सिर्फ विरोधोंकी एकता (समागम) ही नहीं, , बल्कि सभी दूसरी स्व-विरोधी (वस्तुओं)का प्रत्येक निश्चय, प्रत्येक गुण, प्रत्येक विशेषता, प्रत्येक पहलू, प्रत्येक स्वभावका भी।

१०. नये पहलुओं, सम्बन्धों आदिके प्रकट होनेकी अपरिमित प्रक्रिया।

११. मनुष्यों द्वारा वस्तुओं, आकारों, घटनाओं आदिके ज्ञानके गम्भीर होने—बाहरी रूपसे सार-रूप तथा कम गहराईसे अधिक गहराई तक पहुँचने—की अनगिनत प्रक्रियाएँ।

१२. सह-भावसे कार्य-कारण-सम्बन्ध (हेतुता) और जोड़ (सन्धि) तथा एक-दूसरेकी निर्भरताके एक रूपसे दूसरे अधिक गहरे तथा अधिक बहुव्यापी (साधारण) रूपमें पहुँचनेकी अनगिनत प्रक्रियाएँ।

विरोधोंके बीच होता यह संघर्ष विकासका कारण बनता है, तथा एक सीमापर पहुँचकर पूर्वके स्थिति-प्रवाहसे एक बिलकुल क्रान्तिकारी-विच्छेद उपस्थित करता है और पुरानेकी जगह एक नई वस्तु (या गुण) प्रकट होती है। इस प्रकट होनेकी विशेषता है, एक स्थितिसे बिलकुल भिन्न स्थितिमें कूदना—शान्त प्रवाहका प्रवाहित होना नहीं, बल्कि पिछले प्रवाहका विच्छेदकर एक नये प्रवाहका उपस्थित होना। इस कुदानके स्वरूपको लेनिनने अपने शेष चार सूत्रोंमें बतलाया है—

१३. (वस्तुकी) निम्न अवस्थामें पाई जानेवाली कुछ विशेषताओं, गुणों आदिकी उच्च अवस्थामें आवृत्ति होना।

१४. पुरानी (अवस्था)की ओर दिखावटी लौटना (प्रतिषेधका प्रतिषेध);

१५. (बाहरी) आकारका (भीतर रहनेवाले) सारके साथ संघर्ष तथा सारका आकारके साथ संघर्ष।

१६. परिमाणका गुण तथा गुणका परिमाणके रूपमें परिणत होना।

१५वें और १६वें सूत्रकी व्याख्या हैं। याद रखना चाहिये कि द्वन्द्व-वाद मार्क्सवादके ज्ञानका सिद्धान्त है—इसके द्वारा ही वास्तविक ज्ञान प्राप्त किया जा सकता है। सूत्रमें कई बातोंकी व्याख्या अपेक्षित है, जिसे हम आगे कहनेवाले हैं; इसलिये यहां कहनेकी जरूरत नहीं।

४—क्षणिकवाद

द्वन्द्ववादके रूपका जो दिग्दर्शन ऊपर हुआ है, उससे स्पष्ट है कि वह विश्व और उसकी वस्तुओं—वस्तु नहीं घटना—को परिवर्त्तनशील गतिशील प्रवाह मानता है। इसके समझनेके लिये आइये इन बातोंपर अलग-अलग विचार करें।

(१) **परिवर्त्तन**—जिस वक्त मनुष्य भाषाका विकास कर रहा था—और उसमें काफी आगे तक पहुँच चुका था, उस वक्त द्वन्द्ववाद पैदा नहीं हुआ था, जिसके कारण कुछ अपरिहार्य दोष हमारी भाषाओंमें रह गये हैं। हम विश्वको घटनाओंका प्रवाह न समझ, उसे वस्तुओंका समूह मानते हैं, उसीके अनुसार हम भाषामें गति-परिवर्त्तन-द्योतक क्रियापद "होता है" (भवति) न कहकर, "है" (अस्ति) कहते हैं। हमारी बहुत-सी दिक्कतें, गलतफहमियां दूर हो जायँ, यदि हम 'अस्ति'का बायकाटकर हर जगह 'भवति'का प्रयोग करें। हर 'चीज' 'है'की अवस्थामें नहीं, बल्कि 'होने'की अवस्थामें है। द्वन्द्ववादका 'है'से कोई सम्बन्ध नहीं, चाहे भाषाकी अनिवार्यतासे हमें उसका प्रयोग भले ही न करना हो—वह सिर्फ 'होना'से सम्बन्ध रखता है।

परिवर्त्तनशीलता (क्षणिक)वादको अधिक विकसितकर उसे एक साइंसका रूप देनेका भारी श्रेय मार्क्सवादको बहुत हद तक जरूर है; किन्तु यह सिद्धान्त बहुत पुराना है। बुद्ध (५६३-४८३ ई० पू०) और उनके

समकालीन यूनानी दार्शनिक हेराक्लितु (५३५-४२५ ई० पू०) दोनों ही क्षणिकवाद (अनित्यवाद)के महान् समर्थक थे। बौद्धोंका तो हर समय यह नारा रहा कि "जो है वह क्षणिक है"[१] जो क्षणिक नहीं है वह है ही नहीं। हेराक्लितु कहता था, "(जगतकी) सृष्टि उसका नाश है, उसका नाश उसकी सृष्टि है; कोई चीज नहीं है, जिसके पास स्थायी गुण हो। संगीतका समन्वय निम्न और उच्च स्वरोंका समागम—विरोधियोंका समागम है—। यह (क्षणिकता) एक ऐसा नियम है, जिसे न देवताओंने बनाया, न मनुष्योंने। यह सदासे रहा है और रहेगा।" बुद्ध और हेराक्लितुके क्षणिकवादी दर्शन-पर हम अन्यत्र[२] कह चुके हैं।

हेगेल (१७७०-१८३१ ई०) यद्यपि विज्ञानवादी था; किन्तु वह असंग (४०० ई०) की भांति मानता था कि विज्ञान स्थिर नहीं, क्षणिक है; इसीलिये उहे शंकराचार्यकी तरह मायावाद—रस्सीमें सांपके भ्रमकी भांति यह जगत अपनेसे सर्वथा विलक्षण ब्रह्ममें भ्रम, मायामात्र है—का सहारा नहीं लेना पड़ा। हेगेलने पहलेसे चले आते विज्ञानवादमें परिवर्त्तनशीलता (क्षणिकता)को मिलाकर उसे एक कदम आगे बढ़ाया। किन्तु पहले हीसे मौजूद असंगके क्षणिकवादको "प्रच्छन्न बौद्ध" शंकराचार्य-का स्थिर ब्रह्मवाद—मायावाद—का रूप देना, उनके प्रयत्नको प्रगतिकी ओर नहीं; बल्कि पतनकी ओर बतलाता है। मार्क्स-एन्गेल्सके वैज्ञानिक (द्वन्द्वात्मक) भौतिकवादने हेगेलके द्वन्द्वात्मकवादको काल्पनिक विज्ञान-वादसे मुक्तकर उसे और आगे बढ़ाया।

एन्गेल्स परिवर्त्तन-शीलतावादके बारेमें समझाते हुए कहते हैं[३]—

"जब हम सारी प्रकृति या मानव-जातिके इतिहास या खास अपनी

---

१ "यत् सत् तत् क्षणिकम्"

२ देखो "दर्शन-दिग्दर्शन" पृष्ठ ५१०, ७२३, ७५७

३ Socialism, Utopian and Scientific, pp. 29-34.

ही बौद्धिक (मानसिक) क्रियापर विचार, मनन करते हैं; तो सबसे पहले सम्बन्धों, टक्करों, योगों-विभागोंकी न खतम होनेवाली उलझनोंका चित्र हमारे सामने आता है। इस (चित्र)में पहले जो जहां जैसा था, (दूसरे क्षण) उसमेंका कुछ भी बच नहीं रहता; सब कुछ चल रहा (गतिशील) है, अस्तित्वमें आ रहा और विलीन हो रहा है।

"अतएव पहले-पहल हम **चित्रको संपूर्ण (रूप)के तौरपर** देखते हैं, उस वक्त उसके अलग-अलग अवयव कम या अधिक (नजरसे) ओझल रहते हैं; **हम (वहां) गति, परिवर्त्तन, सम्बन्ध देखते हैं, न कि (ऐसी) चीजें, जो कि गति या सम्बन्ध कराती हैं और (परस्पर) सम्बद्ध हैं।**

"यह विचार, यद्यपि दृश्योंके चित्रके सामान्य स्वरूपको पूरे आकारके तौरपर ठीकसे प्रकट करता है; लेकिन वह तब तक चित्रको बनानेवाले विस्तार (अंगोंमें) को समझानेके लिये पर्याप्त नहीं है; और जब तक हम इन (अंगों-विस्तारों)को नहीं समझते, तब तक हमें सारे चित्रका स्पष्ट ज्ञान नहीं हो सकता। **इन अंगोंको जाननेके लिये हमें उन्हें उनके प्राकृतिक या ऐतिहासिक सम्बन्धसे अलग करना होगा; फिर प्रत्येककी**—उसके स्वभाव, विशेष कारण, कार्य आदिके साथ—**परीक्षा करनी होगी।** प्राकृतिक (भौतिक) साइंस और ऐतिहासिक गवेषणाका यह मुख्य काम है।

"लेकिन, (साइंसके) काम करनेके इस ढंगने हमारेमें यह आदत लगा दी है कि हम प्राकृतिक वस्तुओं तथा घटनाओंको पृथक्कर —विशाल सम्पूर्ण (आकार)से उनके सम्बन्धको हटाकर—देखते हैं; उन्हें हम गतिकी अवस्थामें नहीं, स्थितिकी अवस्थामें; परिवर्त्तनशील नहीं, स्थायी (रूप)में; जीवन (की अवस्था)में नहीं, बल्कि मृत्यु (की अवस्थामें) देखते हैं।....

"इसके विरुद्ध द्वन्द्ववाद **वस्तुओं और उनके (मानस-) चित्रोंको उनके**

आवश्यक सम्बन्ध, सहभाव, गति, आरम्भ और अन्त (के रूप)में देखता है।

"प्रकृति द्वन्द्ववादका प्रमाण है।. .प्रकृति अतिभौतिक (आध्यात्मिक) रीतिसे नहीं, बल्कि द्वन्द्वात्मक रीतिसे (अपना) काम करती है। वह सदासे आवृत्ति करनेवाले चक्र (युग)की सनातन अद्वैतता (के रूप)में नहीं, बल्कि एक वास्तविक, ऐतिहासिक (न दुहराये जानेवाले) विकासके रूपमें काम करती है।"

विश्व वस्तुओंका समूह नहीं, घटनाओंका समूह है; अर्थात् जिसे हम वस्तु कहते हैं, वह वस्तुतः परिवर्त्तनशील तरंग-प्रवाह है। एक पीपलके पत्तेको लीजिये। यह उस समय छोटे-छोटे कणोंका समूह जान पड़ता है; किन्तु यदि अणुवीक्षणकी सहायतासे लाखों गुना बढ़ाकर देखें, तो वे कण अपने समूहके भीतर निरन्तर बदलते दिखलाई पड़ेंगे। इस तरह हम नंगी आंखोंसे पत्तोंमें जिस स्थिरताको देखते हैं, सूक्ष्मतामें जानेपर उसे उसका अवयव स्वीकार नहीं कर सकते।

परिवर्त्तन विश्वके रोम-रोममें है, प्राणि-अप्राणि सारा जगत इस नियम से जकड़ा हुआ है। विचार बदलते रहते हैं, राय बदलती रहती है, हमारी रुचि-अरुचि, हमारी सदाचारीय मूल्य आंकनेकी भावना, हमारी समझ, खुद हमारा स्वभाव भी बदलता रहता है। अपने वातावरणके कारण हम बदलते; नये बन रहे हैं; और हमारे प्रभावमें आकर वातावरण भी बदल रहा है और नया बन रहा है। हम भी उसके लिये वातावरण हैं। विश्व स्वयं अपनेको बदलता, नया बनाता प्रकट करता है। उसका हर एक भाग गति कर रहा है। हर एक दृश्य वही नहीं है, जो कि एक क्षण पहले था। कोयलेके एक टुकड़ेको हम जलाते हैं—वह अब कोयला नहीं, बल्कि धुआं और प्रभास्वर ताप है। वह अब चमकता काला ढेला नहीं है, बल्कि बिखरे हुए कण हैं, जो कि आकाशमें फैल रहे हैं। हर एक परिवर्त्तन पहले क्षण किसी वस्तु या वस्तु-समूहकी गतिके रूपमें दिखलाई देता है, जिस गतिके साथ उस वस्तुकी

कुछ विशेषपताएं तथा दूसरी वस्तुओंके साथ उसके सम्बन्धमें भी तब्दीली हो रही है।

लेकिन, इस गतिको सीधे-सादे तौरसे देशमें एक स्थानसे दूसरे स्थानमें जाना नहीं समझना चाहिये; बल्कि जैसा एन्गेल्सने कहा है; "यह वास्तविक ऐतिहासिक (न दुहराया जानेवाला) विकास है।" विश्वमें घटित हो रहा, प्रत्येक परिवर्तन, एक नवीन भाव (वस्तु)को अस्तित्त्वमें लाता है। विश्व परिवर्तनशील विश्व है। एक क्षणसे दूसरे क्षणमें भी वह वही (पहिले क्षणवाला ही) नहीं है। प्रत्येक सांस, जो मैं अपने सेलमें इस वक्त ले रहा हूं, वह सेलके वायुमंडलके आक्सीजन, कार्बन आदिके परिमाणमें अन्तर पैदा कर रहा है। परिवर्तनशील विश्व कहनेका यह भी मतलब है कि उसके गुण भी बदल रहे हैं।

इस आमूल परिवर्तनमें सन्देह करनेकी जरूरत नहीं, जब कि हमें मालूम है कि भौतिक तत्त्वोंके भीतर घुसनेपर हम जिन हाइड्रोजन आदि (९२) तत्त्वोंपर पहुँचते हैं, उनमें रेडियो-क्रियावाले परमाणु[1] स्वतः टूटकर बदलते हुए एकसे दूसरे तत्त्वमें परिणत होते रहते हैं। रेडियो क्रिया-वाले परमाणु—उनके नाभिकण—जो टूटते हैं, वह किसी बाहरी प्रहारके कारण नहीं, बल्कि अपने भीतरकी विरोधी शक्तियोंके समागमके ही कारण। न्यूट्रनसे गोला-बारी करके हालमें साइंसवेत्ताओंने परमाणुके आकार-गुण सबमें परिवर्तनकर हजारों तरहके नये रासायनिक मिश्रित तत्त्वोंको तैयार किया है।

सदृश उत्पत्ति—प्रकृतिके अन्तस्तममें परिवर्तन और भी क्रान्तिकारी है, और भी आमूल है, यह तो मालूम हुआ। अब सवाल उठेगा कि ऐसा होनेपर हमें "यह वही है"का खयाल क्यों होता है? यहां हमें लेनिनके

---

१ पोलोनियम्, रडोन्, रेडियम्, अक्टीनियनम्, थोरियम् आदि। देखो, "विश्वकी रूपरेखा"।

१३वें-१४वें सूत्रोंको फिर दुहराना पड़ेगा। परिवर्त्तनकी कुदान निम्न शर्तोंके साथ होती है—"निम्न अवस्थामें पाई जानेवाली कुछ विशेषताओं, गुणों आदिकी उच्च अवस्थामें आवृत्ति होनी, और पुरानी (अवस्था)की ओर दिखावटी लौटना।" इसका अर्थ है कि हर एक नई उत्पत्ति पुरानेके सदृश होती है। इस सदृश-उत्पत्तिके कारण वैसा भ्रम होना आश्चर्यकी बात नहीं है।

(२) गति—"गतिके बिना भूत (भौतिक तत्त्व) रह नहीं सकता; कोई ऐसी गति नहीं जो कि भूत-गति नहीं है", देमोक्रितु, लुक्रेसिउसे से लेकर मार्क्स, एन्गेल्स, लेनिन होते आज तक सारे भौतिकवादियोंका यही नारा रहा है। एन्गेल्सने लिखा—[१]

'गति भूतके (अपने) अस्तित्व (रहने)का स्वरूप है। बिना गतिके भूत न कभी था और न कभी रहेगा। (हम देखते हैं)—विश्व-आकाशमें गति, नाना प्रकारकी आकाशीय पिंडोंके ऊपर छोटे-छोटे पिंडोंकी यांत्रिक ('गुरुत्वाकर्षणवाली') गति ताप या विद्युत्-चुम्बकीय तरंगों, रासायनिक मिश्रण और बिछुड़न या प्राणि-शरीरके रूपमें अणु-गुच्छकोंकी गति—किसी भी समय विश्वमें भूतका प्रत्येक परमाणु इन गति-प्रकारोंमेंसे एक या दूसरे रूपमें, अथवा एकाएक इन प्रकारोंमेंसे अनेक रूपोंमें होता है। सभी (तरहका) विश्राम, सभी साम्यावस्था सिर्फ सापेक्ष है और उसे गतिके प्रकारोंमेंसे किसी एककी अपेक्षासे ही समझा जा सकता है।"

(३) विश्व-विच्छेदयुक्त प्रवाह—परिवर्त्तनके बारेमें लिखते वक्त हम बतला आये हैं कि किस तरह विश्व और उसके क्षुद्र परमाणुओं तकपर परिवर्त्तनका नियम लागू है। भौतिक तत्त्वके सूक्ष्मतम ज्ञात अंश एलेक्ट्रन[२]को ले लीजिये। साइंसकी ताजा गवेषणाओंने सिद्ध किया है कि वह कण-तरंग

१ Anti-Duhring (1878), p. 71.

२ देखो "विश्वकी रूपरेखा" पृष्ठ ८९

है—अर्थात् उसमें कण-जैसी एकदेशीयताके गुण भी हैं और तरंग-जैसे प्रवाहके गुण भी; जिसका साफ अर्थ हैं कि वह सीमित—परिच्छिन्न—विच्छिन्न (विच्छेदयुक्त) प्रवाह है। द्वंद्ववाद इसी विच्छिन्नतामें तथा उसीके द्वारा होते विश्वका घटना-प्रवाह मानता है। विश्व और उसके पदार्थोंके प्रत्येक अभिनव रूप, अभिनव गुणके उत्पन्न होनेके साथ ही अतीत रूप, अतीत गुणसे विच्छेद हो जाता हैं। इसीलिये, द्वंद्ववाद सिर्फ प्रवाह कहकर ही नहीं ठहर जाता, बल्कि उसे विच्छिन्न प्रवाह भी कहता है। विच्छिन्न और प्रवाह दो परस्पर विरोधी बातोंको सुनकर घबड़ाना नहीं चाहिये। द्वंद्ववाद विरोधि-समागमवादका ही दूसरा नाम है। यदि सनातनी तर्कशास्त्रकी समझमें यह नहीं आता, तो उसे जंगलकी खाक छानने दीजिये। प्रकृति जब स्वयं इसका समर्थन करती है, तो तर्क बपुरा किस खेतकी मूली है[1]।

विच्छेदयुक्त प्रवाहके समझनेके लिये दो तरहकी गतियोंको लीजिये। सांप सरकता है—हर स्थानको छूता जाता है, उसकी गति निरंतर प्रवाह है। और,मेढ़ककी कुदान (मंडूक प्लुति) एक दूसरे ही तरहकी गति है, जिसमें मेढ़क हर स्थानको छूता नहीं है, इस स्थान पर है और फिर कूदकर पांच हाथके स्थानसे कोई सम्पर्क रखे विना नये स्थानपर आ पड़ता है। जिस विच्छेदयुक्त प्रवाहके बारेमें हम कह रहे हैं, वह इसी तरहकी मेढ़क-कुदान है। अंकगणितको हम इस तरहकी मेढ़क-कुदानसे भरा देखते हैं। संख्याको एककी संख्यासे दोकी संख्यापर क्या हम सर्प-गतिसे जाते देखते हैं, या मेढ़क-कुदानसे? हर अंकपर यही बात है! अंकमें हम जहां १,२, ३. . . .का प्रवाह पाते हैं, वहां १ से दो, २ से तीन. . .के कुदान-विच्छेदको भी पाते हैं। यह साफ विच्छेद (कुदान) युक्त प्रवाह है।

इस विरोधी-समागम—विच्छेदयुक्त प्रवाह—के न होनेपर प्रकृति

---

१ "यदिदं स्वयमर्थानां रोचते तत्र के वयम्"—प्रमाणवार्तिक।

'निर्जीव' वैचित्र्यहीन होती। आजकल सिनेमाका बहुत प्रचार है। नागरिक, ग्रामीण सभी लीला चिटनीस और रेणुका देवीके अभिनयोंका आनंद लेते हैं। जानते हैं, सिनेमाके चलचित्र किस तरह रुपहले पर्देपर प्रतिबिंबित हो हमारे मनोरंजनके कारण बनते हैं। वहां भी कण-तरंग, विच्छेद-युक्त-प्रवाह मौजूद है। फिल्म सैकड़ों फीट लंबा पारदर्शक (कांच-सा) फीता है, जिसपर छोटी-छोटी चौकोर तसवीरें हैं। इन इंच-दो इंच लम्बी-चौड़ी चौकोर तस्वीरोंको कागजपर लेकर यदि आप आतशी शीशेसे देखें, तो वह चौखटीमें लगी 'निर्जीव' (गतिशून्य) तसवीरें हैं। किंतु, जब यह छोटे-छोटे तसवीर-मनकोंकी माला (कण-तरंग) के रूपमें एकके बाद एक परदे परसे गुजरती हैं, तो उनको हम उस रूपमें देखते हैं, जिसे चल-चित्रपट कहते हैं। किन्तु, यहां एक बात और खयाल रखिये, यदि सिनेमाकी मशीन-लालटेनके मुंहसे गुजरते वक्त एक तसवीरको दूसरी तसवीरसे 'अविच्छिन्न' क्रमसे लगा दिया जाय, तो जानते हैं तसवीर आपको कैसी दिखलायेगी ?—बिलकुल अस्पष्ट, बिना फोकस किये कमरेसे खींची तसवीर अथवा साठ वर्षके बूढ़ेकी ऐनकको लगाकर चलनेवाले बालककी आंखोंसे देखी जानेवाली 'दुनिया' की तरह। इसीलिये, सिनेमाकी चित्र-मालामें एक तसवीरको दूसरीसे विच्छेद करनेका इन्तजाम किया गया है। इसी विच्छेदयुक्त चित्र-प्रवाहका चमत्कार है, जिसे कि हम सिनेमाकी चलती-फिरती तसवीरोंमें पाते हैं।

घ—द्वन्द्वात्मक (वैज्ञानिक) भौतिकवाद

भौतिकवादके कई भेद हैं, खासकर उसके ऐतिहासिक प्रवाहमें। एक पुराण भौतिकवाद था, चार्वाकको जिसका समर्थक बतलाया जाता है; और कहा जाता है कि वह सिर्फ प्रत्यक्ष प्रमाणको मानता था—गोया वह मनुष्यकी मस्तिष्क-शक्तिके इस्तेमालको ठीक नहीं मानता था। लेकिन, हम नहीं

समझते, चार्वाक इतना बच्चोंका-सा दार्शनिक था। उसका प्रत्यक्ष प्रमाणपर जोर देनेका यही मतलब हो सकता है कि इन्द्रियों द्वारा प्राप्त होनेवाला ज्ञान 'परमार्थ' सत् है, दूसरी तरह—कल्पना आदिके द्वारा अनुमान—उपमान. . . .शब्द—से जो ज्ञान प्राप्त होते हैं, वह उतने ही अंशमें प्रामाणिक होंगे, जितने अंशमें कि उन्हें प्रत्यक्ष प्रमाणकी सहायता प्राप्त है।—प्रत्यक्ष मूर्धाभिषिक्त प्रमाण है, दूसरे उसके चाकर हैं। चार्वाकके समय कुञ्जीपर चलनेवाली घड़ी अथवा वाष्प-चालित यंत्रोंका पता नहीं था। पीछे इन यंत्रोंके अस्तित्वमें आनेपर जो भौतिकवाद प्रचलित हुआ, उसे **यान्त्रिक भौतिकवाद** कहते हैं।

(१) **यान्त्रिक भौतिकवाद**—पुराण भौतिकवादमें 'किण्व' डालनेसे शराबके नशाकी उत्पत्तिकी भांति भूतसे चेतनकी उत्पत्ति बतलाते थे। लेकिन, जब चाभी देकर हफ्तों नहीं, वर्षों चलनेवाली घड़ियां बनने लगीं, तो इसे लेकर दो तरहके दार्शनिक विचार पैदा हुए, जिनमें एक तो दे-कार्त-जैसे उन ईश्वर-विश्वासियोंका गिरोह, जो कि विश्वको भारी घटी-यंत्र और ईश्वरको चाभी लगानेवाला मानते थे। इस यांत्रिक ईश्वरवादमें ऐसे विचार भी शामिल थे, जिनमें ईश्वरको प्रलय तकके लिये चाभी लगा आराम करते बतलाया गया था और इसीलिये उनका कहना था, बीचमें सारी बातें प्राकृतिक नियमसे चलती हैं। दूसरा विचार यांत्रिक भौतिक-वादियोंका था, जो घड़ी, घड़ीसाज सबको भौतिक मानकर कहते थे, कि किसी ईश्वरको सृष्टिके आदिमें चाभी देने तथा प्रलय (कयामत)के समय नाश करनेकी जरूरत नहीं। सत्रहवीं-अठारहवीं सदीमें यंत्रके जो तरह-तरहके आविष्कार हुए थे, उनका प्रभाव भौतिकवादपर पड़ना जरूरी था। यांत्रिक भौतिकवादियोंके लिये मन और भूत एक ही चीज थी। इस अर्थमें नहीं कि प्रकृतिसे मन विकसित हुआ है, बल्कि दोनों अभिन्न हैं। गुणात्मक परिवर्तनसे—विच्छेदयुक्त प्रवाह द्वारा—किस तरह बिलकुल नई वस्तु—घटना—पैदा होती है, इसे वह महत्त्व नहीं देते थे।

उनके लिये जिस तरह घड़ी उसके पुर्जोंका योग है; वैसे ही मन भी उसके बनानेवाले भौतिक तत्त्वोंका योग है। अठारहवीं सदीके यांत्रिक भौतिक-वादके बारेमें एन्गेल्सने लिखा था[१]—

"पिछली सदीका भौतिकवाद बहुत अधिक यान्त्रिक था; क्योंकि उस समय सभी प्राकृतिक साइंसोंमें यंत्रशास्त्र और (वहां भी वस्तुतः ठोस पार्थिव तथा आकाशीय पिंडोंका यंत्रशास्त्र—संक्षेपमें गुरुत्वाकर्षणका यंत्रशास्त्र एक निष्कर्षपर पहुँच पाया था।. . . दे-कार्त[२] के लिये जैसे पशु (जीवरहित स्वयं वह यंत्र) था वैसे ही अठारहवीं सदीके भौतिकवादियोंके लिये मनुष्य एक यंत्र था। रसायन और प्राणि-संबंधी स्वभाव (जिन घटनाओंमें, यह सच है—यंत्र-शास्त्रके नियम भी लागू हैं; किन्तु दूसरे उनसे उच्चतर नियमों द्वारा वे भी फेंक दिये जाते हैं)की घटनाओंमें इस तरह सिर्फ यंत्र-शास्त्रके मानोंके प्रयोगका अभाव पुराने फ्रेंच भौतिकवादकी एक खास कमी थी जो कि उस समयके लिये अनिवार्य भी थी।

"दूसरी खास कमी उस भौतिकवादकी इस बातमें थी कि वह विश्वको घटना-प्रवाह—ऐतिहासिक घटना-प्रवाहके तौरपर विकसित होते भूत (भौतिक तत्त्व)—के तौरपर समझनेकी क्षमता न रखता था।. . .वह समझता था कि प्रकृति निरन्तर गति कर रही है। किन्तु, उस समयके विचारके अनुसार यह गति सदासे एक वृत्तपर हो रही है, इसलिये उस स्थानसे कभी नहीं हटती और फिर उन्हीं परिमाणोंको उत्पन्न करती है।"

फ्रांसीसी भौतिकवादी दो'ल-बाश्[३] (१७२३-८९ ई०)ने लिखा

---

१ Ludwig Feuerbach (Moscow, 1946), p. 30-31.

२ दे-कार्त सिर्फ मनुष्यों और फरिश्तोंमें ही जीवात्माकी सत्ताका स्वीकार करता था, बाकी प्राणी उसके लिये जीवरहित यंत्र थे।

३ D'Holbach.

था[1]—"हम (भौतिकवादियों)को कोई आपत्ति नहीं होनी चाहिये, यदि कोई व्यक्ति पहिलेकी कल्पनाओंसे इनकार करता है। यदि कोई बतलाता है कि प्रकृति अटल एवं सार्वत्रिक नियमोंके खास समूहके अनुसार काम करती है; यदि कोई विश्वास करता है कि मनुष्य, चौपाया, मछली, कीड़े, वृक्ष आदि जैसे आज हैं, वैसे ही सदासे रहते आये हैं और रहेंगे; यदि वह जोर देता है कि तारे नभ-मंडलमें अनन्तकाल तक जगमगाते रहेंगे।" यांत्रिक भौतिकवादकी यह यांत्रिक जड़ता ही थी, जिसने विज्ञानवादको आगे बढ़नेमें काफी सहायता पहुँचाई; यद्यपि उसमें सबसे सहायक थी मध्य और उच्च वर्गके शिक्षितोंके दिमागकी क्रान्तिके नामसे उत्पन्न हुई परेशानी।

(२) **वैज्ञानिक भौतिकवाद**—द्वंद्ववादके बारेमें हमने बतलाया कि वह द्वंद्वसमागम, विच्छेदयुक्त प्रवाह और गुणात्मक परिवर्त्तनका सिद्धान्त है। भूत और भौतिकवादको भी हम बतला चुके और यह भी कि यांत्रिक भौतिकवाद—अपने समयके लिये काफी प्रगतिशील रहते भी—नई उलझनोंको अपने काठके हथियार द्वारा सुलझानेमें असमर्थ था। भौतिकवाद + द्वंद्ववाद = द्वंद्वात्मक भौतिकवाद जिसे ही वैज्ञानिक भौतिकवाद कहते हैं, भौतिकवादका उच्चतम विकास है; और वह विश्वके सारे क्षेत्रपर एक-सा लागू होता है।

(i) **व्याख्या**—वैज्ञानिक भौतिकवाद वह भौतिकवाद है, (क) जो अतिभौतिक (आध्यात्मिक) और विज्ञानवादी धारणाओंसे मुक्त है; (ख) जो कि प्राकृतिक जगत (जिसमें मनुष्य भी सम्मिलित हैं) को विकसित होते, स्वरूप-परिवर्त्तनके निरन्तर घटना-प्रवाहके रूपमें स्वीकार करता है; (ग) इसीलिये जो उसी तरहके विकास हो रहे तरीकेपर अपनी विचार-प्रक्रियाको चलाता है—वह सभी वस्तुओंको उनकी

---

१ Essays in History of Materialism (by Plekhanov), p. 13में उद्धृत।

बहु-पार्श्वताके एक दूसरे भिन्न स्वरूपों, उनकी अनेकतामें एकता और उनके विकास-सम्बन्धी बाहरी-भीतरी परिणामांशों (की दृष्टि)से देखना चाहता है।[१]

साइंस-युगके आरम्भमें एक समय था, जब कि दर्शन भी धर्मकी भांति उपेक्षित था; किन्तु कांट, हेगेल-जैसे दार्शनिकोंने उसे बचानेकी कोशिश की। कान्टने प्रतिभा और प्रयोगकी सारी कसौटियोंको कुण्ठित करके और हेगेलने साइंसके आधार द्वंद्वात्मक भूत (भौतिक) तत्त्वको ही द्वंद्वात्मक-विज्ञान नाम देकर अपने दर्शनके लिये साइंसकी सहायता प्राप्त की। इसमें शक नहीं कि कान्ट और हेगेलके प्रयत्नने दर्शनकी वह गत नहीं बनने दी, जो कि धर्मकी हुई। और उसके बाद तो दर्शन यहां तक दावा करने लगा कि वह सब साइंसोंके ऊपर महासाइंस है; वैज्ञानिक भौतिकवाद अपनेको साइंसोंका निरंकुश शासक—महाराजा—नहीं समझता; उसकी इस विषयमें क्या राय है, इसे एन्गेल्सके शब्दोंमें सुनिये—[२]

(ii) **उद्देश्य**—"आधुनिक (वैज्ञानिक) भौतिकवाद सारतः द्वंद्ववादी है और उसे उस प्रकारके (दर्शन-विद्या) की कोई जरूरत नहीं, जो कि महाराजाकी भांति बाकी सभी साइंसोंकी भीड़पर 'मेरा शासन है' यह दिखलाना चाहता है। प्रत्येक खास साइंसके लिये वस्तुओंके बड़े समुदाय और वस्तु-संबंधी हमारे ज्ञानके बीच अपनी स्थितिको साफ करना जरूरी है और जैसे ही वह यह कर लेता है, वैसे ही इस सारे समुदायके लिये उपयोगी एक खास साइंसकी जरूरत नहीं रहती। **अब भी पहलेके सभी दर्शनोंमें से जो कुछ बच रहा है, वह है विचार और उसके नियमोंका साइंस-प्रचलित**

१ The Logic of Marxism (by T. A. Jackson) p. 22.

२ Socialism, Scientif. . and Utopian, pp, 39-40.

तर्कशास्त्र और द्वन्द्ववाद। और बाकी सभी बातें इतिहास और भौतिक (प्राकृतिक). . .साइंसके अन्तर्गत हो गई हैं।"

इसी तरह साफ है कि वैज्ञानिक भौतिकवाद अपनी वही स्थिति नहीं समझता, जो कि दूसरे दर्शन। पैसोंके लिये—दो-चार नहीं दो-चार हजार दो-चार लाखके लिये—जूआ-चोरी, रिश्वत, बेईमानी, बही-खातेका जाल . . .सब कुछ करनेवाला शिक्षित धनिक-वर्ग तथा उसके पिट्ठू जिस तरह रोटीकी बात करते ही नाक-भौं सिकोड़ सातवें आसमानपर बैठे देवताकी तरह बोल उठता है—मनुष्य रोटीसे नहीं जीता, रोटीका सवाल रखना मानवताका अपमान है; मनुष्यको "नेह नाना", "सत्यं शिवं सुन्दरं", "तदेव ब्रह्म त्वं विद्धि नेदं यदिदं उपासते।"[१] ठीक इसी तरह दर्शन भी अपनेको सातवें आसमानका देवता समझ "राम बादशाहके हुक्मनामे" निकालता है, जो नितान्त परिहासास्पद है, इसे कहनेकी आवश्यकता नहीं।—और इसे दार्शनिकोंमें अधिक सोचने-समझनेकी शक्ति रखने-वाले बूझते हैं। इसीलिये तो वह भी पुराने समयमें (और अब भी जब तब)—जैसे कणाद, गौतम, गजाली, रोश्दने—और दुनियाकी आंखमें धूल झोंकनेके लिये कान्ट और विलियम जेम्सने भी—धर्म और दर्शनके समन्वयकी कोशिश की थी, उसी तरह आज भी कुछ लोग दर्शन और साइंसका समन्वय करना चाहते हैं।

इससे एक बात और साफ हो जाती है कि मानवकी प्रगतिमें दर्शन धर्मके आगे आनेवाली स्थिति रखता है। इसलिये दुनियामें सभी जगह दर्शनको गाली देते देख भी धर्मको उसकी सहायता पानेके लिये अपना हाथ पसारना पड़ा। साइंस दर्शनसे भी आगेकी प्रगति है, इसलिये "लोग क्या कहेंगे"के खयालसे दर्शन चाहे साफ स्वीकार न करे; किन्तु वह भी साइंसका

---

१ "यहाँ नाना नहीं है", "सत्य, अच्छा सुन्दर", "उसी ब्रह्मका ज्ञान करो, इसका नहीं जिसकी कि (पामर लोग) उपासना करते हैं।"

मुंह जोहता है। "राम बादशाहका हुक्मनामा" निकालनेसे दर्शन साइंस-का महाराजा नहीं हो सकता। वैज्ञानिक भौतिकवाद अपनेको साइंसोंके ऊपर नहीं समझता और न साइंसोंसे अलग। वह सभी साइंसों—ज्योतिष, भौतिकशास्त्र, रसायन, प्राणिशास्त्र....के गवेषणीय विषय द्वंद्वात्मक भूतको आंखोंसे ओझल न होने देनेकी कोशिश करता है। इसकी वर्त्तमान अवस्थामें कितनी जरूरत है यह आप आसानीसे समझ सकते हैं, जब कि जीन्स और एडिंग्टन जैसे साइंसदानोंको धर्म-दर्शन-राज तथा वर्त्तमान समाज—व्यवस्था—की चापलूसी करते हुए अपने पदको ठीकरों ("सर"...?)के मूल्य बेचते देखते हैं। वैज्ञानिक भौतिकवादकी आज आवश्यकता है, विचार-क्षेत्रमें इन प्रक्रियावादी विचारों (दर्शनों)से लोहा लेनेके लिये। वस्तुतः, वैज्ञानिक-भौतिकवाद विज्ञानों (साइंसों)का अधिनायकत्त्व है, जो कि कमकर-अधिनायकत्त्वकी भांति नीचेसे—भिन्न-भिन्न साइंसोंसे—शक्ति प्राप्त करता है और जैसा कि एन्गेल्सने अभी कहा, जैसे ही साइंसोंको "आत्मचेतना" आ जायेगी, और नामधारी साइंस-दानोंकी धांधली तथा अनधिकार-चेष्टा खतम हो जायगी; वैसे ही यह अधिनायकत्त्व और विचार-क्षेत्रकी सरकार भी सूख मुर्झा-मुर्दा हो जायगी, तथा जो काम वैज्ञानिक भौतिकवादके रूपमें आज संगठित हुआ है, उसे खुद साइंस अपने आप करने लगेंगे; इस प्रकार राज्यहीन वर्गहीन चेतना-वान कम्यूनिस्त समाजी जनताकी भांति अपने भीतर वह किसी ऑलिवर लॉज, जीन्स और एडिंग्टन (रमनको भी ले लीजिये) जैसे पुरान-पोषकको नहीं पैदा होने देंगे।

(iii) **साइंसवेत्ता और वैज्ञानिक भौतिकवाद**—उपरोक्त कथन सिर्फ जबानी जमा-खर्च नहीं है, इसे आप वैज्ञानिक भौतिकवादी सारी विचारधारामें पायेंगे। मैंने स्वयं जब इस पुस्तकको लिखना चाहा, तो तब तक कलम नहीं चलाई, जब तक कि वैज्ञानिक भौतिकवादके मूल आधार भौतिक साइंस और सामाजिक साइंसपर हिन्दीमें पुस्तकें—"विश्वकी

रूपरेखा" और "मानव-समाज" पहिले नहीं तैयार कर लीं। इसकी ईमानदारीका सबसे बड़ा प्रमाण है, प्रयोगपर जोर देना; इसे हम अभी थोड़ा ठहरकर कहनेवाले हैं, किन्तु यहां इतना जान लेना चाहिये कि वैज्ञानिक भौतिकवाद किसी भी वाद, विचार, दिमागी कल्पनाको तब तक माननेके लिये तैयार नहीं, जब तक कि प्रयोग—भौतिक विश्लेषण और परीक्षण—पर वह ठीक न उतरे; जैसा कि आजके वैज्ञानिक भौतिकवादके जीवित सर्वश्रेष्ठ विचारक स्तालिनका कहना है—"प्रयोग बिना वाद (सिद्धान्त) नपुंसक-बांझ है, वाद बिना प्रयोग अंधा है।"

वैज्ञानिक भौतिकवाद साइंस-वेत्ताओंके कितने कामका है यह तो इसके नाम—वैज्ञानिकों (साइंस-वेत्ताओं)के भौतिकवाद—से ही साफ है, किन्तु यदि इसमें साक्षीकी जरूरत है तो इंग्लैंडके सर्वश्रेष्ठ साइंस-वेत्ताओंमें एक जे० बी० एस०, हल्डेनके शब्दोंको सुनिये—[१]

"द्वन्द्वात्मक (वैज्ञानिक) भौतिकवादको आजकल अंग्रेज वैज्ञानिक विचारकोंमेंसे कुछ लोग इस्तेमाल करने लगे हैं। किन्तु दुर्भाग्यसे उनके (सफल गवेषणोंमेंसे) कुछ उत्तम उदाहरणोंको यहां उद्धृत करना (अच्छा नहीं, क्योंकि) उससे उनकी नौकरी और वेतनपर खतरा हो सकता है।"

देखा, पूंजीवादी समाजके विचार-स्वातंत्र्यकी दिखावटी ढोलके अंदर कितनी पोल है! उसने साइंस-क्षेत्रके कमकरोंके सिरपर भी कच्चे धागेके सहारे नंगी तलवार लटका रखी है!!

(iv) **भूतकी प्रधानता**—"नेह नाना"वाले उपनिषदके ऋषियों, तथा निर्विकार विज्ञान (मन)-मयी (अभौतिक) दुनियाके 'स्रष्टा' अफलातूंको छोड़ दीजिये, उन्हें अत्याचारके मारसे दबी जाती दासोंकी पृथिवीको भुलानेका

---

१ Marxist Philosohy and the Sciences (by J. B. S. Haldane), p. 46.

वही रास्ता मालूम हुआ; किन्तु आधुनिक साइंस-युगके विचारक भी भौतिक जगतको भुलवानेकी जी-तोड़ कोशिश करके जब बेहतर दुनिया बनानेके प्रयत्नमें बाधा डालते हैं, तो आश्चर्य और क्षोभ दोनोंकी सीमा नहीं रहती। शायद वह कह सकते हैं कि बेहतर दुनिया बनानेमें हम बाधा नहीं डालते; किन्तु "करनी-रहित कथनी" अपने और दूसरोंको धोखा देनेके सिवाय कुछ नहीं है। यदि उनके विचार में भौतिक दुनियाका अस्तित्व ही नहीं है, तो सर राधाकृष्णन् हिन्दू विश्वविद्यालयकी व्यासगद्दीसे गीता या शंकराचार्यके अद्वैतवाद—मायावाद—को सुनाकर कुछ नौजवानोंके दिमागमें धर्मकी सड़ी लाशकी माला धारण करानेमें भले ही सफल हो सकते हैं, किन्तु उनसे यह आशा नहीं की जा सकती कि वह उसी तरह नई दुनियाके निर्माण करनेमें प्राण-शरीर लगा सकेंगे, जितना कि वह तरुण लगा सकते हैं, जिसके लिये दुनिया माया, अनिर्वचनीय ब्रह्मकी छाया नहीं, बल्कि वह वस्तु-सत्य—हजारों पीढ़ियों और असंख्य मनुष्योंके दुःख-सुख, जीवन-मरणकी वास्तविक दुनिया—है। वह जमाना गया, जब भौतिकवादियोंको दुराचारी "ऋणं कृत्वा घृतं पिवेत्"वादी स्वार्थी कहकर लोगोंको भड़काया जा सकता था। अब लोगोंकी आंखें खुली हैं और वह जानते हैं कि सबसे पामर नरपशु दुराचारी मनुष्य मिलेंगे धर्माचार्यों और उनके इशारेपर गद्गद् हो नाचनेवाले सेठों, राजाओं, नवाबोंमें। स्वार्थके लिये जाति और देशको बेचनेवाले भी उसी वर्गमें ज्यादा मिलेंगे, जो कि "नेह नाना"का अनन्य भक्त है।

हां, लेकिन आजके दार्शनिकोंने पैतरा बदला है, वह मायावादकी जगह परिणामवादी विज्ञानवाद—दुनिया कल्पित नहीं, अभौतिकतत्त्व (विज्ञान या मन)का परिणाम (रूपान्तर) है—को मानते हैं; वह कहते हैं विश्वके भीतर मूलतत्त्व भूत नहीं, अ-भूत (विज्ञान, मन) है। लेकिन भूतके बिना मन (विज्ञान) कभी था, क्या यह कल्पना भी की जा सकती है—वैज्ञानिक विधिके अनुसार? साइंस हमें बतलाता है कि मनके पैदा होनेसे पहिले

अरबों वर्षों तक बिना मनके ही भूत (भौतिकतत्त्व) मौजूद था। भूगर्भ-शास्त्री पृथिवीकी आयुको दो अरब वर्षसे ऊपर मानते हैं, आइये देखिये तो वहां मन कब उत्पन्न होता है। लेकिन यहां पहिले यह प्रश्न उठ खड़ा होगा—मनको किसके भीतर मानते हैं। प्रभु ईसाके भक्तोंका फतवा था कि स्त्रियोंमें जीव नहीं है। खैर! यह चौदह-पंद्रह सौ वर्षोंकी पुरानी बात है; और बात बढ़नेपर जीव और आत्माकी बालकी खाल खींचनेका डर है। ईश्वर-पुत्र-ईसाके परमभक्त दे-कार्तं (१५९६-१६५० ई०)को लीजिये, उसे मरे—प्रभु मसीह उसकी आत्माको शान्ति दें—अभी तीन सौ वर्ष मुश्किलसे हो पाये हैं—उसका कहना था; मनुष्य छोड़ बाकी सभी प्राणी—बानर और वनमानुष भी—चलते-फिरते यंत्र हैं। आधुनिक मानव का पता ४०, ५० हजार वर्षसे पहिले बिलकुल नहीं लगता। यदि नेआन्ड-र्थल, जावी, चीनी पथराई हड्डियोंवाले मानवों अथवा मानवाभासोंको भी मान लें कि उनमें अफलातूं और शंकराचार्य जैसा मन था, जो कि अपने भीतरसे इह ब्रह्मांडको मदारीकी थैलीकी तरहसे निकाल सकता था; तो भी हम १० लाख वर्ष तक ही पहुँचते हैं। यदि आप और आग्रह करते हैं, और आधुनिक पक्षियों तकको मन प्रदान करना चाहते हैं, क्योंकि तोते मनुष्यकी तरह बोलते हैं—बोलते ही नहीं गुस्सा या खाना मांगनेके शब्दोंके अर्थसे भी कभी-कभी परिचित देखे जाते हैं—इसलिये उनके तुफैलसे सारी पक्षी जातिको यदि मनवाली माननेका आग्रह करते हैं, तो एवमस्तु; तब भी ५० लाख वर्षसे आप आगे नहीं पहुँचते—साथ ही यह भी खयाल रखिये कि उस वक्तके पक्षी-तोतेका तो क्या आजके उल्लूके जूतेका तस्मा भी खोलनेकी योग्यता नहीं रखते थे। तब भी मनकी आयु ५० लाख वर्ष होगी, जब कि पृथिवी (उसके मन-हीन भूत)की आयु २०,०००लाख है। आप यदि सारे पुराण-पक्षी, पुराण-सरीसृप, अर्द्धजलचर, मछली, प्रथम रीढ़धारीसे भी आगे अ-रीढ़धारी प्रथम प्राणीको भी मनवाला कहना चाहते हैं, तो हम उसके लिये भी तैयार हैं, यद्यपि इतना बतला देनेके साथ

कि इन बेचारोंको अपने मनसे दुनिया बनानेकी साध 'सात जन्म'में भी नहीं हो सकती थी; और जोंक, केंचुए जैसी अरीढ़वारी प्राणि-जातिके प्रथम वंशज बेक्टीरिया और विरस जैसोंको भूत और अ-भूत (जड़-चेतन) दोनों कहलानेका वैसा ही अधिकार था, जैसे चमगादड़को पशु और पक्षी दोनों कहलानेका। खैर, आपके इस दुराग्रहके मान लेनेपर भी मनकी आयु सिर्फ ५०० लाख वर्ष होती है, जब कि पृथिवीमें मौजूद भूत उम्रमें उससे ४० गुना बूढ़ा है। इससे साफ साबित है, कि विश्वमें भूत (भौतिक तत्त्व) पहिलेसे मौजूद था, मन या विज्ञान पीछे आया। साइंसवेत्ता हल्डेनके शब्दोंमें[१]—

"चाहे, बाहरी प्रकृति (जगत) के बारेमें हमारा ज्ञान (साक्षात् नहीं) परम्परासे (विषय-इन्द्रिय-मस्तिष्कके संपर्कसे प्राप्त वेदना द्वारा) ही क्यों न हो, किन्तु हम उसके बारेमें जितना जानते हैं, उसके सामने हमारा वेदनासंबंधी ज्ञान नगण्य-सा है; क्योंकि इस (जगत) के बारेमें जो ज्ञान हमें प्राप्त है, वह सामाजिक (सारे समाज द्वारा अर्जित) है। मैं अपने हाथको देखता हूँ और जानता हूँ कि इसमें कितनी ही नस, पेशी, हड्डी, रुधिरबिंदु. . .हैं। यह ज्ञान हजारों शरीर-शास्त्रियोंकी वेदनाओंपर आधारित है। मैं प्रत्येक केशके परमाणुओंकी स्थिति व्यवस्थाको जानता हूँ (या कमसे कम स्थूल रूपसे जानता हूँ)। यह ज्ञान आस्टबरीकी वेदनासे प्राप्त हुआ है, जो कि एक्स-रेके फोटो-चित्रोंकी परीक्षा करते वक्त उसे हुई। हजारों आदमियोंका समाजीकृत (सारे समाज द्वारा अर्जित) ज्ञान, चाहे वह (साक्षात् नहीं, वेदना-) परम्परासे ही प्राप्त क्यों न हो, उससे कहीं अधिक (प्रामाणिक) सूचना हमें देता है, जितना कि एक आदमीका वैयक्तिक ज्ञान। मुझे वास्तविक दुनियामें काम करना है। वे (विज्ञानवादी वेदान्ती) भी यदि पूर्णतया स्वार्थी नहीं हैं, तो अपने विचारोंको

१ Marxist Philosophy and the Sciences pp. 140-42.

अपने साथी (दूसरे मनुष्यों) तक भूत (भौतिक तत्त्वों) पर काम करते हुए लेखन या भाषण द्वारा पहुँचाते हैं। यदि आप (विज्ञानवादी) सचमुच विश्वास रखते हैं कि आपने अपनी वेदनाओं द्वारा जगतको बनाया है, तो आप (ऐसी विषम दुनिया बनाकर अपने ऊपर) बड़ी भारी जवाबदेही ले रहे हैं।...तो भी मैं (जगतके बनानेवाले) आपको नहीं कहता कि आप एक (दूसरी इससे) बेहतर दुनियाको बनाएं; बल्कि मैं सिर्फ (इतना ही अर्ज करूँगा, कि आइये) इस सामने (मौजूद जगत)को बदलनेमें हमारी सहायता कीजिये। मुझे विश्वास है, ऐसा (बदलनेकी सहायता) करनेमें (स्वार्थी वेदान्ती सत्ताधारियोंकी ओरसे) जिस विरोधका सामना आपको करना पड़ेगा, वह आपको पक्का विश्वास करा देगा कि आपका मुकाबिला (मायासे नहीं बल्कि) वास्तविकता (ठोस जगत) से हो रहा है।"

(v) **वैज्ञानिक भौतिकवादके सामने काम**—इसे मार्क्सने एक सूत्रमें कह दिया है[१]—

"दार्शनिकोंने भिन्न-भिन्न तरहसे जगतकी सिर्फ **व्याख्या** की है; किन्तु (अब) बात है, उस (जगत)के बदलने की।"

भौतिकवादियोंको पिछले सत्ताईस सौ वर्षोंमें—याज्ञवल्क्यसे लेकर हिटलर तक—जो गालियां सुननी पड़ी हैं, वह इसीलिये कि वह इस दरिद्रता और अन्यायसे भरी दुनियाकी गलत-सलत व्याख्या नहीं करना चाहते, बल्कि उसे बदलनेमें लग जाते हैं। वैज्ञानिक भौतिकवाद वह दर्शन (हमारी भाषामें प्रचलित शब्दके अनुसार) है, जो कि बतलाता है—दुनियामें परिवर्त्तन होता है और कैसे वह परिवर्त्तन होता है। यही नहीं उस परिवर्त्तनमें मनुष्य होनेके नाते हमें हिस्सा भी लेना चाहिये। हमारी आंखोंके सामने दो प्रकारके भारी परिवर्त्तन घटित हो रहे हैं। एक परिवर्त्तन वह है जो कि

---

१ Thesis on Feuerbach XI.

साइंस अपने आविष्कारोंसे उपस्थित कर रहा है।—रेल, तार, बिजली, हवाई-जहाज, रेडियो, सिनेमा जिस तरहके परिवर्त्तनको उपस्थित कर रहे हैं, वह मनुष्यकी अचिन्त्य क्षमताको बतला रहे हैं। राजघाट (बनारस) के पुलके पास खड़े होकर देखिये तो इस पारसे उस पार मील भरके करीब लम्बे और भारी-भारी लोहेके गार्डरोंसे बने उस विशाल पुलको और फिर उसके पास खड़े किसी ३॥ हाथ लम्बे आदमीको देखिये। देखिये मनुष्यके जग-परिवर्त्तन करनेकी शक्तिको। यह विज्ञान (ब्रह्म)-वादियोंकी तरहकी शक्ति नहीं है, वैसी शक्तिवाले आगरे और कांके (रांची) में काफी मिलेंगे, किन्तु उन्होंने एक छछूंदर भी पैदा करके नहीं दिखाई। और जब ५०,००० और ६०,००० टन, (१५,००,००० और १८,००,००० पंद्रह और अठारह लाख मन) के किसी क्वीनमेरी जहाजको आप देखते हैं, उस वक्त भी डेढ़ मन भारी आदमीकी परिवर्त्तन करनेकी शक्तिको समझ सकते हैं। वैज्ञानिक भौतिकवादी मनुष्यके कोरे सपनानेपर नहीं, बल्कि वास्तविक परिवर्त्तनकी शक्तिपर विश्वास करते हैं और जगतको बेहतर रूपमें परिवर्त्तित करनेके लिये उसे इस्तेमाल करना चाहते हैं। सोवियत् मध्य-एशियामें कराकल्पककी हजारों मील विस्तृत निर्जल निर्जन भूमि है। वहां छोटी-छोटी घास उगती थी, जिसके सहारे लाखों भेड़ें, घोड़े, ऊँट पाले जा सकते थे, किन्तु वहां पीनेका पानी नहीं था। जमीनके पेटमें पानी प्रचुर परिमाणमें था, किन्तु वह कास्पियन समुद्रके जलसे भी ज्यादा खारा (नमक-वाला) था। नमक बेकार चीज नहीं, पानी बेकार चीज नहीं, घास बेकार चीज नहीं, क्योंकि उनकी सहायतासे अपार सम्पत्ति—नफा कमानेकी ही नहीं, मनुष्यके जीवनको सुखी और समृद्ध बनानेवाली—पैदा की जा सकती थी, किन्तु आदिकालसे करा-कल्पक पथिकके हृदयमें सिर्फ भारी भय संचार करनेका कारण बना रहा। जब सोवियतोंकी घोर भौतिकवादी सरकार कायम हुई, मनुष्यने जग-परिवर्त्तन करनेके लिये साइंसके हथियारको हाथमें लिया; तो कराकल्पककी उस मरुभूमिमें बड़े-बड़े ट्यूब-वेल लगाके

गये, बड़े-बड़े जलाशय बनाये गये। जाड़ेमें पांच-छः महीने तक इस करा (काले) रेगिस्तानमें पानी जम जाया करता है। उस समय ट्यूब-वेलसे पानी निकाल-निकालकर इन सीमेंट किये तालाबोंमें भरा जाता। सर्दीसे शुद्ध पानी बर्फ बन जाता और नमक नीचे तलछटके तौरपर बैठ जाता। इन बर्फकी चट्टानोंको हजारों मनुष्य और मशीनें दूसरे महान् सरोवरोंमें डालते रहते हैं। गर्मी आनेपर बर्फ पिघलकर वहां शुद्ध जलकी अपार जलराशि जमा हो जाती। आज कराकल्पककी भूमिसे लाखों टन नमक निकलता है, करोड़ों करोड़ भेड़ें तथा दूसरे पशु मांस, ऊन, चमड़ा और दूध प्रदान कर रहे हैं। आज वहां बिजलीकी रोशनी, रेडियो, सिनेमा, पुस्तकालय, अस्पताल, होटल, रेस्तोरांसे सुसज्जित शहर और कस्बे आबाद होते जा रहे हैं। मनुष्य जगतके परिवर्तित करनेमें जोर-शोरसे लगा हुआ है।

मनुष्यने अपने सामाजिक (वैयक्तिक नहीं) प्रयत्नसे मस्तिष्कको विकसित किया, साइंसको पैदा किया, अब उसकी सहायतासे वह जग-परिवर्त्तनको और तेजीसे कर रहा है। तो भी इस परिवर्त्तनके साथ खुद समाजके परिवर्तनमें गति अत्यन्त मन्द रही है, लेकिन अब वह समझने लगा है, जग-परिवर्त्तन करते हुए अपने तथा अपने समाजको अछूता रखनेकी कोशिश नहीं करनी चाहिये, बल्कि दानको घरसे शुरू करना चाहिये। इसीलिये यहां "समाजवादकी जय", इसीलिये यहां "साम्यवादकी जय", "इसीलिये यहां पूंजीवादकी क्षय" करनी है।

(vi) **सत्य बनाया नहीं जाता**—वैज्ञानिक भौतिकवाद घटना-प्रवाह-वाली इस वास्तविक दुनियासे अलग सत्यकी दुनिया खोजनेकी गलती नहीं करता। दार्शनिक काफी ऐसे हैं और हुए हैं, जो इस भौतिक दुनियाके पीछे एक आत्मा, ब्रह्म, या मन (विज्ञान) की वास्तविक लोकोत्तर दुनियाके पानेका दावा करते हैं। ऐसा दावा करनेवालोंके बारेमें हम यही कह सकते है कि उन्होंने वहां 'सत्य' को पाया नहीं—पैदा किया। किन्तु 'सत्य'

पाया जाता है, पैदा नहीं किया जाता। इस विद्यमान दुनियासे इनकारकर इस तरह सत्यका पैदा करना सिर्फ मनका लड्डू है, जिसे हाथमें लेकर परीक्षा नहीं कर सकते, जो किसीकी भूखको तृप्त नहीं कर सकता। हम जिसकी वैज्ञानिक परीक्षा नहीं कर सकते, वह सिर्फ मूढ़ विश्वासकी बात भर हो सकता है।

(vii) **फ्वेरबाखपर ग्यारह सूत्र**—हेगेलके द्वंद्ववादको मार्क्स तक पहुँचानेमें लुडविग फ्वेरबाख (१८०४-७२ ई०)का खास हाथ है। फ्वेरबाखने "ईसाइयत-सार"[१] नामसे एक बहुत ही विचारपूर्ण पुस्तक लिखी थी[२], जिसे पढ़नेके बाद मार्क्स (१८१८-८३ ई०)ने १८४५ ई० में एक नोटबुकमें ग्यारह बातें नोट कर दी थीं। मार्क्सकी मृत्युके बाद १८८८ ई०में एन्गेल्स जब मार्क्सके कागजोंकी देखभाल कर रहे थे, तो उन्हें ये नोट मिले, जो "फ्वेरबाखपर नोट"[३]के नामसे मशहूर हैं। वैज्ञानिक भौतिकवादके समझनेके लिये तरुण (२७ वर्ष) मार्क्सके ये सूत्र बहुत सहायक साबित हुए हैं—

१. अब तक विद्यमान हर एक भौतिकवाद—जिसमें फ्वेरबाखका भी शामिल है—में प्रधान दोष यह है कि (उनमें) विषय (बाह्य पदार्थ), वास्तविकता, इन्द्रियगोचरताको मानुषिक इन्द्रियगोचरीय क्रिया,-प्रयोगके तौरपर नहीं, मानसिक तौरपर नहीं, बल्कि सिर्फ विषय या चिन्तनके[४] तौरपर ही ग्रहण किया जाता था। इस तरह भौतिकवादके विरोधमें विज्ञानवादने क्रियावाले पहलूको विकसित करनेका मौका पाया; किन्तु (हाँ) निराकार रूपमें ही, क्योंकि विज्ञानवाद किसी वास्तविक इन्द्रिय-

---

१ Essence of Christianity.

२ देखिये "दर्शन-दिग्दर्शन", पृष्ठ ३४५

३ Thesis on Feuerbach XI.

४ Contemplation.

गोचरीय क्रियाको स्वीकार नहीं करता। फ्वेरबाख विचारके विषयों (मानसिक कल्पना-पचित्रों)से वस्तुतः भिन्नता रखनेवाले इन्द्रियगोचर विषयोंको स्वीकार करता है; किन्तु वह स्वयं मनुष्यकी क्रियाको विषयों (बाह्य पदार्थों)के द्वारा होनेवाली क्रियाके तौरपर खयालमें नहीं लाता। इसीका परिणाम है, जो कि "इसाइयत-सार"में सैद्धान्तिक मनोभावको ही वह एकमात्र शुद्ध मानवीय मनोभाव समझता है, और प्रयोगको वह सिर्फ उस (मानवीय मनोभाव)की दिखावटी गन्दी 'म्लेच्छ'-मूर्त्ति मानता और निश्चित करता है, इसीलिये वह व्यवहार-गाम्भीर्य-समन्वित क्रान्तिकारी क्रिया (प्रयोग)के महत्त्वको समझ नहीं पाता।

२. साकार सत्य क्या मनुष्यकी समझ द्वारा प्राप्त किया जा सकता है? यह प्रश्न सैद्धान्तिक नहीं व्यावहारिक प्रश्न है। सत्य—अपने सोचनेकी वास्तविकता, शक्ति, 'इस-ओर-पन'—को प्रयोग (क्रिया)में मनुष्यको सिद्ध करना होगा। प्रयोग (क्रिया)से रहित चिन्तनकी वास्तविकता या अवास्तविकताके बारेमें विवाद करना सिर्फ मतवादोंवाला सवाल (है, अतएव व्यर्थ) है।

३. मनुष्य परिस्थितियों और (पारिवारिक) पालन-पोषणकी उपज है; इसीलिये परिवर्तित मनुष्य (किन्हीं) और परिस्थितियों[1] तथा परिवर्तित पालन-पोषणकी उपज हैं।—भौतिकवादी सिद्धान्त यह भूल जाता है कि परिस्थितियाँ भी उसी तरह मनुष्य द्वारा बदलती जाती हैं, और शिक्षकको स्वयं शिक्षा प्राप्त करनी होती है। इसलिये इस सिद्धान्तको समाजको दो हिस्सोंमें बाँटनेकी बातपर आना पड़ता है, जिनमेंसे एक (राबर्ट ओवेनके रूपमें) समाजके ऊपर आसन लगाता है।

परिस्थितियों और मानवीय क्रियाओंके परिवर्त्तनको एक ही साथ

---

१ Secular.

(लानेकी बात) क्रान्तिकारक प्रयोगके तौरपर ही माना और बौद्धिक तौरसे समझा जा सकता है।

४. फ्वेरबाख मजहबी आत्म-बहिष्कार—दुनियाको दो मजहबी काल्पनिक तथा वास्तविक दुनियाओंमें बाँटना—को लेकर शुरू करता है। मजहबी दुनियाको उसके संसारी उपादानमें विलीन करना फ्वेरबाख-का काम है। उसका ध्यान इस ओर नहीं जाता कि यह कर चुकनेपर भी मुख्य बात करनेको रह जाती है; क्योंकि सांसारिक उपादान अपनेको अपनेसे ऊपर उठा एक स्वतन्त्र लोकके तौरपर स्थापित करता है; (फ्वेरबाखने जो यह ईसाई स्वर्गकी व्याख्या की है) उसकी यह व्याख्या इस सांसारिक उपादानके आत्मभेद (अपनी फूट) और आत्म-विरोधता द्वारा ही की जा सकती है। इसलिये सांसारिक उपादान (ईसाई स्वर्गसे भिन्न यह हमारी ठोस दुनिया)को ही सबसे पहले उसके (आन्तरिक) विरोधके रूपमें समझना होगा, और तब विरोधको हटाकर प्रयोगमें उसे आमूल परिवर्तित करना होगा। इस तरह, उदाहरणार्थ एक बार जहाँ पता लग गया कि (पवित्र सन्त-परिवारके भीतर) सांसारिक परिवार (का खयाल) छिपा हुआ है, तो खुद सांसारिक परिवारका ही सैद्धान्तिक (शास्त्रीय) तौरसे खंडन और प्रयोग द्वारा मौलिक परिवर्तन करना चाहिये।

५. फ्वेरबाख निराकार चिन्तनसे सन्तुष्ट न हो, इन्द्रियगोचरता-युक्त चिन्तनमें प्रवृत्त होना चाहता है; किन्तु इन्द्रियगोचरताको वह एक व्यावहारिक (प्रयोग-लायक) मानवीय इन्द्रियगोचरतायुक्त क्रिया नहीं खयाल करता।

६. फ्वेरबाख मजहबको उसके मानवीय सार में लेता है। किन्तु, यह मानवीय सार एक-एक व्यक्तिमें सदा पाई जानेवाली निराकार-कल्पना नहीं है। तहमें पहुँचनेपर वह सामाजिक सम्बन्धोंका पुंज (मुरब्बा) है।

फ्वेरबाख इस वास्तविक सारको खंडन करनेका प्रयत्न नहीं करता; इसीलिये वह (निम्न बातोंके लिये मजबूर है)—

(क) ऐतिहासिक घटना-प्रवाहसे निकालकर धार्मिक भावनाको अपने लिये खास चीजके तौरपर स्थिर करना और एक निराकार—अलग-थलग—मानवीय व्यक्तिको पहलेसे मान लेना है।

(ख) अतएव मानवीय सार, फ्वेरबाखके मतसे, केवल (न्याय-शास्त्र की) जाति—जिसका काम है, मूक (निष्क्रिया) आन्तरिक समानता (गायपन)के तौरपर, बहुतसे व्यक्तियों (गाय-शरीरों)को स्वभावतः मिलाना—के तौरपर समझा जा सकता है।

७. इसीलिये फ्वेरबाखको नहीं सूझ पड़ता, कि 'धार्मिक भावना' खुद एक सामाजिक उपज है। जिस निराकार व्यक्तिका उसने (अपने ग्रन्थमें) विश्लेषण किया है, वह वस्तुतः एक खास प्रकारसे समाजका (व्यक्ति) है।

८. सामाजिक जीवन सारतः व्यावहारिक (प्रयोगात्मक) है। सभी (दिव्य-) रहस्य—जो सिद्धान्तको रहस्यवादकी ओर भगा ले जाते हैं—मानवीय व्यवहार (प्रयोग) तथा उस व्यवहारके समझनेसे बौद्धिक तौरपर हल हो जाते हैं।

९. चिन्तनमूलक भौतिकवादके द्वारा सबसे बड़ी बात जो मिली है, वह 'नागरिक समाज'में अकेले व्यक्तियोंका दृष्टिकोण है।

१०. प्राचीन भौतिकवादका दृष्टिविन्दु 'नागरिक समाज' है, नवीन (भौतिकवाद)का दृष्टिविन्दु है मानवतायुक्त समाज या समाजवाद-युक्त मानवता।

११. दार्शनिकोंने भिन्न-भिन्न तरीकेसे जगतकी सिर्फ व्याख्या की है और अब बात है उसके बदलने की।

फ्वेरबाखपर मार्क्सने जो ये ग्यारह सूत्र लिखे हैं, वह बिना भाष्य और विवरणके समझमें आना इसलिये भी मुश्किल है; क्योंकि उनमें हर जगह

फ्वेरबाखकी 'मास्टर-पीस' (श्रेष्ठ कृति) ईसाइयत-सारकी ओर संकेत है। भाष्य-विवरणकी जरूरत समझते हुए भी मैं उस लोभका संवरण करना चाहता हूं; क्योंकि पुस्तकके विस्तारका खयाल जरूर रखना है और साथ ही फ्वेरबाख और उसके 'ईसाइयत-सार'पर मैं "दर्शन-दिग्दर्शन"-में लिख चुका हूं। यहां पाठक यदि सिर्फ इतना मनमें रखें, तो कुछ काम चल जायगा कि फ्वेरबाखने ईसामसीह, पवित्रात्मा, पिता, ईश्वर, परलोक (स्वर्ग-नर्क), फरिश्ता आदि सभी ईसाई कल्पनाओंका आधार इसी हमारे चालुभौंतिक जगतको माना है और ईसाइयतकी अलौकिकतापर भारी प्रहार किया है। मार्क्सने फ्वेरबाखको कुछ बातोंमें और आगे न बढ़नेके लिये फटकारा भी है, तो भी फ्वेरबाखके महत्त्वको वह कम नहीं मानता। फ्वेरबाख कहता है—

"धर्म मनुष्यको अपने आपसे अलग कराता है; (इसके कारण) वह (मनुष्य) अपने, सामने, अपने प्रतिवादीके तौरपर, ईश्वरको ला रखता है। ईश्वर वह है, जो कि मनुष्य नहीं है, मनुष्य वह है, जो कि ईश्वर नहीं है।.. .ईश्वर और मनुष्य दो विरोधी छोर हैं; ईश्वर पूर्णतया भावरूप, वास्तविकताओंका योग है; मनुष्य पूर्णतया अभावरूप है (अकिंचन) सभी अभावोंका योग है।...'[१]

च—परिवर्त्तनकी घटना-शृङ्खला

जगतके परिवर्त्तनकी व्याख्या जगतसे करना, वैज्ञानिक भौतिकवादका सबसे मुख्य काम है, यह अब तककी लिखी पंक्तियोंसे स्पष्ट हो गया होगा। अब यह बतलाना है कि परिवर्त्तन—आमूल परिवर्त्तन—किन अवस्थाओं, सीढ़ियोंसे गुजरता है। यह सीढ़ियां वैज्ञानिक भौतिकवादकी त्रिपुटी हैं—

---

१ Atheism, p. 33.

(१) विरोधि-समागम, (२) गुणात्मक परिवर्त्तन और (३) प्रतिषेधका प्रतिषेध। वस्तुके उदरमें विरोधी प्रवृत्तियां जमा होती हैं, इससे परिवर्त्तनके लिये सबसे आवश्यक चीज—गति—पैदा होती है। फिर हेगेलके द्वन्द्ववादी प्रक्रियाके **वाद** और **प्रतिवाद**के संघर्षसे **संवाद** रूपमें नया गुण पैदा होता है, इसे दूसरी सीढ़ी गुणात्मक-परिवर्त्तन कहते हैं। पहले जो **वाद** था, उसको भी उसकी पूर्वगामी कड़ीसे मिलानेपर वह किसीका प्रतिषेध करनेवाला संवाद था, अब गुणात्मक-परिवर्त्तन—आमूल परिवर्त्तन— जबसे उसका प्रतिषेध हुआ, तो यह **प्रतिषेधका प्रतिषेध** है।

१—विरोधि-समागम

दो या अधिक एक दूसरेके गुण और स्वभावमें विरोधी वस्तुओंका समागम दुनियामें पाया जाता है, यह बात हर एक आदमीको जब-तब नजर आती है। किन्तु, उसे देखकर यह खयाल नहीं आता कि एक बार इस विरोधि-समागमको मान लेनेपर फिर विश्वके संचालक ईश्वरकी जरूरत नहीं रहती, न किसी अभौतिक रहस्यमय दिव्य-नियमकी आवश्यकता। विश्वके रोम-रोममें गति है, दे-कार्तने (अरस्तू, उदयन और गजालीने भी) कहा कि गतिका स्रोत ईश्वर है। दो परस्पर-विरोधी शक्तियों (वस्तुओं, घटना-प्रवाहों)का मिलना ही गति पैदा करनेके लिये पर्याप्त है। गतिका नाम विकास है—या लेनिनके शब्दोंमें कहिये—"विकास विरोधियोंके संघर्ष (का नाम) है।"[१] विरोधी जब मिलेंगे तो संघर्ष जरूर होगा, और संघर्ष नये स्वरूप, नई गति, नई परिस्थिति अर्थात् विकासको जरूर पैदा करेगा, यह बात साफ है। अंटाघरमें विलियार्ड खेलनेवाले देखते हैं: मेजपर दो विरोधी दिशाओंकी ओर गति रखनेवाले गेंद चल रहे हैं। यदि उनकी गति विरोधी न हो, तो उनका मिलन न होगा। यदि विरोधी गति

१ Materialism and Emperio criticism, p. 324.

होनेसे एक एक तरफसे आता है, दूसरा दूसरी तरफसे, तो दोनों विरोधियोंका समागम होता है—यह विरोधके समागम पैदा करनेमें हेतु होनेका दृष्टान्त है। किन्तु, मामला यहीं खतम नहीं हो जाता। दो विरोधी गेंदों (अंटों)का जब समागम होता है, तो उनके गुणोंमें भी परिवर्त्तन हो जाता है : एक अंटा पूर्वको जा रहा था, दूसरा उत्तरको; दोनों मिलते—टकराते—हैं, अब उनके वेग (गति)की दिशा पूर्व या उत्तरकी ओर न रहकर नई दिशामें होती है, यह वेगका गुणात्मक परिवर्त्तन (दिशात्मक परिवर्त्तन) है। खैर, इसे आगेके लिये छोड़िये। यहां यह तो स्पष्ट है कि विरोध शक्ति या क्रियाका नाम है, जो विरोधीके स्वभावमें है। उस क्रियाके होनेपर समागम होना, और समागमसे नये गुण, नये स्वभावका पैदा होना अनिवार्य है।

(१) **व्याख्या**—अफलातूं बहस करता था—हमारी कुर्सीका काठ कड़ा है, कड़ा न होता तो हमारे बोझको कैसे सम्हारता? और काठ नरम है, यदि नरम न होता, तो कुल्हाड़ा उसे काट कैसे सकता? इसलिये, काठ कड़ा और नरम दोनों है—भूत (भौतिकतत्त्व) परस्पर विरोधी पदार्थ है। अफलातूं ठीक स्थानपर पहुँच गया था, निशाना ठीक लगा था; किन्तु वह बहक गया। उसने सत्यपर पहुँचनेके लिये प्रकृति (प्रयोग)को छोड़, कल्पनापर अधिकतर आधारित तर्क-शास्त्रको अपना पथ-प्रदर्शक बनाया। और परिणाम? दो विरोधी गुणोंका एक जगह होना असम्भव है, इसे बुद्धि स्वीकार नहीं कर सकती; इसलिये यह कड़ापन, यह नरमपन और स्वयं यह भूत ही अ-सत्य—सत्ता न रखनेवाला—है; जो सत्ता है, वह इससे परे है, जिसे हमारी पथ-प्रदर्शिका कृपामयी बुद्धि दिखलाती है। उसका खयाल इधर नहीं गया, कि आप चले थे वस्तु (कुर्सी)की परीक्षा करने—कुर्सी क्या है? कुर्सी बेचारी जैसी है (कड़ी+नरम) वैसा रूप दिखलाती है। आपको कुर्सीकी ईमानदारीपर विश्वास रखना चाहिये था; क्योंकि उसने आपके मनको लुभानेके लिये (बुद्धि-संगत बननेके लिये) बढ़ा-चढ़ाकर नहीं कहा; बल्कि एक तरह अपनी हीनता दोषको

दिखलाया। लोग बाजारमें सिर्फ नफा कमानेके लिये बैठे हुए बनियेकी भी इस तरहकी बातपर ज्यादा विश्वास करते हैं; फिर वहां कुर्सी बेचारी आपसे नफा खानेके लिये भी बैठी नहीं है।

कुर्सी क्या है, यह आप जानना चाहते हैं। कुर्सी जो है, उसे उसने प्रकट किया। उसकी बातको इनकारकर जो आप तर्क (कोरी बुद्धि या कल्पना) के फेरमें पड़कर यह कहते हुए लौट रहे हैं "यह गलत कहती है—यह है ही नहीं ! !" गलत कहती है—कहती है ! ! और है नहीं तो भी कहती है ! ! ! बाहरे बांझके पुत्रके ब्याह रचानेवाले ! ! आपके ऐसा पारखी यदि अपने ६ फीट लम्बे दो मन भारी शरीरको सूक्ष्मकर इंचके दस करोड़वें हिस्सेके बराबर लम्बे-चौड़े तथा तोलाके ५ लाख-लाख-अरबवें भागके बराबर भारी हाइड्रोजन परमाणुके भीतर घुस पाता और वहां वह नाभिमें अवस्थित १।१० करोड़-करोड़ इंचके १।१२.५ हजार-लाख-लाख-लाख तोला भारी कण (प्रोटन)के गिर्द उससे काफी फासिलेसे १।१५ लाख-लाख इंचके १।६२.५ लाख-लाख-लाख-लाख तोला भारी दूसरे कण (एले-क्ट्रन)को बड़ी तेजीसे घूमते देखाता। शायद किसी "मानव-बस्ती"से बहुत दूर इस सुनसान बयाबानमें इस नृत्यको देखकर प्रसन्नता होती—आखिर अफलातूं भी प्रकृतिकी मनोहारिणि छटाका आनन्द कभी-कभी लेता जरूर रहा होगा। (माना सुकरात जैसे मनीषी निरपराध महापुरुषके मारे जाने, तथा अपने सामन्त-परिवारको अधिकार च्युतकर उनका स्थान लेनेवाले अथेन्सके बनिया शासकोंके उस अत्याचारके कारण उसका मन दुनियासे बहुत छोटा हो गया था, तो भी यौवनमें प्रकृतिस्थ रहते समय सामंत-परिवारकी सुन्दरी अथेन्स-नागरी अपनी पत्नीके अधरोंको उसने कभी मधुर तो जरूर पाया होगा)। हां, यदि नृत्यसे "आंखों"को तृप्तकर जैसे हीं अफलातूं उन दोनों कणोंके पास पहुँचता, देखता कि बाहरवाला कण (एलेक्ट्रन) बड़े जोरसे उसे धक्का दे रहा है। शायद अफलातूं जैसा तत्त्वपरीक्षक इसे बुरा न मानता, समझ लेता—अभी अथेन्सके नागरिकोंकी

भांति यह शिष्टाचार-निपुण नहीं हुआ है, या उपनिषद्की "अतिथि देवो भव"[1] (आगन्तुकको अपना न बना आगन्तुक ही रख घरबार उसे हाथमें सौंप दो)की शिक्षा न पा, ब्राह्मणके अदर्शनसे अभी वह म्लेच्छ हीं रह गया है। किन्तु यदि किसी तरह वह भीतरवाले कण (प्रोटन्)के पास पहुँच पाता, तो अन्धे धृतराष्ट्रके लौहभीमके आलिंगनवाला तजरबा अपने सिर पड़ता।—और मालूम होता वह तो ऐसा आलिंगन (आकर्षण) करना चाहता है कि हड्डी-पसली भी साबित नहीं रहे। एकके धक्के और एकके "आलिंगन"के ताजे तजरबेके बाद अफलातूं जैसे सम्भ्रान्त सामन्त परिवारके एक भद्र पुरुषकी क्या राय हो सकती थी, इससे हम यही समझ सकते हैं कि वह उनको असभ्य, जंगली, बर्बर कहता और गुस्सा शान्त होनेपर यदि दार्शनिकोंकी सहृदयतासे काम लेता तो क्लाइव या रोड्सको उन्हें सभ्य बनानेके लिये भेजता। किन्तु हमारे इस अफलातूंने अपनेको सहृदयता-असहृदयता, पाप-पुण्य, धर्म-अधर्म, कर्म-अकर्म सबसे ऊपर उठाया, अपनेको ठीक अफलातूनी "विश्वरूप"में दिखलाया—(हाइड्रोजन) परिमाणु=एलेक्ट्रन+प्रोटन, और एलेक्ट्रन=—बिजली, प्रोटन=+बिजली।—=० (ऋण धन=शून्य)। हमने जो देखा, छोड़ो बाबा उसे, उससे भर पाया, भगवान ऐसी गति किसीकी न बनाये। किन्तु, हमारी गुरु पथ-प्रदर्शिका, बुद्धि (तर्क, कल्पना) जो कुछ कहती है, हम तो उसके माननेवाले हैं। वह बतलाती है, इस तरह की ऋण-धन संयुक्त, परस्पर-विरोधी वस्तुओंका समागम (परमाणु) तीन कालमें नहीं हो सकता; इसलिये परमाणु है ही नहीं, एलेक्ट्रन है ही नहीं, प्रोटन् है ही नहीं। एलेक्ट्रन अब भी अफलातूंको अपनी उजड्ड भाषामें कह रहा है—"आओ, दार्शनिकप्रवर ! मेरे पास आओ, और खुद देखो कि मैं हूँ या नहीं।" दूरसे प्रोटन् अपनी दो हजार गुनी तेज आवाजसे

---

१ अतिथिको देवता मानो।

चिल्लाकर कह रहा है—"स्पार्टनवीर नहीं, अथेन्सके विलासी कायरोंकी सन्तान! जरा इधर तो आ, यदि मैं हूँ ही नहीं, तो आनेमें क्या उज्र है?"

हमारा सौभाग्य है कि आजके साइंसवेत्ता अफलातूंके तर्कका अनुसरण नहीं करते—कमसे कम उस वक्त, जब कि वह रविवारके दिन चर्च या विश्वनाथके मंदिरमें न हो, साइंसकी प्रयोगशालामें रहते हैं। वह प्रकृतिके उदरमें उसके रोम-रोममें व्याप्त इस विरोधि-समागमको दूषण नहीं, भूषण समझते; और रोटीको कड़ी और नरम दोनों पा, उसे फेंककर भूखा मरना नहीं पसंद करते। साइंसवेत्ता हल्डेनके शब्दोंमें[१]—"अफलातूंकी भांति मेज नरम और कड़ी दोनों है (इसलिये नहीं है)—कहनेकी जगह हम कितनी ही बारीक नापोंसे पता लगाते हैं कि काठ कितना कड़ा है, इसकी टुटानका जोर कितना है, आदि।"

अफलातूंके योग्य शिष्य अरस्तूने मनोमयी दुनियासे नीचे उतरनेकी कोशिश जरूर की; किन्तु उसकी प्रथम महान् प्रसूति **तर्कशास्त्रने** अफलातूंकी कृपामयी तर्क बुद्धिको सामन्त-रानीकी जगह चक्रवर्त्ती रानी (राजराजेश्वरी, मलका-मुअज्जमा) बनानेकी पूरी कोशिश की। संसारके व्यवहार, (प्रयोग)ने तर्क-विद्याको पैदा किया था। मगर, यह शोख लड़की बाजारमें अपनी कीमत बढ़ी देख मां-बापको पहचाननेसे इनकार करती है। अरस्तूने कहा कि वस्तु और तदनुकूल गुण तो ठीक है; किन्तु इससे उलटी बात करनी गलत है। हेगेलने कहा—वस्तु अपने भीतर अनुकूल ही नहीं, प्रतिकूल—विरोधी—गुण भी रखती है, यही विरोध वस्तुमें पर-अनपेक्षित स्व-चालित गतिका स्रोत है, जिससे वह वस्तु अपनी गति—अपने आत्मविकास—के दौरानमें, एक दूसरी ही वस्तुके रूपमें अपनेको परिणित कर सकती है। लेकिन, **तर्कशास्त्रके** प्रणेता दो दिग्गजोंकी लड़ाईमें बेचारे

---

१ Marxist Philosophy and the Science, p. 30.

सर राधाकृष्णन्की बुरी हालत हुई है। विश्वनाथके बेलपत्रको खाकर मालवीयजीकी गद्दीसे (सिंहासनबत्तीसीकी पुतलियोंकी भांति) गीता कथाका श्रद्धा और शर्मसे आये तरुणोंके कानोंमें इन्जेक्शन दे, लम्बी-धोती-पगड़ी सँभालते अभी दरवाजेसे वह बाहर निकलते ही हैं कि यूनान और जर्मनीके दो मल्लोंको इस तरह हिन्दू विश्वविद्यालयके मैदानमें जूझते देखते हैं। राधाकृष्णन्के खयालमें पहले तो आया—जाने दो, दोनों सफेद मूजियों-को लड़ने दो। किन्तु, जरा ही देरमें मालूम हुआ, इस लड़ाईमें बाबा विश्व-नाथ (जिनके बेलपत्रको वह उससे भी ज्यादा श्रद्धा-भक्तिसे अभी खा चुके थे, जिसे शायद बाबाका नादिया भी न खाता होगा) भी खतरेमें हैं। हेगेलकी जीतका मतलब एक ही कदम आगे उसके शिष्य फ्वेरवाखकी जीत, मार्क्सकी जीत, भौतिकवादकी जीत, अनीश्वरवादकी जीत, पुराने-समाज और धर्मके ध्वंसकोंकी जीत। माथा ठनका, राधाकृष्णन्की पतली-दुबली शान्त मूर्त्ति दुर्वासा बन गई। पगड़ी फेंकी, धोतीका कच्छा बांधनेमें असमर्थ देख विद्यार्थियोंने मदद की। हिरनकी भांति चौकड़ी मारते वह भी अखाड़ेके पास पहुँच गये। "बड़े-बड़े डूबे जायं कौन कहे कितना पानी"-की कहावत याद आई, कुछ ठमके; और ठमकनेमें एक और भी कारण हुआ, सोचने लगे 'अफलातूं और शंकराचार्य दोनों भारी मित्र थे—वेदान्तमें देश-काल तीनों कालमें असत्य हैं—लेकिन, अरस्तू तो अपने गुरुका वैसा ही पक्का चेला नहीं है, जैसा कि मैं अपने गुरु शंकराचार्यका। फिर क्यों मैं इस कम्बख्त अरस्तूके गाढ़े वक्तमें काम आऊँ'? उसी वक्त अन्ध-पुत्र दुर्योधन (सुयोधन नहीं) की बात याद आई—हम अपने घरमें सौ और पांच हैं, किन्तु बाहर वालोंके लिये १०५। बेचारे सर साहेब बेतहाशा बोल गये[१]—"भूत (जड़तत्त्व) जीवन या चेतनाका विकास नहीं कर सकता, जब तक कि उसके अपने स्वभावमें उन (के उत्पादन) की क्षमताएँ न हों।

१ Indian Philosophy by Sir S. Radhakrishnan, Vol. I, p. 181.

बाहरी वातावरणसे चाहे कितना ही धक्का क्यों न दिया जाय, केवल भूतसे जीवनको जबर्दस्ती निकाला नहीं जा सकता।" प्राच्य महाविद्यालयके विद्यार्थियोंने पहले इस रंगरेजीके पढ़ुआ विदेशियोंके लिये दर्शनके एरंड-कल्पवृक्षके प्रति पहलेसे चली आई ईर्ष्याके कारण तटस्थ रहना चाहा; किन्तु श्रद्धेय महामहोपाध्याय बालकृष्ण मिश्रकी इंगित देख उन्होंने आनन्द-बागके दयानन्द शास्त्रार्थका नजारा पेश कर दिया। बेचारा हेगेल कहता ही रह गया—विश्वके गर्भमें सर्वत्र विरोधि-समागम है, यह उसकी जबर्दस्त क्षमता है, जिससे वह कुछसे कुछ हो जाता है। सर्वपल्ली रट रहे थे—यह गलत है "मनुष्यके धार्मिक तथा आचारिक, दार्शनिक तथा ललित-कलात्मक उच्चतम तजरबेके प्रति भक्ति हमसे मांग पेश करती है कि हम काल (-ग्रास) भागी वास्तविकता (भौतिक जगत)के मूलको सनातन (ब्रह्म) में, सान्तके आधारको अन्तमें, मनुष्यको ईश्वरसे उत्पन्न हुएके तौरपर स्वीकार करें।"[१]

विद्यार्थियोंकी तालीमें हेगेलकी आवाजका दूर तक पहुँचना मुश्किल था। अन्तमें वह हिन्दू-विश्वविद्यालयको यह कहकर कोसता चला गया—"तो काहेको यह साइंस कालेज, इंजीनियरिंग कालेज, प्रयोगशाला, रसायनशालाकी ईंट-चूनेकी इमारतोंपर रुपया बरबाद किया, यहां तो दूसरे विश्वनाथ-मन्दिर और दूसरे नादियोंकी जरूरत है।" विद्यार्थियोंने जर्मन दार्शनिकके क्रोधपूर्ण परिहासको बिना समझे एक स्वरसे कह डाला—"मालवीयजीकी कृपा है, दूसरी बार आओगे तो उसे भी देख जाओगे, विदेशी म्लेच्छ कहींके।"

हां, यदि हिन्दू विश्वविद्यालयकी कथाको बीचमें लानेसे गम्भीर पाठकोंको विरक्ति हुई हो, तो क्षमा करें। इस कथासे भी हम यही कहना चाहते थे कि प्रकृति (भूत) पारस्परिक विरोधोंकी खान है, वही उसका

---

१ वहीं p. 191.

जीवन, वही उसका स्वभाव है। राधाकृष्णन् जिस क्षमताको चाहते हैं वह प्रकृतिके अपने पेटमें है। "मुझको कहां खोजे बन्दे मैं तो तेरे पासमें" के अनुसार जब इतनी बड़ी जबर्दस्त शक्ति—क्षमता—प्रकृतिके पासमें नहीं, पेटमें मौजूद है, तो उसे किसीके सामने हाथ पसारनेकी क्या जरूरत ? और भीतरमें मौजूद वह क्षमता न हो, तो "बाहरी वातावरण (ईश्वरको भी, कृपया ले लीजिये) से चाहे कितना ही धक्का क्यों न दिया जाय, (विरोधि-समागम रूपी आन्तरिक क्षमतासे हीन द्वंद्वात्मकता रहित) केवल भूतसे जीवनको जबर्दस्ती करके निकाला नहीं जा सकता।"

(२) **स्वरूप**—विरोधि (योंके)-समागमको विरोधियोंका परस्पर-अन्तर्व्यापन या एकता भी कहते हैं, जिसका अर्थ यह है कि ये विरोधी सचमुच ही हिन्दू विश्वविद्यालयके अरस्तू-हेगेल या भीम-जरासन्धकी तरह दो अलग व्यक्तियोंकी तरह मल्लयुद्ध नहीं कर रहे थे; बल्कि वे एक ही (अभिन्न) वास्तविकताके ऐसे दोनों प्रकारके पहलू होते हैं। ये दोनों विरोध, दार्शनिकोंको परमार्थकी तराजूपर तुले सनातन कालसे एक दूसरेसे सर्वथा अलग अवस्थित भिन्न-भिन्न तत्त्वके तौरपर नहीं रहते; बल्कि वह वस्तु-रूपेण एक हैं—एक ही समय, एक ही स्थान पर, अभिन्न होकर रहते हैं—कृपया इसे याज्ञवल्क्य या कबीर साहब (अथवा राधाकृष्णन्‌की भी) भाषा न समझकर सीधी-सादी प्रकृतिकी भाषा समझिये। पुराने यूनानी भी इस नियम को जानते थे—

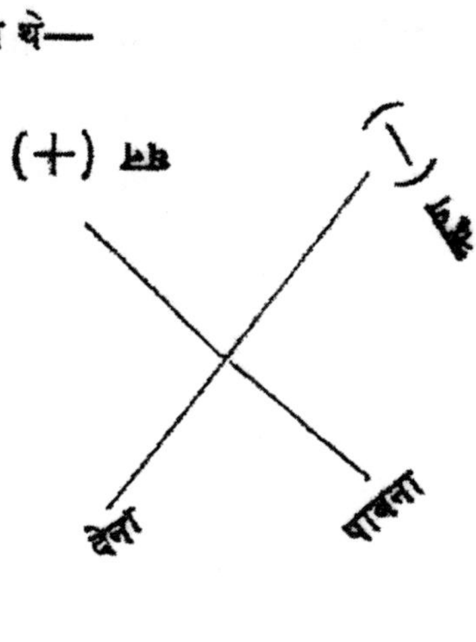

"जो कर्जखोरके लिये ऋण (देना) है, वही महाजनके लिये धन (पावना) है। (हमारे लिये) पूर्वका रास्ता (दूसरेके लिये) पश्चिमका भी रास्ता है। बिजलीमें धन और ऋण के छोर दो अलग स्वतन्त्र तरल (पदार्थ) नहीं हैं।"[१]

लेनिनने विरोधको द्वन्द्ववादका क्षार (=सार) कहा है—और यह भी कि "(किसी) एक (वस्तु)का विभाजन और उसके विरोधका ज्ञान द्वन्द्ववादका सार है।"[२] एक एकता अभी-अभी सिर्फ एक क्षणकी मेहमान है, जैसे कि चलती मोटरके पहियेका छोर धरतीसे क्षण भरके लिये छूता है और उसका उतना महत्त्व नहीं है, जितना कि उसके द्वारा शक्ति पाकर चलते रहते चक्केके रूपमें जो गति और परिवर्त्तन है उसका। तो इस प्रकार एक ही वस्तु (घटना-प्रवाह)में हम विरोधियोंका समागम भी पाते हैं, जिसका फल होता है, विरोधियोंका संघर्ष; और उसका परिणाम होता है समागम (एकता)का टूटना तथा 'नवीन' (तत्त्व)का प्रकट होना। मृत्यु (टूटने)से इस नवीनके प्रकट होने (जीवन)को खरीदा जाता है।

(३) **संघर्ष, समागम साम्यावस्था**—सभी वस्तुएँ जड़-मूलसे बदलती, नई उत्पन्न होती हैं, सभी वस्तुएँ प्रवाहमय बत्तीकी टेमकी तरह हैं—विश्वकी इस वास्तविकताके बारेमें बतला चुके हैं। समाज ऐसे विश्वका एक अंग है, इसलिये वह उसके कानूनसे बाहर कैसे जा सकता है। समाजमें भी आमूल परिवर्त्तन होता है; क्योंकि समाजके भीतर तथा उसके वातावरणमें विरोध समागम मौजूद है। विरोधका अर्थ है हलचल, साम्यावस्थाका ध्वंस। प्रकृतिमें चिर-साम्यावस्था चाहना उससे आत्महत्याकी मांग करनी है। वह साम्यावस्थाको लाती है,; किन्तु मोटरके चक्केके

---

१ Logic (by Hegel).

२ On Dialectics.

भूमिसे छूनेकी तरह क्षण भरके लिये, साम्यावस्था स्वयं प्रवाहमय चंचल है। वह स्थापित होती है, नष्ट होती है, फिर स्थापित होती है, फिर नष्ट होती है. . . . । किन्तु उन्हीं धागोंकी उधेड़-बुन नहीं है, सब चीज नई, हर क्षण नये चक्के, नया 'आकाश' (वेग-क्षेत्र), नई भूमि। इसी साम्यावस्थाको चढ़ा-बढ़ाकर हम स्थिति नाम देते हैं। अचल-चित्रसे चल-चित्र (सिनेमा) को हम ज्यादा पसन्द करते हैं; किन्तु प्रकृतिको अपना सिनेमा चलाते देख हम तमाशा देखते बच्चोंकी तरह कहते हैं, "मां, मैं रेणुकाको 'घर आये' गाती देखना चाहता हूँ।" कितना ही माई-दाई करनेपर भी जब प्रकृति आपके लिये अपने सिनेमाकी गतिको रोकनेको तैयार नहीं होती, तो आप अपने मनसे एक नये स्थिर ध्रुव-संसारको रचने लगते हैं। —वहां बसन्त और वर्षाके ऋतु, वैचित्र्य तथा उसकी सुषमा न होती होगी, फिर वहां अश्वघोष और कालीदासकी भी जरूरत नहीं। आखिर—"धोबी बसिके का करे दीगंबरके गाऊँ"। यदि आगरा-कांकेवाले जग-निर्माताओंकी भांतिका आपका जगत न होता और आप किसी इष्ट-मित्र या अपनी आजन्म सहधर्मिणी मुन्नूकी मांको भी उस अपने 'हाथकी' बनाई दुनियामें ले जाना चाहते, और बेचारी सती साध्वी हिन्दू पत्नीको उस देशकी भनक भी मालूम हो जाती; तो या तो सनातन धर्मके अनुसार वह कूएँमें कूदकर जान दे डालती या किसी अप-टू-डेट सखीका अनुकरण करते हुए अदालतमें तिलाककी भिक्षा मांगनेके लिये तैयार पाई जाती।

विरोधियोंका समागम, विरोधियोंका संघर्ष प्रकृतिको चिर-नवयौवन प्रदान करता है, चिर-नवयौवनका रास्ता यदि जरा-मरणके श्मशानसे जाता है, तो जिस तरह प्रकृतिको इसमें एतराज नहीं, उसी तरह सच्चे प्रकृति-पुत्रों और पुत्रियोंको भी एतराज नहीं होना चाहिये और न महादेवी वर्माकी तरह 'सान्ध्य गीत' के स्वरमें घड़ेके घड़े आंसू बहानेके लिये बैठ जाना चाहिये।

द्वन्द्वात्मक भौतिकवादकी त्रिपुटी—विरोधि-समागम, गुणात्मक-परिवर्त्तन, प्रतिषेध-प्रतिषेध—हेगेलकी देन है। यह सुनकर तअज्जुब करनेकी जरूरत नहीं है कि ऐसा इज्जतदार दार्शनिक ऐसी नामाकूल हरकत क्यों कर बैठा। वह या उसकी तरहके दूसरे इज्जतदार हैं या बेइज्जत, इसका निर्णय सदियोंमें होगा, फिक्र मत करें, यदि वास्तविकको वास्तविक, परिवर्त्तनशीलको परिवर्त्तनशील कहना और अपने मनसे गढ़कर 'नई मौलिकता' को न उपस्थित करना इज्जतसे हाथ धोनेके लिये काफी है, तो ऐसी इज्जत अपने पास रखें। हेगेल बेचारा था भी हमारा आदमी (पंजाबी भाषामें 'साडा-बन्दा'।) उसे प्रच्छन्न भौतिकवादी नहीं कह सकते; क्योंकि गौडपादके प्रशिष्य प्रच्छन्न बौद्ध शंकराचार्यकी भांति उसने अपनेको छिपानेकी कोशिश न की। द्वन्द्ववाद प्रकृतिका अभिन्न स्वरूप है, इसे उसने पहिचाना और स्वीकार किया; किन्तु जब विचारके आनन्दमें विभोर हो वह इस अपने महान आविष्कारको कागजपर लिखकर साटना चाहता था, तो वह प्रकृतिकी जगह 'विज्ञान' (अ-भौतिक-तत्त्व)पर सट गया—यों कहिये देवताओंका अमृत गलतीसे राहु-केतुके मुखमें पड़ गया। लेबिल ठीक जगह लगा दीजिये, सब काम बना बनाया है। मार्क्सने यही किया, और हेगेलके दर्शनको शीर्षासनकी सासतसे बचाया—हां, मैं सासत ही कहता हूँ, चाहे जवाहरलालजी जैसे संभ्रान्त व्यक्ति भी उसे क्यों न अपना रहे हों। अच्छा, अब अपने असली विषय द्वन्द्ववादके दूसरे सूत्र गुणात्मक परिवर्त्तनपर चलें।

२—गुणात्मक परिवर्त्तन

"केवल परिणामात्मक (नाप-तोल सम्बन्धी) परिवर्त्तन ही एक खास सीमा पार होनेपर गुणात्मक (नये गुणोंवाले) भेदोंमें बदल जाता है।"[१]

---

१ "Capital" (by Marx) Vol. I.

(१) **व्याख्या**—कार्बन डायोक्साइड (द्विआक्सित कार्बन) एक जहरीली गैस है, यदि शुद्ध द्वि-आक्सित कार्बनमें कोई सांस ले तो वह मर जायगा, किन्तु मनुष्यके जीवन-धारणके लिये भी उसकी आवश्यकता है। मनुष्यके रुधिरमें ५% (पांच सैकड़ा) द्वि-आक्सित कार्बनकी जरूरत है; जिसके बिना आदमीका स्वास्थ्य और जीवन नहीं रह सकता। यहां मात्राके भेदसे गुण (प्राण-रक्षा, प्राण-ध्वंसन)में भेद हो जाता है।

क्लोरिन एक जहरीली गैस है, जिसे रासायनिक युद्धमें इस्तेमाल किया जाता है। सोडियम (सोडा) एक तरहका क्षार है, जिसे पानीपर रखनेसे आग लग जाती है। इन दोनोंके परमाणुओंको खास परिमाणमें मिलानेसे खानेका नमक पैदा होता है—जिसमें न क्लोरिन जैसी प्राणसंहारक गैसका गुण है, न सोडियमका आग लगानेका गुण, बल्कि एक बिलकुल नये गुणका प्रादुर्भाव होता है—वह अब खाद्य नमक है।

ये परिमाणके परिवर्त्तनसे गुणके परिवर्त्तन—परिमाणात्मक परिवर्त्तनसे गुणात्मक परिवर्त्तन—के उदाहरण हैं। आइये इसके बारेमें कुछ हेगेलके मुंहसे सुनें[1]—

"आदमी परिवर्त्तनको मन्द गतिसे (थोड़ा-थोड़ा करते हुए) परिवर्त्तन लानेकी कोशिश करना चाहते हैं; किन्तु यह मन्दगति (का परिवर्त्तन) सिर्फ अस्पष्ट परिवर्त्तन है, जो कि गुणात्मक परिवर्त्तनसे उलटा है। मन्दगतिमें दोनों वास्तविकताओं—चाहे उन्हें अवस्थाके तौरपर लीजिये या स्वतन्त्र वस्तुके तौरपर—के सम्बन्ध रुके रहते हैं।. . .परिवर्त्तनको (स्पष्टताके साथ) समझनेके लिये जिस (बात) की जरूरत थी वह हटाई हुई रहती है।. . .

"संगीत-सम्बन्धी सम्बन्धोंमें. . .जब आगे-आगेके स्वर आदि-स्वरसे क्रमशः आगे और आगे होते जा रहे हैं. . .(उस वक्त) एकाएक एक मुड़ान

---

१ Science of Logic, Vol. I, pp. 388-90.

(मुड़ना-लौटना), एक ऐसा आश्चर्यजनक स्वर-समन्वय[1] प्रकट हो उठता है; जिसपर कि अभी तक बीती गतिसे **परिमाणानुसार** बढ़ते हुए नहीं पहुँचाया गया, बल्कि वह एक दूरस्थ क्रियाके तौरपर, एक दूरस्थ वस्तुके सम्बन्धीके तौरपर प्रकट हुआ।

"(रसायनशालामें) धातुवाली आक्साइड (उदाहरणार्थ सीसा आक्साइड) आक्साइड (आक्सीजन-मिश्रित) होनेके एक खास परिमाण-वाले स्थानोंपर (पहुँचकर) बनते हैं, और अपने रंग तथा दूसरे गुणोंमें फर्क करते हैं। वह क्रमशः एक (रूप) से दूसरेमें लीन नहीं होते।

"सभी (तरहके) जन्म और मरण, क्रमशः गतिसे नहीं होते, बल्कि इस (गति) की रोक हैं और परिमाणात्मक परिवर्त्तनसे गुणात्मक परिवर्त्तन पर (मेढ़क) कुदान करते हैं।...उत्पत्ति और लयपर विचार करते वक्त साधारण कल्पना समझती है कि जब उन्हें उसने **क्रमशः** प्रकट होते या विलीन होते कल्पित कर लिया, तो उन्हें समझ लिया। किन्तु...सत्ता (सद् वस्तु) में जो आमतौरसे परिवर्त्तन होते हैं, वह सिर्फ एक परिमाणसे दूसरे परिमाणके रूपमें ही नहीं होते, बल्कि गुणात्मक (एक गुणवाले रूप) से परिमाणात्मक (दूसरे परिमाणवाले रूपमें), तथा परिमाणात्मकसे गुणात्मक परिवर्त्तन होते हैं : यही **दूसरा** बन जाना है, **क्रमसे नाता तोड़ लेना है**।...

"पानी (बर्फ होनेके लिये) ठंडा होते वक्त लेईके (कड़े होनेके) तरीकेसे थोड़ा-थोड़ा करके कड़ा नहीं होता, बल्कि **एकबएक** कड़ा (बर्फ) हो जाता है। जब वह हिम (जमनेके) बिन्दुपर अच्छी तरह नहीं पहुँचा हो; हो सकता है (अभी) वह पूर्णतया तरल है (यदि वह निश्चल है), और हल्के तौरसे हिलानेसे कठोर अवस्थामें आ जाता है।"

(२) **जीवन और भूत**—भौतिकवादियोंपर यह आक्षेप किया जाता है कि वह तो जीवन और मन जैसी उत्तम वस्तुको जड़-तत्त्वकी कोटिमें

---

१ Concord.

ला देते हैं, इसीलिये हमने सर राधाकृष्णन्‌को 'हिन्दू-धर्म डूबा'के नामसे तो नहीं, किन्तु उससे कुछ ऊँचे तलपर "मनुष्यके धार्मिक तथा आचारिक, दार्शनिक तथा ललित कलात्मक उच्चतम तजरबेकी भक्ति"-की गायगुहार लगाते और एक कलमवीरके तौरपर भीष्म-प्रतिज्ञा करते देखा; भौतिकवाद मेरी लाशपरसे गुजरकर ही पुण्य-भूमि भारतमें घुस सकता है। लेकिन हम उन ऐसोंको विश्वास दिलाना चाहते हैं कि भौतिकवादी जीवन और मनको जड़ भौतिकतत्त्व हरगिज नहीं मानते—कौन ऐसा गँवार होगा. जो कन्दको चीनी, चीनीको गुड़, गुड़को ऊख, ऊखको मिट्टी अतएव कन्द (कलाकन्द)को मिट्टी कहनेकी गलती करेगा। वैज्ञानिक भौतिकवादी प्रकृतिमें सर्वत्र गुणात्मक-परिवर्त्तन देखते और मानते हैं; और गुणात्मक परिवर्त्तनका मतलब है "उससे किन्तु वही नहीं।" मिट्टीमें गुण वह हरगिज नहीं था, जो कि कन्दमें है, कन्द मिट्टी बिलकुल नहीं है। कन्द और मिट्टी उन्हीं परमाणुओंसे बने हैं, और नष्ट होनेपर वह उन्हीं "सृष्टिकी मूल ईंटों"के रूपमें रह जायेंगे, यह वैज्ञानिक भौतिकवादी नहीं मानते। वैज्ञानिक भौतिकवादियोंकी मूल ईंटें परमाणु नहीं कण-तरंग, विच्छेद-युक्त घटना-प्रवाह हैं, जिनके खमीरमें भी क्षण-क्षण नाश-उत्पादनका नियम मिला हुआ है। इसलिये कन्द और मिट्टीमें उन्हीं परमाणुओंके समझनेकी गलती नहीं करनी चाहिये। कन्द मिट्टीसे हुआ है, यह मान सकते हैं, किन्तु कन्द मिट्टी है, इस बातकी तोहमत हमपर नहीं लगाई जा सकती। यह सच है जीवन या मन जिससे पैदा हुआ है, वह भूत (भौतिकतत्त्व) ही है, किन्तु मन भूत हरगिज नहीं है—किसी तरहसे भी नहीं, चाहे उसके अन्तस्तलमें घुसकर देख लें। यह बिलकुल गुणात्मक परिवर्त्तन, पूर्व (भत) प्रवाहसे टूटकर नया प्रवाह है। कृष्ण भगवानका बेटा जीवे, उनके गीतोक्त परम सात्त्विक आहारकी महत्त्वपूर्ण व्याख्या—जिसके समझनेमें सर राधाकृष्णन्‌की दार्शनिक बुद्धि भी पूर्णतया कुंठित है और अपने गीतोपदेशमें उसके असली अर्थको उन्होंने कभी श्रोताओंको नहीं बतलाया होगा—पर

मुझे पूर्ण विश्वास है, यद्यपि उस महापुरुषके "सपत्नीक" नाम धारण करनेसे उनका कर्त्तव्य जरूर इस बातका तकाजा रखता था। —आज सभ्रान्त हिन्दुओंके घर-घरमें परम सात्त्विक अंड-खाद्यका प्रचार हो रहा है और ऐसा ही कोई अभागा होगा, जिसने भोग लगाते वक्त पावकपूत इस कोमल श्वेत शालिग्रामको हाथसे फोड़कर देखा न हो। यदि आपने इस वास्तविक ब्रह्म-अंडको भीतरसे न देखा हो, तो एक बार जरूर तोड़कर देखिये। वहां कहीं छोटे-छोटे पंखवाले उस चूजेका पता नहीं मिलेगा, जिसे आप बाईस दिन बाद उससे निकला देखेंगे। यदि जैसा कि मुर्गी माईने उसे दिया है, उसी तरह आपने फोड़ा, तो बाहरी खोलके भीतर पहले एक सफेद तरल खोल पायेंगे, वह उन्हीं रासायनिक तत्त्वोंका है, जो कि हमारी हड्डी, संगमर्मर और चीनीमें मिलते हैं। उसके भीतर केसरिया रंगका तरल (रस) भरा हुआ है। वहां, खूब अँगुली आंख गड़ा-गड़ाकर देख डालिये, सिवाय पीले, सफेद तरल रसके और कुछ नहीं पाइयेगा—यदि उबले हुए अंडेको फोड़ें, दोनों प्रकारके इन तरल तत्त्वोंको दो रंगोंके आलूके गुद्देकी शकलमें देखेंगे। सद्यः प्रसूत अंडेकी अवस्था और चूजेमें जमीन-आसमानसे भी भारी अन्तर है, इसलिये जीव और भूतको एक कहना सरासर गलती है; साथ ही यह उससे भी भारी गलती है कि गुणात्मक परिवर्त्तनकी अद्‌भुत क्षमता रखनेवाली प्रकृतिको उसके इस जन्मसिद्ध अधिकारसे वंचितकर जीवन या मनको कहीं बाहरसे आई चीज माना जाये।

चूजा तो मिट्टीसे गुड़ तकके गुणात्मक परिवर्त्तन-जैसा है। जब हम उसे मिट्टी (भूत) माननेके लिये तैयार नहीं, तो कन्द-जैसे सर्वोच्च विकासके धनी मनुष्यको भूत (भौलिकतत्त्व) मानना वैज्ञानिक भौतिकवादसे उतना ही सम्बन्ध रखता है, जितना गदहेके सिरसे सींग। सींग मनुष्य भूतका सर्वोच्च गुणात्मक परिवर्त्तन है। उसकी मानसिक, आचारिक शक्ति अद्‌भुत है। मनुष्य सोचता है, स्नेह-प्रेमके लिये आत्मोत्सर्ग करता है, कला और सौन्दर्यका आनन्द लेता है तथा उदार भावनाओंसे पूर्ण उत्तम कार्य

करनेकी उसमें क्षमता है। वह प्रकृतिकी आकस्मिक घटना या उपज नहीं है और न वह केवल पशु है। लेकिन, ये सारे उच्च गुण, सारी श्लाघनीय विशेषताएँ किसी ऐसे आत्मिक—विज्ञानमय (ब्रह्ममय) जगतसे नहीं आई हैं, जो कि हमारे जगतसे भिन्न, परे और पहलेसे मौजूद था। ये सभी भव्य गुण या विशेषताएं अपना भौतिक इतिहास रखती हैं और अपने विकासके मार्गको विश्वपर अंकित किये हुए हैं। उनका वह विकास-पथ बतलाता है कि उनसे करोड़ों वर्षों पहले अरबसे अधिक वर्षोंसे लगातार जीवन-रहित, मन-रहित भूत (भौतिकतत्त्व) मौजूद था। फिर "अल्पारम्भ क्षेमकरः" को मोटो बनाकर बहुत छोटेसे रूपमें जीवनका आरम्भ हुआ, इत्यादि। हमारे सामने सभी बातें साफ हो जाती हैं, जब हम इसे देख और समझ लेते हैं कि भूत (भौतिकतत्त्व) कभी निश्चल नहीं रहता, गति उसका गुण (स्व-रूप=स्व-लक्षण) है। भूतकी उसकी परिभाषा है—भूत वह है जो गतिमें रहता है।

(३) **दृष्टान्त**—हेगेलके ऊपर उद्धृत वाक्योंमें गुणात्मक परिवर्त्तन को संक्षेपमें—अतएव कुछ क्लिष्ट भाषामें—बतलाया गया है। हमने कुछ सरल करनेकी कोशिश की है, यदि उसे और साफ करनेकी जरूरत है, तो फिर सुनिये। भूतमें विकास होता है, मिट्टीसे ऊख, गुड़ (या बिना गुड़के सीधे) चीनी, कन्द तकका विकास हम खुद अपने हाथों करते हैं। प्रकृति इस विकासको क्रमशः और एकाएक दोनों तरहसे करती है। क्रमशः विकासके रूपमें तिकाते-तिकाते एकदम हथियार छोड़ती है; अथवा लम्बी या ऊँची कुदानवाले खिलाड़ीकी भांति पहले दौड़ते हुए फिर एकदम मेढ़क कुदान करती है;—नया गुण, नई वस्तु, नई घटना अस्तित्वमें आती है।

१. पानीके जमनेका दृष्टान्त हेगेलने दिया है। बर्फ बनते वक्त पानी धीरे-धीरे गाढ़ा नहीं होता; बल्कि टेम्परेचर गिरते-गिरते जैसे ही हिम-विन्दु (३२° फार्नहाइट, ०° सेंटीग्रेड) पर पहुँचता है, तो वह एकाएक

बर्फ हो जाता है, उसका तरलपन लुप्त हो जाता है, उसकी प्रवाहिता लुप्त हो जाती है, वह शीशेके बराबर कड़ा और भारी लोरी तथा ट्रामको अपने ऊपरसे गुजारने लायक हो जाता है। आप स्वच्छ पतीलीमें कण-धूलिसे रहित शुद्ध जलको आगपर रखते हैं, वह गरमाता, फिर सनसनाता है। आप "थर्मामीटर"से गर्मीकी वृद्धिकी गतिको देखते जाते हैं, ८०°, ९०°, तक वह आपको ठण्डा लगता है, ९६°, ९७° में आपके शरीर इतना गरम होनेसे न ठण्डा न गरम, जितना ही तापमान ऊपर उठता जाता है, पानीकी गर्मी बढ़ती जाती है—जितनी गर्मी बढ़ती जाती है, तापमापकयंत्रका पारा उतना ही ऊपर चढ़ता जाता है। १५०° में आप हाथ रखना नहीं चाहते, २००° में और असह्य गर्मी। आपको आश्चर्य होगा पानी खौलता क्यों नहीं ? आप इतमीनान रखिये जिस तरह स्वच्छ करके आपने पानीको रखा है, उससे उसको खौलनेकी नौबत नहीं आयेगी। खौलनेके लिये कण और धूलि चाहिये, जिससे हवाके प्रवेश और बुलबुला बननेकी गुंजाइश हो। आपके जलमें कोई विजातीय तत्त्व नहीं है, इसलिये उसे भी उससे डर नहीं। यह देखिये टेम्परेचर २१०° डिग्री फार्नहाइटपर पहुँच गया। सजग हो जाइये। क्या कहा—अभी भी तो वैसा ही है। यह लो यह क्या हुआ ? सारा पानी बिना खौले यकायक भाप हो गया, देखिये २१२° फार्नहाइट (१००° सेंटीग्रेड) है।

इस तरह तापके परिमाणके परिवर्त्तन—परिमाणात्मक परिवर्त्तन—ने एक खास सीमापर पहुँचते ही गुणात्मक परिवर्त्तन कर दिया, तरलको टेम्परेचर ठोस या भाप (गैस) बना दिया।

२. तराजूका दृष्टान्त देखने, समझनेमें इससे भी सहल है। सेरका बटखरा रख एक बहुत अच्छे तराजूसे आप खसखस (पोस्तेके दाने)को तौलिये। पाव, दो पाव, तीन पाव, पंद्रह छटांक, १५ छटांक ४ तोला, १५ छटांक ४ तोला ११ माशा, १५ छटांक ४ तोला ११ माशा ७ रत्ती, १५ छटांक ४ तोला ११ मा० ७ रत्ती ७ चावल, १५ छटांक ४ तोला

११ मा० ७ रत्ती, ७ चावल, ७ खसखस तक धीरे-धीरे रखते जाइये, तराजू-की डांडी सीधी नहीं होगी, किन्तु जैसे ही आप आखिरी खसखस रखेंगे, वह बराबर हो जायेगी और उसके आगे एक खसखस बढ़ाते ही डांडी गिर जायेगी।

३. इसे भी छोड़िये, दूसरा दृष्टान्त लीजिये। चार पहलवान एक पत्थरको उठाना चाहते हैं। सारी ताकत लगाकर हार गये, वह नहीं उठा। उस वक्त एक लड़का उधरसे गुजरा। लड़केके यह पूछनेपर कि क्या में भी हाथ लगा दूं, तीन पहलवान हँस पड़ते हैं, चौथेको जाने-अनजाने वैज्ञानिक भौतिकवादकी गंध लग गई है, वह कहता है—आने दीजिये। लड़का हाथ लगाता है, पत्थर उठ जाता है। बाकी तीन पहलवान लड़केको भगवान या सिद्ध पुरुष मानना चाहते हैं, वह उसके चरणोंमें दंडवत् गिरना ही चाहते हैं; किन्तु वह भौतिकवादी पहलवान कह उठता है—ऐसी कोई सिद्धाई नहीं है, आखिरी थोड़ा-सा भार बँच रहा था, जिसे उठानेके लिये हम चारोंकी शक्ति बँच नहीं रहती थी, इसलिये हम उठा नहीं पाते थे।

४. और उदाहरण लीजिये। स्टोवमें आप हवा भर रहे हैं। भरते जा रहे हैं, भरते जा रहे हैं, पूरी हवा भर दी गई है, स्टोवकी सूई खतरेकी लाल लाइनपर पहुँच गई है। होशियार हवा भरनेवाले गुणात्मक परि-वर्त्तनवादी होनेके कारण आप समझ गये कि अब इसकी उदरपूर्त्ति हो गई। आपका साथी भगवानदास कोरा भाग्यवादी, ब्रह्मवादी-कर्मवादी, या मायावादी-शून्यवादी है। वह आपके जरा-सा हटते ही जलते स्टोवमें एक ही पिचकारी और कसता है, स्टोव फटनेका धड़ाका होता है। आप दौड़कर देखते हैं, घरमें आग लग रही है, भगवानदास जलते कपड़ोंमें तड़फड़ा रहा है। खैर, आप किसी तरह गीले कपड़ेकी मददसे भगवानदासको बुझाकर बाहर निकालते हैं। अस्पतालमें जाकर वह बच जाता है। चंगा होनेपर भगवानदास कहता है—भाई! मैंने तो आधी फूंक भर भी हवा

नहीं डाली होगी, भगवानने किसी पुरिबले कर्मका फल दिया। आप कहते हैं—इसी जन्मके कर्मका फल है, वह आधी फूंक हवाका परिमाण गुणात्मक परिवर्त्तन करनेकी सामर्थ्य रखता है। और यदि भगवानदास—भाई! लगानेमें अनुप्रासका आनन्द तो जरूर मिलता है; किन्तु कितनी बार मैंने आपसे प्रार्थना की कि इस सनीचरे नामको बदलो—उसी गुणात्मक परिवर्त्तनको आपने भक्ष्य-साधक स्टोवका भक्षक रूपमें परिवर्त्तन देखा।

(४) **मन**—मस्तिष्क और चिन्तन स्मरण आदिकी क्षमताक्रिया—जिसे कि हम मन कहते हैं—का क्या संबंध है, इसके बारेमें हम अन्यत्र[1] काफी कह चुके हैं। इसलिये उन बातोंको यहां दुहरानेकी जरूरत नहीं, साथ ही "जीवन और भूत"पर लिखते वक्त हम अपनी स्थिति साफ कर आये हैं कि जीवन भूतसे उत्पन्न है, किन्तु भूत ही नहीं है। जीवन और मन एक ही घटनाका दूसरा पहलू अथवा साधारण जीवनका उच्चतर विकास है। पावलोफने इस सदीमें मस्तिष्ककी अँधेरी कोठरीमें घुसकर उसे देखनेका काम शुरू किया। पिछले चालीस वर्षोंमें उसके कितने ही भागोंको आलोकित जरूर किया जा सका है, किन्तु मस्तिष्ककी पीली मज्जाके करोड़ों सेलोंका रहस्य इतनी जल्दी नहीं खोला जा सकता। तो भी गवेषणाओंका जो कुछ फल मालूम हुआ है, उससे पता लगता है मनकी भिन्न-भिन्न क्रियामें मस्तिष्कके भिन्न-भिन्न भागोंके सेल-समुदायोंसे संबंध रखती हैं। एक अकेला सेल अलग करके अनिश्चित काल तक अनुकूल आहारके साथ रखा जा सकता है, किन्तु उस वक्त वह अपनी सारी अद्भुत शक्ति खो बैठेगा, और एक साधारण एकसेलीय प्राणी—अमोय्बा—जैसा जीवन व्यतीत करेगा। इसलिये कहना चाहिये कि मस्तिष्क इन सेलोंका योग मात्र नहीं है, यहां परिमाण-संबंधी परिवर्त्तनसे गुणात्मक परिवर्त्तन

---

१ "विश्वकी रूप-रेखा"।

होता है—और मस्तिष्कके करोड़ों सेल वह काम करते हैं, जिसे उन सेलोंकी वैयक्तिक क्षमता अलग-अलग नहीं कर सकती। नालंदाके दार्शनिक धर्मकीर्त्ति (६०० ई०)के शब्दोंमें[1]—"एकसे कोई एक वस्तु नहीं होती, (बहुतसे हेतुओंकी) सामग्रीसे सबकी उत्पत्ति होती है।" "उनकी संहति (संघात)में हेतुता है।"

मनके बारेमें विचार करनेके लिये कुछ भी आगे बढ़नेसे पहिले यह खयाल हटा देना चाहिये कि मन एक खास तत्त्व है, जो फूलकी तरह अपने भीतरसे चिन्तन-स्मरण आदिकी सुगंधि निकालता रहता है। आधुनिक मस्तिष्क-विद्या-विशारद मनोविज्ञानवेत्ता मनको एक द्रव्य नहीं, बल्कि घटना-प्रवाह मानते हैं। जीवन और मनकी तुलना करके देखिये तो मालूम होगा, मन तभी तक रह सकता है, जब तक कि जीवन है। जीवनके न रहनेपर मन (चिन्तन, स्मरण)का रहना बिलकुल असंभव है। खैर, इसे तो आप फजूल वक्त लेना कहेंगे। किन्तु यह खयाल रखिये कि परीक्षा-से यह सिद्ध हो चुका है कि मन शरीरके मरनेसे पहिले मर जाता है, इस तरह हमारे यहांके नैयायिकोंकी व्याप्ति—"जहां-जहां धूम वहां-वहां आग"की तरह "जहां-जहां मन वहां-वहां जीवन" तो ठीक उतरती है; किन्तु जिस तरह "जहां-जहां आग वहां-वहां धूम"को गलत व्याप्ति (अ-व्याप्ति) कहेंगे, क्योंकि निर्धूम आग भी देखी जाती है; उसी तरह "जहां-जहां जीव वहां-वहां मन" (चिन्तन, स्मरण. . .) भी अव्याप्ति है; क्योंकि जीवन-चिह्न, शरीरकी उष्णता श्वास-प्रश्वासके बंद होनेके पहिले ही चिन्तन-स्मरणकी क्रियाएं समाप्त हो जाती हैं—"मन" मर जाता है। यही नहीं कि मनके बाद भी शरीर जीता देखा जाता है, बल्कि बाज वक्त तो शरीरके मर जानेपर भी,—हिटलरके बंब द्वारा ध्वस्त ग्राममें एकाध

---

१ "न किंचिदेकमेकस्मात् सामग्र्याः सर्वसम्भवः।" प्रमाणवार्त्तिक ३।५३६; "संहतौ हेतुता तेषाम्"—वहीं २।२८

बच गये दुधमुंहें बच्चेकी भांति शरीरके कुछ सेलोंको जिन्दा रहते देखा जाता है, यद्यपि यह 'दुधमुंहां बच्चा' देर तक का मेहमान नहीं होता—मुर्देके नाखून और केश जो कभी-कभी बढ़े पाये जाते हैं, वह इसीके दृष्टान्त हैं। वस्तुतः जिसे हम शरीर कहते हैं, वह अरबों स्वतन्त्र-सजीव सेलों (हां, यदि हमारे शरीरके किसी सेलको निकालकर खास रसमें रखें तो वह अनिश्चित काल तक एकसेलीय जन्तुकी तरह जीवित रहेगा)—का संघात है। ये सेल अलग-अलग उस शक्तिको नहीं पैदा कर सकते, जिसे हम मनका नाम देते हैं; किंतु उनकी संहतिमें हेतुता होती है और गुणात्मक परिवर्त्तनसे चिन्तन-स्मरण जैसी अद्भुत शक्ति (=मन) पैदा हो जाती है। पंकज (कमल-फूल) पंकसे पैदा होता है, किन्तु वह पंक नहीं है; मन भी पंकज (पंकसे पैदा हुआ) है, किंतु, वह पंक नहीं। जैसे कमलके रूप-गुणको देखकर उसे स्वर्गसे टपका मानना पंकके साथ घोर अन्याय और अपनेको जड़-भरत साबित करना है, उसी तरह मनको आसमानसे टपकाना भी जड़-भरत बनना है; अथवा "रोटी खाइये घी-शक्कर"की कहावतके अनुसार दूसरोंको धोखा देना है।

एक बार फिर भूतके उदर-गह्वरमें हम आपको ले चलना चाहते हैं। एलेक्ट्रनको प्रोटन (हाइड्रोजनके नाभिकण)के गिर्द निरन्तर नृत्य करनेके बारेमें हम कह आये हैं। पिछले युद्धके बाद वैज्ञानिक कैसे इस प्रोटनके जबर्दस्त किलेको भी तोड़नेमें समर्थ हुए, इसे दूसरी जगह[1] देखिये। यहां संक्षेपमें इतना ही समझिये कि वह प्रोटन भी तोड़नेपर एलेक्ट्रन और पोजिट्रन (पोजिटिव=धन बिजली)से युक्त मिला, और अब वैज्ञानिकोंने एलेक्ट्रनके नामको और वैज्ञानिक बनाते हुए उसे निगोट्रन, (निगेटिव =ऋण बिजली कण नाम दे दिया। एलेक्ट्रन, निगोट्रन) न्यूट्रन इन "प्रारम्भिक" इकाइयोंसे कैसे विश्वका विकास हुआ, इसके बारेमें भी

---

१ "विश्वकी रूप-रेखा"।

हम यहां दूर तक नहीं जा सकते। ये भिन्न-भिन्न परिमाणमें मिलकर (परिमाणात्मक परिवर्त्तनसे) गुणात्मक परिवर्त्तन करते हुए हाइड्रोजन, कार्बन, रेडियम जैसे परस्पर भिन्न स्वभाववाले ९२ रासायनिक मूलतत्त्वों (परमाणुओं)को विकसित करते हैं। ये परमाणु मिलकर अणुओं, अण-गुच्छकों तथा भिन्न-भिन्न रसायन-योगों—जल (ओ १ हा २), नमक आदि—को बनाते हैं। खैर, इस योगके बनानेमें तापमानका खास महत्त्व है। तापमानके परिमाणके परिवर्त्तनसे कैसे जलमें गुणात्मक परिवर्त्तन हो वह ठोस बर्फ तथा गैसरूपी भापमें परिवर्त्तित हो जाता है, इसे हम बतला आये हैं। लेकिन इस तापको ढूंढ़नेके लिये मशाल लेकर बाहर भटकनेकी जरूरत नहीं। भूत (भौतिकतत्त्व)की गतिका ही नाम ताप है; और वह गति भूतमें स्वाभाविक है—गतिरहित भूत कहीं नहीं पाया जा सकता। एलेक्ट्रन १,८२,६२८ मील प्रति सेकेण्डकी चालसे चक्कर काटता है। रेडियमसे स्वतः सदा निकलनेवाले कणोंमें एक अल्फा-कण भी है, यह एलेक्ट्रनकी गतिके सामने छकड़ा है—सिर्फ १० से १५ हजार मील प्रति सेकेण्ड चलता है; किन्तु जानते हैं, वह कितना गरम होता है—५० अरब डिग्री सेंटीग्रेड (फार्नहाइट करनेमें और ज्यादा डिग्री होगा), उसके सामने सूर्यकी नाभिपरकी ४ करोड़ डिग्रीवाली गर्मी हिमालयकी सर्दी है। हां, तो गति=गर्मी संघर्ष=समागम कराती है। परिमाणके परिवर्त्तनसे गुणमें परिवर्त्तन होता है। पृथिवी दो अरब वर्ष पहले बहुत संतप्त थी, ताप गिरनेके साथ गुणात्मक परिवर्त्तन शुरू हुए और अन्तमें जीवनकी आगमनीके लायक तापमान हुआ।—जीवन०° सेंटीग्रेड (३२° फार्नहाइट)से १००° (२१२ फार्नहाइट) तक जीवित रह सकता है। और १००° सेण्टीग्रेडपर थोड़े समय तकके लिये जीवित रहनेवाली बेक्टीरिया और विरस हैं, जिन्हें भूत और जीवकी बीचकी कड़ी माना जाता है। तापमान जीवनपर क्या प्रभाव रखता है, इसे मैं अपनी पुस्तक "विश्वकी रूपरेखा"से उद्धृत करता हूं—करना ही चाहिये, नहीं तो आप लोग समझने

लगेंगे कि अपनी पुस्तकका विज्ञापन देकर उसे बिकवाना तथा नफा कमाना चाहता है। नफेकी बात किसी हिन्दी-लेखकसे पूछिये और उद्धृत करनेका एक यह भी मतलब है: क्या जाने दुनियाके इस महातूफानमें "विश्वकी रूपरेखा" कहां रहे और "वैज्ञानिक भौतिकवाद" कहां ?—

प्रोफेसर हर्टविगने मेढकोंपर तापमानका प्रयोग किया है। उन्होंने एक ही मेढकके एक ही दिन दिये अंडोंको चार भागोंमें बांटा। चारों भागोंको क्रमशः ११,५°, १५°, २०° और २४° सेंटीग्रेड तापमानके पानीमें पाला। तीन दिनके बाद देखा गया कि जहां प्रथम भाग दानादार भी नहीं बन सका, वहां चतुर्थ भाग अंडा फोड़कर बाहर निकलनेवाला था और बाकी दो भाग बीचकी अवस्थामें थे। इसका अर्थ यह हुआ कि ऊंचे तापमानमें जीवनका विकास शीघ्रतासे होता है।

"प्रोफेसर लोएबने ड्रोसोफिला मक्खीपर प्रयोग किया है। उससे पता लगा है, कि ३०° सेन्टी तापमानमें रखनेपर मक्खीको अंडा फोड़कर बाहर निकलनेसे मरने तक में २१ दिन लगे; २०° सेंटीग्रेडमें आयु ५४ दिन रही और १०° सेंटीग्रेडमें १७७ दिन अर्थात् आठ गुनीसे भी ज्यादा।

"तापमान जीवनकी खेतीको शीघ्रतासे तैयार करता है, ऊपर ड्रोसोफिलाके प्रयोगमें हर १०° डिग्रीपर जीवनकी अवधि ढाई और तीन गुनी बढ़ी है। यह भी खयाल रखना चाहिये कि १०° सेंटीग्रेडसे ऊपर जीवनकी अवधि (१००° सेंटीग्रेड) तक तापमानमें हर १० डिग्रीपर रासायनिक तत्त्वोंके प्रभाव भी दुगुने-तिगुने हो जाते हैं।

"तापमानका आयुपर जिस तरहका प्रभाव हम मक्खियों, मेढकों तथा दूसरे निम्न प्राणियोंपर पाते हैं, वही चिड़ियों, स्तनधारियों, मनुष्योंपर नहीं पाया जाता। कारण उनके शरीरकी बनावट ऐसी है कि उनके शरीरका तापमान एक खास परिमाणसे ऊपर नहीं जाने पाता। गर्मियोंमें एककी जगह तीन-तीन गिलास पानी जो हम पीते हैं, वह टेम्परेचरको ९६°, ९७°, फार्नहाइट तक रोक रखनेमें खर्च होता है।"

तापमानका जीवनपर प्रभाव कैसा होता है, यह तो समझ गये। पृथिवी पहिले अत्यन्त उष्ण थी, फिर गर्मी कम होते-होते जब ऐसे तापमानमें आई, जहां कि जीवनका गुजर हो सकता है, तो जीवन उत्पन्न हुआ और पृथिवीके तत्त्वोंसे ही उत्पन्न हुआ। कैसे हुआ, इसके लिये हम मजबूर हैं, "विश्वकी रूपरेखा"को देखनेकी सलाह देनेके लिये। अ-जीव रासायनिक रसयोगसे गुणात्मक परिवर्त्तनके साथ एक नया तत्त्व "विरस"[१] या बेक्टीरिया पैदा हुआ। फिर क्रमशः एक सेलवाला प्राणी अस्तित्वमें आया। फिर एकसेलीय आमोय्बा और अनेक-सेलीय क्षुद्र कीटसे अरबों सेलोंवाले मनुष्य तक। आज भी हमारे शरीरके किसी सेलको शरीरसे बाहर जिन्दा रखा जा सकता है। सेलके जिन्दा रखनेकी एक प्रक्रिया वह है, जिसे सन्तान प्रसव कहते हैं; जिसमें पति, पत्नीके एक-एक सजीव सेल आपसमें मिलते हैं और उदरमें तथा बाहर आहार प्राप्तकर पुत्र या पुत्रीके रूपमें साकार हो हमारे प्रेम, तथा योग्यताके अधिकारी बनते हैं। दूसरा तरीका डाक्टर केरेल (अमेरिका) जैसे वैज्ञानिक इस्तेमाल कर रहे हैं—डाक्टर केरेलने मुर्गीके हृदयके एक सेलको एक खास रसमें २० सालसे जीवित रखा है, उसकी जिन्दगी एक सेलवाले आमोय्बा जैसी है।—स्मरण रखना चाहिये, मुर्गीकी औसत आयु सिर्फ पांच सालकी होती है।

इसी गुणात्मक प्रक्रियासे मानव तकके विकासके समझनेके लिये हमें प्राणि-शक्तियोंके प्रयोगसिद्ध एक महत्त्वपूर्ण सिद्धान्त जाति-परिवर्त्तन[२] को थोड़ा-सा समझ लेना चाहिये।

(५) **जाति-परिवर्त्तन**—हमने अन्यत्र[३] इसके बारेमें लिखा है—"आनुवंशिकताका प्राणीके निर्माणमें" बहुत हाथ है, तो भी उसकी दीवारमें कुछ छिद्र हैं, जिसके कारण नई जातियों या श्रेणियोंका प्रादुर्भाव होता

---

१ Virus. २ Mutation.

३ ज़्यादा जाननेके लिये देखिये "विश्वकी रूपरेखा"।

रहता है। व्यक्तिमें नये रूप-गुणका प्रादुर्भाव दो तरहसे होता है—एक अभ्यास या कृत्रिम रीतिसे—जैसे अशिक्षित व्यक्ति अध्ययन और अध्यवसायसे शिक्षित बन जाता है, अथवा दुर्घटनासे आदमी लँगड़ा-लूला हो जाता है। ये परिवर्त्तन ऊपरी तथा एक शरीर (पीढ़ी) तक ही सीमित रहते हैं। डाक्टरका लड़का सिर्फ इसलिये डाक्टर नहीं हो सकता कि वह डाक्टरका लड़का है। इसका मतलब यह है कि अभ्यास और अध्यवसाय द्वारा प्राप्त गुण आनुवंशिक नहीं बनते। एक दूसरी तरहका परिवर्त्तन है, जो कि स्थायी होता है। इसे **जाति-परिवर्त्तन** कहते हैं। यह परिवर्त्तन ऊपरी नहीं, प्राणिके अन्तस्तम जनक-बीज (जेनस[1])—में होता है, जिससे नवीन वस्तुका प्रादुर्भाव होता है। नवीनताका प्रादुर्भाव ही विकासका आधार है।

"मेंडल[2]की जाति-परिवर्त्तन संबंधी गवेषणाएं डार्विनको अज्ञात थीं, इसलिये विकासका अर्थ वह अविच्छिन्न शान्त प्रवाह—सर्पगति—लेता था। विकास, वस्तुतः, अविच्छिन्न नहीं है, बल्कि विच्छिन्न कुदान है।"

जनक-बीज या जेनस ही एक पीढ़ीके आनुवंशिक गुणोंको दूसरी पीढ़ीमें पहुँचाते हैं। इन्हीं जनक-बीजोंमें परिवर्त्तन जब और जितने परिमाणमें होता है, तब और उसी मात्रामें जातिमें परिवर्त्तन होता है। जनक-बीज और जाति-परिवर्त्तन के विषयमें हम दूसरी जगह[3] लिख चुके हैं। मनुष्यका शरीर अरबों सेलोंका एक परिवार है। हर सेलमें एक नाभिकण होता है। हर "नाभिकण"में रस्सीके टुकड़ों जैसी कोई चीज (क्रोमोसोम) होती—(सेलकी भांति इसका रूप भी बदलता रहता है)। इसकी संख्या मनुष्यमें ४८ है (खून या मांसकी परीक्षाकर इन क्रोमोसोमोंकी गिनतीसे वह किस प्राणीका मांस या खून है इसे बतलाया जा सकता है।)

---

१ Genus.

२ आस्ट्रियाका एक प्राणि-शास्त्री। ३ "विश्वकी रूपरेखा"।

क्रोमोसोमके धागेमें कुछ हजार छोटे-छोटे मनके पिरोये रहते हैं, जिन्हें कि जनक-बीज (जेनस) कहते हैं। अमेरिकन वैज्ञानिक मोर्गनने फलोंकी मक्खी ड्रोसोफिलाके प्रयोगसे जनक-बीजके रहस्यको खोज निकालनेमें बहुत सफलता पाई है। महीनेमें दो और सालमें २४ पीढ़ी तैयार हो जानेसे ड्रोसोफिलाके पीढ़ीसे पीढ़ीमें जनक-परिवर्त्तनका अध्ययन बहुत सुगम है। मोर्गनने कितनी ही लाख मक्खियोंकी आनुवंशिकताका लेखा तैयार किया है। जनक-परिवर्त्तनसे जो आनुवंशिकता-परिवर्त्तन होता है, इसे ही जाति-परिवर्त्तन कहते हैं। मोर्गनने अपनी इन मक्खियोंमें चार सौके करीब जाति-परिवर्त्तन देखे; इन चार सौ जाति-परिवर्त्तनोंमेंसे बहुतोंका अध्ययन करनेसे मालूम हुआ है कि वहां जनक-बीजों (जनकों) के चार समूह हैं—अर्थात् समूहोंकी उतनी ही संख्या है, जितने कि ड्रोसोफिलाके नाभिकणमें क्रोमोसोम होते हैं। एक-एक समूहमें जनक-बीजोंकी संख्या क्रोमोसोमकी लंबाईके अनुसार होती है और उसे अणुवीक्षणसे हम देख सकते हैं।

ड्रोसोफिलामें हर लाखपर २८ से ६१ तक जाति-परिवर्त्तनवाले व्यक्ति पाये गये हैं। लेखा लगानेसे पता लगता है कि एक हजार वर्षके समयमें ड्रोसोफिलाके सभी जनक-बीज बदल जाते हैं। १५ दिनमें नई पीढ़ी तैयार करनेवाली, तथा सन्तान-प्रसवमें लासानी ड्रोसोफिला मक्खीमें जाति-परिवर्त्तनकी प्राकृतिक गति बहुत तीव्र है। मुलरने एक प्रयोग द्वारा जाति-परिवर्त्तनकी प्राकृतिक गतिको १५० गुना तक कर दिया, और इस प्रकार एक लाखपर ४२०० से ९१५० जाति-परिवर्त्तन किये जा सके—अर्थात् ऐसा होनेपर छः वर्षमें सारी मक्खियोंके जनक-बीज बदल जावेंगे। ड्रोसोफिलाकी सारी जातिके जाति-परिवर्त्तनमें कितना समय लगता है, हमें यहां उससे मतलब नहीं है; मतलब इससे है कि जाति-परिवर्त्तन होता है और सिर्फ सर्पगतिसे नहीं; बल्कि मेढक-कुदानकी तरह यकायक होता है।

(६) **मनुष्य और उसके समाजमें गुणात्मक परिवर्त्तन**—समाजमें गुणात्मक-परिवर्त्तन होता है, इसीको हम सामाजिक-क्रान्ति कहते हैं।

यह जबसे पृथिवीपर मनुष्य आया तबसे हो रहा है, यद्यपि मस्तिष्कका मालिक मनुष्य प्रकृतिके काममें अकसर बाधा डालना चाहता है; किन्तु वह होता हीं रहता है। हमने इस परिवर्त्तनको अपने "मानव-समाजमें" सविस्तार दिया है। इस तरहके परिवर्त्तनको और नजदीकसे देखना चाहते हों, तो अपने सामने मौजूद किसी घरकी तीन पीढ़ीको गौरसे देखिये। मेरा अपना उदाहरण लीजिये—

१. नाना (रामशरण पाठक, पल्टनके सिपाही)—"हमारी पल्टनका बलिया जिलेवाला राजपूत डाक्टर क्रिस्तान था, उसकी स्त्रीने उसे छोड़ दिया। क्यों? वह अंग्रेजोंके साथ चाय पीता था।"

२. पिता (गोवर्धन पांडे[1]) पूजा पाठके बहुत पाबंद; किन्तु अपने हलवाहे चिनगी चमारकी लाशको लोगोंके बुरा माननेपर भी ४० मील दूर गंगा तटपर फूंकनेके लिये ले गये थे, और

३. बंदा (राहुल सांकृत्यायन)—आप लोगोंके सामने नंगा खड़ा हैं। न हिन्दुओंके भक्ष्याभक्ष्यको मानता, न धर्म-अधर्म, न जात-पांतको। बेचारा बलियावाला डाक्टर तो अंग्रेजोंके साथ चाय पीता था; यहां अंग्रेजों-को भी पी जानेके लिये तैयार हैं। और? रामशरण पाठक और गोवर्धन पांडेके एक-एक सेलकी परम्पराको आगे ले जानेके लिये लोलाको उसने सहयोगिनी बनाया, जो कि पाठकजी, पांडेजी दोनोंके विचारसे सोलहों आना "क्रिस्तान" म्लेच्छ रूसी स्त्री है।

मानव-समाजमें गुणात्मक-परिवर्त्तनके लिये उसके जंगली, बर्बर, सभ्य (सभ्यमें सामन्तवाद, पूंजीवाद, समाजवाद) अवस्थाओंको देखने से मालूम होगा कि इन अवस्थाओंमें गुजरनेपर किस तरह रूढ़ियां, आर्थिक, धार्मिक ढांचे बदलते गये हैं।

---

१ दादाको न देखने तथा समझ होनेसे पहिले मांके मर जानेसे उनका दृष्टान्त नहीं दे सका।

३—प्रतिषेधका प्रतिषेध

द्वन्द्ववादके ध्वंस-रचना कार्यकी तीसरी सीढ़ी प्रतिषेधका प्रतिषेध है। विनष्ट-विलीन वस्तु (घटना-प्रवाह)के उत्तराधिकारी या स्थानापन्नको प्रतिषेध, निषेध, कहते हैं। यद्यपि प्रतिषेधका नाम कर्णकटु-सा प्रतीत होता है; किन्तु साथ ही उसका महत्त्व बहुत बड़ा है; यह इसीसे पता लगेगा कि विश्वकी हर एक प्रगति, हर एक विकासमें इसका होना जरूरी है। एक पीढ़ी पहली पीढ़ीका प्रतिषेध करती है, फिर इस नयी पीढ़ी (प्रतिषेध)का प्रतिषेध अलग करती है। वैज्ञानिक भौतिकवादकी ही ओर देखिये—

पुराण भौतिकवाद
|
यांत्रिक भौतिकवाद
|
वैज्ञानिक भौतिकवाद

प्राचीन भौतिकवादका प्रतिषेध सत्रहवीं-अठारहवीं सदीके यांत्रिक भौतिकवादने किया और उसका प्रतिषेध वैज्ञानिक भौतिकवादने; गोया वैज्ञानिक भौतिकवाद प्रतिषेधका प्रतिषेध है।

और,

अलग-अलग वैयक्तिक सम्पत्ति—

पूंजीवादी वैयक्तिक सम्पत्ति—

समाजवादी सामूहिक सम्पत्ति—

पूंजीवादने अलग-अलग छोटे-छोटे व्यवसायियों, शिल्पियोंको हटाकर उत्पादनके साधनों तथा व्यवसायको पूंजीवादी संगठनके हाथमें दे दिया। समाजवाद उसका प्रतिषेधकर प्रतिषेधका प्रतिषेध बना। मार्क्सने इस नियमके कामको दिखलाते हुए कहा है[1]—

---

१ Capital (Kerr Edition), Vol. I, p. 836-37.

"एक पूंजीपति कई (पूंजीपतियोंको) मारता है। चंद (पूंजीपतियों) द्वारा बहुतसे पूंजीपतियोंके इस प्रकारके हो रहे हड़पन या केन्द्रीकरणके साथ-साथ वह लगातार बढ़ते हुए पैमानेपर आगे बढ़ता जाता है—श्रमका सहयोगी (सामूहिक) तौरपर प्रयोग, जान-बूझकर साइंसकी यंत्र-चातुरीका विनियोग, भूमिका ठीक तौरसे कर्षण, श्रमके साधनोंका सिर्फ साझेमें (सम्मिलित) तौरपर ही इस्तेमाल होने लायक बन जाना, सम्मिलित समाजी-कृत श्रमके उत्पादन-साधनोंके उपयोग द्वारा सभी उत्पादन-साधनोंमें मितव्ययिताका इस्तेमाल !....उत्पादन-साधनोंका केन्द्रीकरण (चंद हाथोंमें एकत्रित होना) तथा श्रमका समाजीकरण (वैयक्तिक नहीं व्यवस्थित समाजके रूपमें उपयोग) आखिरमें एक ऐसे स्थानपर पहुंच जाता है, जहांपर वह अपनी पूंजीवादी खोलके प्रतिकूल हो जाता है। यह खोल फट जाता है। पूंजीवादी वैयक्तिक संपत्तिका (मरण-) घंटा बज जाता है और हड़पक हड़पित हो जाते हैं।"

सामन्तवादी युगकी वैयक्तिक सम्पत्तिको पूंजीवादने हड़पा, उसका प्रतिषेध किया, उसने पूंजी—लाभ—को वैयक्तिक रख श्रमको समाजबद्ध किया। एक ही जगह दो विरोधी व्यवस्थाओंका समागम हुआ। दोनोंमें टक्कर लगी। गुणात्मक परिवर्त्तनसे एक नया समाजवादी समाज-शोषक शोषित-रहित समाज—पैदा हुआ, जिसने पहलेके प्रतिषेध (पूंजीवाद)का प्रतिषेध कर दिया।

विरोधि-समागम होनेपर ही संघर्ष द्वारा गुणात्मक परिवर्त्तन होता है, जिसका ही परिणाम प्रतिषेधका प्रतिषेध होता है। यह विरोधि-समागम में जिस अंश, जिस-जिस रूपमें होगा, उसीके अनुसार वह अपनी असली क्रियाओंको करानेमें सफल होगा। प्रश्न हो सकता है—जिस तरह पूंजीवादको समाजवादने प्रतिषेध किया, क्या इस प्रतिषेध (समाजवाद)का भी कोई प्रतिषेध नहीं होगा, क्या यहां प्रतिषेध-प्रतिषेधका नियम लागू नहीं है ?—

लेकिन यह प्रश्न गलतीसे किया गया है। प्रतिषेध प्रतिषेधके सवालको हम बीचसे नहीं उठा सकते। हमें उसे विरोधि-समागमसे पहले ही शुरू करना होगा। प्रश्न होगा—समाजवादी—या उससे आगेके साम्यवादी—समाजमें क्या विरोधि-समागम होगा? निश्चय ही (शोषक-शोषित-) वर्गहीन साम्यवादी समाजमें वर्ग-संघर्ष नहीं होगा, इसलिये वहां इस तरहके विरोधि-समागमकी संभावना नहीं। वहां विरोधि-समागम उस वक्तकी साइंस-यंत्र-चातुरी तथा प्राकृतिक शक्ति और क्षमताके साथ होगा, जिसका परिणाम मानवकी क्षमताका अधिक और अधिक विकास होगा। किस तरह, किस दिशामें?—यह प्रश्न गुणात्मक-परिवर्त्तनवादीसे नहीं किया जा सकता, यदि आपका वैसा विश्वास है, तो इसे किसी भृगुसंहितावाले के पास ले जाकर अपनी अकलका दिवाला बुलवाइये।

"प्रतिषेधका प्रतिषेध" कठघोड़ेके नाचकी तरह उसी चक्करपर नहीं बल्कि चक्करदार सीढ़ीकी भांति ऊपर और ऊपर जाते पथपर होता है, यह बतलाते हुए मार्क्सने बतलाया[1]—

"पहिली (पूंजीवादकी सफलताकी) अवस्थामें थोड़ेसे (परस्वत्व) अपहरण करनेवालों द्वारा जनताकी एक अत्यन्त भारी संख्याको वंचित करना (हड़पना) था; दूसरी (समाजवादकी सफलताकी अवस्था) में . . . .जनताकी एक अत्यन्त भारी संख्या द्वारा चंद-अपहरण करनेवालोंको वंचित करना है।"

प्रतिषेध-प्रतिषेधके नियमको दर्शनके इतिहासमें देखें तो इसके बहुतसे नमूने मिलेंगे। याज्ञवल्क्य (७०० ई० पू०)से असंग (४०० ई०पू०)के ग्यारह सौ सालोंमें प्रतिषेध-प्रतिषेध निम्न तौरसे चल रहा था।—

---

१ Capital, Vol. I, p. 289.

वैदिक कर्मकांड—याज्ञवल्क्य—कपिल—बुद्ध—अफलातूं—असंग और आगे—

असंग —दिग्नाग—धर्मकीर्त्ति
असंग —गौड़पाद—शंकराचार्य

और भारतीय न्यायशास्त्रमें प्रतिषेधके प्रतिषेध—

नागार्जुन (१७५ ई०)
—अक्षपाद (२५० ई०)
—वात्स्यायन (४०० ई०)
दिग्नाग (४२६ ई०)
—उद्योतकर (५०० ई०)
धर्मकीर्त्ति (६०० ई०)
ज्ञानश्री (७२५ ई०)
वाचस्पति (८४१ ई०)
—उदयन (९८४ ई०)
(वादरहस्यकार) (११०० ई०)

हां, यहां प्रतिषेध-प्रतिषेधका मतलब यह न समझिये कि एकने दूसरेके सारे दर्शनका प्रतिषेध कर दिया, प्रतिषेध उसी अंशमें हुआ, जितनेमें विरोधि-समागम हुआ था।

पारिभाषिक शब्द

अति भौतिकवादी, अति भौतिकशास्त्री, अध्यात्मवादी — Metaphysician

अनीश्वरवाद—Atheism

अनुदार—Conservative

अवयवी—Whole

आकृति—Form

आचार-विचार—Morality

आचार-शास्त्र—Ethics

आत्मा—Soul, spirit

आनुवंशिकता—Heredity

उदारवाद—Liberalism

उपयोगितावाद—Utilitarianism

ऋण—Negative

ऋणात्मक बिजली—Negotron

एलेक्ट्रोन—Negotron का ही पुराना नाम

कल्पनामय—Abstract

कार्य—Effect

कार्यकारणसम्बन्ध—Casuality

गति—Motion

गुण—Quality

गुणात्मक परिवर्त्तन—Qualitative change

गुहामानव—Cave-man

घटना—Events

घटना-प्रवाह—Process

चिंतन—Contemplation

जगत—Universe

जनक, जनकबीज—Genus

जाति—Universal

जाति-परिवर्त्तन—Mutation

जीवकोष—Cell (सेल)

जीवन—Life

तत्त्व—Elements

तर्कशास्त्र—Logic

तापमान—Temperature

दर्शन—Philosophy

देवशास्त्र—Theology

धन—Positive

धर्म—Religions

नारा—Slogan

नास्तिकवाद—Atheism

नियतिवाद—Determinism
निराकार—Abstract
नेगोट्रोन्—Negotron (परमाणुके गर्भमें स्थित तत्त्व)
न्यूट्रोन—Neutron (परमाणुके गर्भमें स्थित तत्त्व—)
परम, परम तत्त्व, परमार्थ—Absolute
परमाणु—Atom
"—वाद Atomism
परिमाण—Quantity
परिवर्त्तन—Change
"—शील—Changeable
"—शीलता-Changeability
पूंजीवाद—Capitalism
पूंजीवादी—Capitalist
पोजिट्रोन्—Positron (परमाणुके गर्भमें स्थित तत्त्व)
प्रकृति—Nature
प्रतिक्रिया, प्रतिगामिता—Reaction
प्रतिवाद—Antithesis
प्रतिषेध—Negation
प्रतीयमानजगत—Phenomena
प्रत्यक्ष—Perception
प्रभाववाद—Pragmatism
प्रयोग—Practice
प्रयोजनवाद—Teleology
प्रवाह—Continuity
प्राकृतिक नियम—Natural Law
प्रामाण्य—Valadity of knowledge
प्रायिकता—Probability
प्रोट्रोन—Proton (परमाणुके गर्भमें स्थित तत्त्व)
बहुपति विवाह—Polyandry
बहुपत्नी विवाह—Polygamy
वाह्य जगत—Phenomena
बैक्टीरिया—Bacteria
भूत, भौतिक तत्त्व—Matter
भौतिकवाद—Materialism
मजहब—Religion
मतवादीय—Scholastic
मन—Mind
मनुष्य मापवाद—Pragmatism
मानवता—Humanity
मानस-प्रतिबिम्ब—Reflection
मूर्धाभिषिक्त—Sovereign
यूथविवाह—Group-marriage
यंत्रचातुरी—Technique

यांत्रिक भौतिकवाद—Mechanical materialism
लक्षण—Character
वस्तुवाद—Realism
वाद—Thesis, Theory
वास्तविकता—Reality
विच्छिन्न प्रवाह—Discontinuous
विज्ञान— Science, Mind
"—वाद—Idealism
विरस—Virus
विरोधिसमागम } Unity of opposites
विरोधिसमागम }
विरोधि-अन्तर्थापन—Opposites
विश्लेषण—Analysis
विश्व—Universe
वेदना—Sensative
वैज्ञानिक भौतिकवाद—Scientific Materialism
वैयक्तिक, व्यक्ति—Individual
शारीरिक ब्रह्मवाद—Pantheism
श्वेतपरिषद्—White Lodge (थियोसोफी)
सत्य—Truth
सदाचार—Morality
समाजवाद—Socialism
सम्पूर्ण—Whole
संघर्ष—Struggle
संतति, संतान—Continuity
संमिलित—Co-opeartive
संवाद, संश्लेषण—Synthesis
संसारी—Secular
साइन्स—Science विज्ञान
साकार—Objective
साझी—Co-operative
सापेक्ष—Relative
"—ता—Relativity
साम्यवाद—Communism
साम्यवादी—Communist
सार—Content
सिद्धान्त—Theory
स्वचालित यंत्र } Automachine
स्वयंवह यंत्र }
स्वभाव } Character
स्वरूप }
हाइड्रोजन—Hydrogen
हेतुता } Casuality
हेतुवाद }

ग्रन्थ-सूची

Karl Marx	Thesis on Feuerbach, Capital, On Hegel's philosophy of Law
Fredrich Engels	Anti-Duhring, Ludwig Feuerbach, socialism Scientific and Utopian, The Dialectics of Nature
Marx and Engels	German Ideology Holy Family
Lenin	Materialism & Empirio-criticism
Hegel	Science of Logic
Ludwig Feuerbach	Atheism Essence of Christianity
Voltaire	Philosophical Dictionary
H. Levy	Philosophy for a Modern Man
John Lewis	Introduction to Philosophy (1937)
David Guest	Text Book of Marxist Philosophy
T. A. Jackson	Dialectical Materialism
J. B. S. Haldane	The Logic of Marxism Marxist Philosophy and The Sciences
Sir James Jeans	Mysterious Universe
Sir S. Radhakrishnan	History of Indian Philosophy, II vols.
धर्मकीर्त्ति	प्रमाणवार्त्तिक
शान्तिदेव	बोधिचर्यावतार

श्रीहर्ष	खंडनखंडखाद्य
अल्बैरूनी	अल्-हिन्द
बुद्ध	दीघ-निकाय (हिन्दी)
	मज्झिम-निकाय (हिन्दी)
	विनय -पिटक (हिन्दी)
राहुल सांकृत्यायन	बुद्धचर्या, विश्वकी रूपरेखा, मानव-समाज, दर्शन-दिग्दर्शन
	भगवद्गीता तथा महाभारत
